성서 시대사 구약

야마가 테츠오 지음 | 김석중 옮김

KB191503

서커스

SEISHO JIDAISHI KYUYAKU HEN

by Tetsuo Yamaga

©2003 by Tetsuo Yamaga

Originally published in 2003 by Iwanami Shoten, Publshers, Tokyo.

This Korean edition published in 2021 by Circus Publishing Co.,

Paju by arrangement with Iwanami Shoten, Publishers, Tokyo

이 책의 한국어판 저작권은 대니홍 에이전시를 통한 저작권사와의 독점 계약으로 서커스출판상회에 있습니다.
저작권법에 의해 한국 내에서 보호를 받는 저작물이므로 무단전재와 복제를 금합니다.

차례

서문

구약성서란 무엇인가

　성서The Bible라고 하면 통상은 그리스도교의 성전聖典을 가리키며, 이것은 구약성서The Old Testament와 신약성서The New Testament의 두 부분으로 이루어져 있다. 이 중에 신약성서는 그리스도교 고유의 성전이지만 구약성서는 그리스도교 성립 이전의 고대 이스라엘 유대 민족이 지은 종교 문학의 집성이고 현재에 이르기까지 유대교의 성전을 이루고 있다. 그리스도교가 이 유대교의 성전을 이어받아 자신들의 성서에 포함시킨 것은 그리스도교가 유대교를 모태로 해서 성립한 종교이며 거기에서 많은 사상을 계승했기 때문이며, 무엇보다도 구약성서 안에서 예수 그리스도에 관한 수많은 예언을 발견했기 때문이다.

또한 이슬람교는 구약성서의 예언자들을 무함마드의 선구자로 간주하고, 구약성서의 일부(모세 오경[토라]과 〈시편〉[자부르Zabur])를 코란과 나란히 계전Kitaab*으로 간주한다. 그 때문에 구약성서는 오늘날의 이른바 3대 일신교인 유대교, 그리스도교, 이슬람교의 공통의 모태이고 그것들의 공통의 정신적 원천을 이룬다고 할 수 있다.

구약舊約이란 말은 '오래된 계약'을 의미하며 구체적으로는 모세를 통해 시나이 산에서 야훼 신과 맺은 계약(〈탈출기〉 19-24장 참조)을 가리킨다. 그 뒤 이스라엘의 죄로 인해 계약이 파탄되었을 때 예언자 예레미야가 시나이의 계약을 대신해 '새로운 계약'이 맺어져 구원이 실현되리라고 예언했지만(〈예레미야〉 31장 31-34절) 그리스도교도들은 그 새로운 계약이 예수 그리스도를 통해 성취되었다고 믿었다(〈루카〉 22:20, 〈히브리서〉 8:7-13). 그 때문에 그리스도교에서는 예수 이전의 이들 문서군群을 '구약성서'라고 부르고, 한편 예수에 관해 기록한 문서군을 '신약성서(=새로운 계약의 성서)'라고 부른다.

---

* 아랍어로 일반적으로 '책'을 의미하는 단어이지만 〈코란〉에서의 용례는 대부분 '유일신 알라의 계시에 기반한 경전', 즉 '계전啓典'을 의미한다. 유대교의 〈구약성서〉, 그리스도교의 복음서 등을 알라신이 각 민족의 언어로 계시한 경전으로 간주하고 〈코란〉은 그것들을 확증하는 계전으로서 우월시한다. 이슬람교에서는 유대교도, 그리스도교도를 같은 일신교도로서 다신교도들과 다르게 '계전의 백성Ahl al-kitaab'이라고 불러 구별을 둔다.

따라서 '구약' '신약'이라는 호칭은 어디까지나 그리스도교 측의 종교적 가치관과 신앙에 기반한 것이고, 유대교는 당연히 '구약성서'에 해당하는 말을 사용하지 않고, 유대교 성전의 세 부분(법률[토라], 예언자[네빔], 제서諸書[케토빔])의 히브리어 두문자頭文字를 취해 '타나하Tanakh' 내지는 '읽혀야 하는 것'이란 의미의 '미크라Mikra'라고 부른다. 최근 구미의 학계에서는 이상과 같이 '구약'이란 말이 특정한 가치관을 포함하기 때문에 이 말의 사용을 피하고 보다 중립적인 표현을 쓰는 경향이 확산되고 있다('구약성서'의 연구자 중에는 유대인이나 유대교도가 많다!). 예를 들어 '구약'의 대부분이 고대 이스라엘인의 언어 히브리어로 쓰였기(예외적으로 아람어로 쓰인 부분에 대해서는 8장 참조) 때문에 '히브리어 성서The Hebrew Bible'라는 호칭이 때때로 사용된다. 다만 비그리스도교, 비유대 문화권에 속한 지역에서는 '구약'이라는 말을 사용해도 그다지 심각한 해가 되지는 않으리라 생각되므로 이 책에서는 종래대로 '구약'이란 말을 사용하기로 한다.

　또한 '구약성서'라고 하면, 통상은 히브리어 내지 아람어로 쓰인 39개의 문서를 가리키지만, 로마 카톨릭교회나 성공회에서는 전통적으로 그리스어판(70인역Septuagint)이나 라틴어역(불가타) 성서에 수록된 추가 문서(이른바 '외경外經' 내지 '아포크리파Apocrypha')도 '구약성서'에 포함시켜 왔다. 현재 이러한 문서는 '구약성서 속편'이라고 불리고 있다.

구약성서의 중심 주제

그렇다면 그 구약성서를 한 번도 읽어본 적이 없는 사람에게 '구약성서에는 대체 무엇이 쓰여 있는가'라는 질문을 들었다고 하자. 이것에 간단하게 답한다는 것은 쉽지 않다. 구약성서를 구성하는 문서들은 그 내용도, 성격도, 집필된 시대도, 성립 사정도, 제각각 실로 다종다양하기 때문이다. 그럼에도 불구하고 이러한 질문에 '이스라엘 유대 민족의 역사가 쓰여 있다'고 대답했다 해도 크게 벗어난 것은 아닐 것이다.

실제로 구약성서의 거의 3분의 1을 차지하는 12개의 문서(《여호수아기》-《에스테르기》)는 좁은 의미의 '역사서'이고, 전체적으로는 이스라엘 민족의 가나안 땅 정착에서 시작해 왕국 건설과 멸망, 바빌론 포로 생활을 넘어 페르시아 제국에 지배되는 시대에 이르기까지의 일련의 민족사를 그리고 있다.

나아가 유대교에서 '율법(토라)'이라고 불리며 특별히 중시되는 '모세 오경'(《창세기》-《신명기》)도 (천지창조 등의 신화적인 부분은 별도로 하고) 가나안 땅에서의 이스라엘 민족의 조상 이야기에서 시작해 그들의 자손이 이집트에서의 노예 생활에서 탈출해 '젖과 꿀이 흐르는 땅' 가나안에 도달하기까지의 이스라엘의 최초 시기의 역사를 중심 주제로 두고 있고, 신과의 계약의 내용을 이루는 협의의 '율법'(《탈출기》 20장-《민수기》 10장)은 어디까지나 가나안에서 이집트로, 그리고 이집트에서 다시 가나안으로라는 역사의 전개 속에 편입되어 있는 것이다.

구약성서의 또 하나의 초점을 이루는 예언서군群에 그 언어가 모여 있는 예언자들 또한 무시간적인 보편적 진리를 직접 고찰의 대상으로 한 인도나 그리스 철학자와는 달리, 파국으로 향하는 시대의 이스라엘 역사의 흐름 속에서 그러한 역사의 운행의 의미를 밝히고, 동시에 도래할 '미래의 역사'를 가리킨 역사 해석자들이며, 크고 작은 15개의 책으로 이루어진 예언서(〈이사야서〉-〈말라키서〉, 단 〈다니엘서〉는 제외)는 각각의 예언자의 시대 배경과 역사적 상황에 관해 알지 못하고서는 거의 이해할 수 없다.

150편의 종교적 시가로 이루어진 〈시편〉의 많은 부분도 이스라엘 역사의 특정 시대의 사건(예를 들어 이집트 탈출, 다윗 시대, 바빌론 포로)을 주제로 하고 있다.

시간과 장소를 넘어서 인간의 보편적인 문제들을 다룬 점에서 이스라엘 역사와의 연관이 가장 희박하다고 할 수 있는 지혜 문학조차도, 〈코헬렛〉이나 〈전도서〉는 솔로몬이라는 역사상의 현명한 왕에 가탁假託해서 나름대로의 인생철학을 전개하고 있다. 솔로몬이 어떤 시대의 어떤 인물이었는지를 전혀 모르고서는 이러한 책들의 저자 내지는 편집자의 의도를 파악한다는 것은 어렵다.

이처럼 구약성서 안의 대부분의 문서는 직접적, 혹은 간접적으로 이스라엘 유대의 역사와 밀접하게 연관된 내용을 다루고 있다. 여기에 구약성서를 이해하는 데 이스라엘 유대의 역

사에 관해 배우지 않으면 안 되는 가장 큰 이유가 있다. 이것
은 또, 예를 들어 고대 인도나 그리스의 사상이나 문서를 연구
할 때와 완전히 다른 구약성서 연구의 특수한 사정이 있다. 즉
구약성서의 경우, 이스라엘 유대 민족의 역사는 사상이나 문서
성립의 단순한 '전제'나 '배경'을 넘어서, 그 본질적인 내용, 전
체를 관통하는 중심 주제를 이루고 있기 때문이다.

'믿어진' 역사

다만, 구약성서가 이스라엘의 역사를 주요한 내용으로 한다
고 해도 거기에서 말하는 '역사'란 현대의 과학적 의미에서의,
과거의 사건의 정확한 기록과 그것의 인과 관계에 대해 객관
적으로 연구해 밝히는 것과는 상당히 다른 의미가 있다.

첫 번째로, 구약성서의 많은 역사서는 부분적으로 오래된
전승이나 자료를 이용하고 있지만, 이야기되고 있는 사건보다
도 훨씬 뒤에 정리된 것으로, 일어났다고 '믿어지고 있는' 사건
이나 경과에 대해서 후대의 신념과 해석을 전하고 있다. 그로
인해 구약성서가 말하는 것과 과학적으로 재구성된 역사의 경
과가 일치하지 않는 것도 드물지 않다. 이러한 경향은 이 책의
제2장 〈역사와 전승〉에서 좀 더 구체적으로 서술되는 것처럼
일반적으로 기술의 대상이 되는 시대가 오래되면 오래될수록
두드러진다. 구약성서를 더욱 깊이 이해하기 위해서는 이러한
두 가지 '역사'의 쌍방에 대해 알 필요가 있을 것이다.

두 번째로 고대 이스라엘인에게 역사란 신에 의해 움직여지는 것이고, 신의 의지, 신의 행위가 전개되는 무대였다. 예를 들어 이집트 탈출이라고 하는 사건은 이스라엘인들에게는 신에 의한 구원의 역사, 즉 구제사Heilsgeschilchte 바로 그것이며, 왕국 멸망과 바빌론 포로 생활이라는 파국으로 향하는 역사는 이스라엘의 거듭되는 계약 위반의 죄와 그것에 대한 신의 심판의 역사, 다시 말해서 재난의 역사=반구제사Unheilsgeschichte를 의미하는 것이었다. 이스라엘인들에게 있어 자기 민족이 '젖과 꿀이 흐르는 땅'을 획득한다거나 뛰어난 왕 밑에서 국가가 번영하는 것 자체가 그들의 신 야훼의 직접적인 은혜와 구원을 의미했고, 이민족의 지배나 국가의 멸망, 민족의 이산離散 등은 바로 자신들의 죄에 대한 야훼의 심판으로 해석되었다.

이런 의미에서 구약성서에서는 역사적 현실 세계와 떨어진 천국도 지옥도 존재하지 않는다. 이스라엘 유대 민족이 체험하는 역사적 사태가 바로 천국이 되기도 하고 지옥이 되기도 하는 것이다. 동아시아의 종교가 일반적으로 현실 세계의 변화를 무의미한 '제행무상諸行無常'으로 간주하고, 거기에서 '해탈解脫'해 '피안彼岸'에 이르는 구제를 희망하는 경향이 강한 것에 반해, 구약성서는 역사 속에서 일어나는 사항을 그대로 신의 의지, 신의 행위의 표현으로서 한없이 진지하게 그것을 받아들일 것을 전달하고 있다. 이런 의미에서 구약성서의 신앙은 극히 '차안此岸적', '현세적'이라 할 수 있다. 그리고 차안적이란 말은 동시에 역사적이란 것을 의미한다. 그로 인해 구약성서가 말하는 '신의 역사'는 고대 이스라엘인의 신앙의 내용을 이루는 것이기도 했다.

이상처럼 구약성서에 그려진 역사는 이중의 의미에서 '믿어진 역사'라고 말할 수 있다.

구약성서 시대사의 과제와 문제점

다만, 이 '믿어진' 역사의 내용과 그것의 여러 특질과 의의에 관해 상세하게 논하는 것은 오히려 구약성서 신학의 과제이다 '시대사Zeitgeschichte'로서 이 책의 의도와 과제는 그러한 '믿어진 역사'의 배후에 있는 또 하나의 '역사', 즉 현실에서 일어난 여러 사태에 관해 각 시대별로 될 수 있는 한 객관적으로 논하는 것에 있다. 그러나 이러한 시도에는 숙명적으로 두 가지 커다란 장애 내지는 제약이 뒤따른다.

성서 외 사료의 부족

하나는 성서 외의 사료가 절대적으로 부족하다는 사실이다. 고대 오리엔트 세계 전체를 놓고 보면 성서의 역사의 무대가 된 가나안 지방 즉 팔레스티나는, 이집트와 메소포타미아라고 하는 두 거대한 문명권의 틈새에 위치한 '변경'에 지나지 않고, '신의 백성'으로 자칭한 이스라엘 유대 민족도, 이 두 개의 중심 지역에서 흥망한 대제국의 정복 대상이 되는 군소 민족의 하나에 지나지 않았다. 그로 인해 이집트나 메소포타미아의 사료에 이스라엘에 대한 언급이 있다고 해도, 몇몇 왕들의 원정 비 문자 속에 다른 민족과 섞여 열거되는 경우가 대부분이고 극히 단편적인 것에 지나지 않는다.

팔레스티나와 그 주변으로부터의 성서 외 문서 사료는 훨씬 뒤의 시대(기원전 2-1세기)의 '사해死海문서'와 기원후 1세기의 유대 역사가 요세푸스의 기술을 제외하면 더 한층 적다. 그 때문에 역사가는 많은 경우 주로 고고학적 소견과 성서의 기술의 정합성整合性을 비판적으로 검토하면서 역사 과정을 재구성하는 시도를 하지 않으면 안 된다. 다만 고고학적 유물의 평가에 관해서는 전문가 사이에서도 연대나 해석에서 극심한 견해 차이가 생기는 경우도 적지 않다

구약성서의 역사 기술의 주관성

두 번째 장애는 얄궂게도 앞서 이야기한 성서의 기술이 이중의 의미로 '믿어져온 역사'라는 점에 있다. 달리 말하자면 성서의 역사 기술의 주관성이라는 게 될 것이다. 즉 과학적인 역사 연구자는 때때로 훨씬 후대의 저자들이 신의 행위로 기술하고 있는 것에 근거해 거기에서 '신은 빼고' 객관적으로 재구성해 나가지 않으면 안 되는 것이다.

다만 최근에는 이 '주관성'을 '허구성'이라는 것과 같은 의

미로 해석해 성서 기술의 역사성을 거의 전부 부정해 버리는 급진적인 연구자(이른바 '미니멀리스트')도 적지 않은데, 이것은 결국 역사 연구를 포기하는 것에 불과하다. 이 책은 새로운 방법론에 있어서는 결여된 부분이 있을지도 모르지만 종래의 주류 연구 방법을 따라 얼마 안 된다 해도 현존하는 성서 외 사료나 해석이 갈라지는 고고학적 소견도 참고하면서도 성서 기술 내용의 역사적 개연성을 케이스 바이 케이스로 비판적으로 검토해 나가면서 역사적 과정을 재구성해 나가는 방법을 취했다.

구약 시대사의 가설적 성격

이러한 장애 내지 제약 때문에 구약성서 시대사의 재구성은 많은 경우 가설적인 시도에 머물지 않을 수 없다. 뭔가 커다란 발견이 있거나(예를 들어 '사해문서'의 발견이나, 1993년 텔 단에서 발견된 이른바 '다윗 비문'), 새로운 이론(예를 들어 암피크티오니 가설(3장 참조)이나 이스라엘의 토지 취득에 관한 모델)이 제창되는 것만으로도 종래의 생각이나 기초가 붕괴되거나 전체적인 이해의 틀이 뒤바뀌는 분야인 것이다. 구약성서의 역사적 비판적 연구가 시작된 19세기 중엽 이래 세계에서 수많은 이스라엘사나 성서시대사가 쓰였음에도 불구하고 거의 10년에서 20년마다 새로운 책들이 계속해서 쓰이고 있다는 현실도 그러한 사정에 근거하고 있다. 이 책도 또한 현 시점에서의 성서 시대사에 대해 잠정적인 그림을 제시하려는 것에 지나지 않는다.

이 책에서는 연구자들 사이에 생각이 크게 다른 경우(예를 들면 가나안 지방에서 이스라엘 민족의 성립 과정이나, 바빌론 포로 생활 이후 에즈라와 느헤미야의 역사적 관계)에 대해서는 대표적인 해석의 차이점을 개관할 수 있도록 노력했다. 또 이번 문고본 출간을 맞아서 가급적 최근의 식견이나 연구 동향도 받아들이려고 노력했다.

이 책이 구약성서의 내용이나 거기에 포함되어 있는 여러 문서의 성립 사정을 독자들이 보다 깊이 이해하는 데 도움이 된다면 저자로서 그 이상의 보람은 없을 것이다.

성서 시대사 구약

제1장 | 젖과 꿀이 흐르는 땅

젖과 꿀이 흐르는 땅

구약성서 시대사의 무대가 되는 팔레스티나 지방은 구약성서에서는 '가나안 땅'이라고도 불리며 지중해 동부 연안 지방의 남단에 위치한다. 주위는 서쪽은 지중해, 남쪽은 네게브 및 시나이 사막, 동쪽은 시리아, 아라비아 사막에 의해 경계 지어져 있다. 북쪽은 열려 있어, 카르멜(갈멜) 산지 및 갈릴래아 산지를 끼고서 페니키아(레바논), 시리아로 연결된다.

이 지역은 또한 메소포타미아로부터 뻗친 소위 '비옥한 초승달 지대'의 남서쪽 끝을 이루는데 이것은 지중해에서 증발된 수분이 구름이 되어 바람에 밀려 동쪽으로 가다가 산지에 부딪혀 계절적으로 비를 내리게 하므로 전체적으로 비교적 비옥하기 때문이다. 실제로 이 지역은 성서에서 '젖과 꿀이 흐르

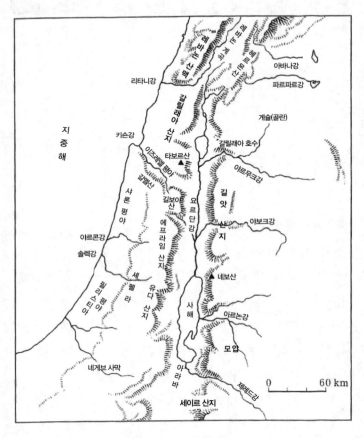

지 중 해

레바논 산맥

안티레바논 산맥

리타니강

아바나강

파르파르강

게술(골란)

키숀강

길릴래아 산지

갈릴래아 호수

이즈레엘 평야

타보르산▲

야르무크강

갈멜산

길보아산

에프라임 산지

요르단강

길앗 산지

야보크강

샤론 평야

야르콘강

솔렉강

네보산▲

세펠라

유다 산지

아르논강

필리스티아 평야

사 해

모압

네게브 사막

아라바

제레드강

세이르 산지

0   60 km

[지도1] 고대 팔레스티나와 그 주변

는 땅'(〈탈출기〉 3:8 등)이라고도 불리는데 이것은 목초나 과수가 풍부하다는 것을 나타내고 있다('꿀'은 이 경우 벌꿀이 아니라 과즙을 의미한다). 다만 이것은 어디까지나 주변의 사막 지대에서 봤을 경우의 인상으로, 기후는 극히 건조하고 산지 등은 석회질 토양이 많아서 동아시아의 몬순 지역 같은 곳과 비교해보면 결코 풍요롭고 윤택한 땅이라고는 할 수 없다.

크기에 관해서 보면 전통적으로 이스라엘의 영토 범위로서 정형화된 표현인 '단에서 브에르 세바에 이르기까지'(〈열왕기상〉 5:5)는 직선거리로 약 240킬로미터, 다윗 시대의 이스라엘 영토 동쪽 끝으로 여겨진 암몬인의 도시 라바트 암몬(현재 요르단의 수도 암만)으로부터 지중해까지 약 120킬로미터로 전체적으로는 일본의 시코쿠四國보다 약간 큰 정도인데 지형과 풍토의 변화가 풍부하고 복잡하게 얽혀 있다.

서쪽의 해안평야는 남쪽의 필리스티아 평야와 북쪽의 샤론 평야로 나뉘는데 둘 다 비교적 비옥하다. 여기에서 동쪽으로 조금 나가면 남부에는 '셰펠라'라고 불리는 완만한 구릉지대로 이어진다. 거기서 동쪽으로 더 가면 이 지역 전체의 비경이라고 할 중앙 산악지대가 남북으로 뻗어 있고 몇 군데에 작은 분지나 와디wadi(간헐천)의 골짜기로 분단되면서 해발 600미터에서 1000미터 급의 산들이 연속해서 이어지고 있다.

중앙 산악지대는 크게 보면 예루살렘 이남의 유다 산지, 중앙부의 에프라임(사마리아) 산지, 비옥하고 광대한 이즈레엘 평야를 끼고 있는 북쪽의 갈릴래아 산지의 셋으로 나뉘고, 다시 갈릴래아 북동부에는 표고 2814미터의 헤르몬 산이 우뚝 솟아 있다. 중앙 산악지대에는 대부분 세켐부터 예루살렘, 헤브론을 잇는 선이 분수령을 형성하고 있고, 현재와는 달리 구약성서 시대에는 상당히 많은 장소가 빽빽한 삼림으로 뒤덮여 있었던 듯하다(〈여호수아〉 17:15, 18 등 참조).

이 지역의 최대 특징은 중앙 산악지대의 동쪽이 함몰되어 험준한 지구대(요르단 계곡)를 형성하고 있고 그 안을 안티-레바논 산맥 및 헤르몬 산에 몇 개의 수원을 가진 요르단 강이 북에서 갈릴래아 호수를 관류해 남쪽의 사해까지 흘러서 이 지역 전체를 동서로 갈라놓고 있다는 점으로, 이 지구대는 지중해의 해수면보다 훨씬 낮은 곳에 위치해 있고, 북의 갈릴래아 호수에서 이미 해수면보다 212미터 아래, 남쪽의 사해 호수에서는 해수면보다 392미터가 낮아 지표상의 함몰 지역으로는 세계에서 가장 낮은 곳에 위치해 있다. 구약성서에는 요르단 강 서쪽이 좁은 의미의 '가나안 땅'이다.

지구대地溝帶의 동쪽에는 상당히 험한 경사면을 오르면, 구릉상의 산지를 두르고 있는 요르단 강 동안(트랜스 요르단)의 대지상臺地狀 내지 고원상 지역이 폭 30킬로미터 정도의 띠를 이루어 남북으로 펼쳐지는데, 이것이 다시 각각 동쪽에서 요르단 강 및 사해로 흘러들어, 북쪽에서 야르무크, 야보크, 아르논, 제레드의 각 하천에 의해 몇 개의 지역으로 세분되어 있다.

구약성서에는 북 갈릴래아 호수 동안의 골란 고원 지역이 게슈르(〈사무엘하〉 13:37-38), 헤르몬 산과 야무르크 강 사이의 지역이 바산(〈민수기〉 21:33), 야무르크 강과 아르논 강 사이의 지역이 길앗(〈민수기〉 32:1, 〈신명기〉 3:12-13), 아르논 강과 제레드 강 사이의 지역이 '모압의 땅'이라고 불렸다.

기후와 경제

기후는 전체적으로 전형적인 지중해성 기후이고 계절은 크게 보아 여름과 겨울밖에 없다. 10월 중순부터 4월 중순까지가 겨울의 우기이고, 식물은 비교적 온난한(섭씨 10도 아래로 내려가는 일이 드물다) 겨울을 보내지만 4월 중순부터 10월 초순까지의 여름 건기는 기온이 높고 비가 전혀 내리지 않아 식생은 대부분 말라 죽는다. 따라서 곡물은 12월부터 2월에 걸쳐 씨를 뿌리고 4월부터 6월에 걸쳐 수확한다(〈사무엘상〉 12:17 등 참조). 이러한 자연의 순환적 리듬을 반영해 가나안 토착 종교의 풍요의 신 바알Baal은 이집트의 오시리스나 그리스의 디오뉘소스와 마찬가지로, 소위 '죽은 뒤 다시 살아나는 신'의 특성을 갖추고 있었다. 즉 바알은 적대자인 죽음의 신 모트Mot나 바다의 신 야무Yammu와의 싸움에서 죽임을 당하지만 이듬해에는 다시 살아나는 것이다(다만 일반적인 감각과는 반대로 겨울이 아니라 여름이 죽음의 계절이라는 것에 주의). 주요한 작물은 평야 지대에서는 보리, 밀, 에머밀emmer wheat 등의 곡물류나 렌

틸콩 등의 콩류, 구릉지대나 산악지대에서는 올리브나 포도 등이 과수원에서 재배되었다. 팔레스티나의 올리브유나 포도주는 품질이 좋아 옛날부터 메소포타미아나 이집트에도 수출되었다.

다만 요르단 지구대만은 아열대 기후로 건조도가 높고 깊은 계곡 밑을 흐르는 요르단 강은 고대에는 거의 농경에 이용할 수 없었기 때문에 대체로 황야 상태였지만 몇몇 곳은 예리코 등의 오아시스가 군데군데 있고 야자나무 숲 등이 무성했다(《신명기》 34:3). 또한 산지의 일부(특히 중앙 산지의 동쪽 경사면)나 사막 지대와의 경계 지대는 대상帶狀의 스텝을 이루어 주로 양이나 산양의 방목에 이용되었다.

육교 지대 — 교통과 전략의 요충지

천연자원(고대에는 금, 은, 동, 근대 이후에는 석유)의 혜택을 거의 받지 못한 이 고양이 이마만한 작은 땅이 역사 시대 전체를 통해 오리엔트 세계의 화약고라고 말할 수 있는 중요한 역할을 맡아 온 가장 큰 이유는, 그것이 이집트, 메소포타미아, 시리아와 아나톨리아(소아시아), 더 나아가 아라비아 등의 오리엔트 세계의 대문화권을 연결하는 육교 지대를 형성하고 있다는 사실이다. 메기도(므기또)Megiddo를 통해 해안평야를 남하하는 소위 '바다길Via Maris'(《이사야》 8:23)은 이집트와 메소포타미아, 북 시리아 사이의 교역에서 대동맥을 이루고 있었다. 또한 다마스쿠스에서 요르단 강 동안 지방을 남하하는 '왕의 큰길' (〈민수기〉 20:17)은 특히 고대 오리엔트에서 귀중하게 여긴 남아라비아산 향료의 교역에서 중요한 역할을 했다. 그로 인해 고대 오리엔트 전체의 패권을 잡으려는 야망을 가진 세력으로서는 이 지역이 전략상의 거점이었고 그 지역을 제압하는 것이 불가결했다는 것은 말할 필요도 없다.

이상의 사실들은 이 지역에 살던 고대 이스라엘인들에게 때로는 커다란 부와 번영을 가져다준 계기도 되었지만 다른 많은 경우에는 이 지역의 영유권을 둘러싸고 격전을 벌인 주변 대세력의 항쟁에 말려들어 농락당하는 민족적 비극의 원인이 되었다.

가나안 지방의 선주민

역사적으로 보면 가나안 지방에는 이미 초기 청동기 시대 (기원전 3300-2200년경)부터 주로 평야 지대를 중심으로 다수의 도시가 형성되어 있었다. 이들 도시의 다수는 기원전 2200년경 그다지 확실하지 않은 원인에 의해 한때 전면적으로 쇠퇴했는데, 중기 청동기 시대에 들어가기 전 2000년경부터 각지에서 다시 도시가 재건되기 시작해 기원전 1800년경부터 1600년경에 걸쳐 문화적으로도 경제적으로도 활황을 띠게 된다. 이러한 도시는 대부분의 경우 성벽으로 둘러싸여 왕이 통치하는 단독 도시국가를 이루고 한정된 범위의 주변 농지와 촌락을 지배하에 두었다. 가나안 지방 전체에 이러한 도시국가가 분립해 있어서, 이 지역이 단일 영토국가로 통일된 적은 이스라엘 시대 이전에는 없었다. 많은 도시는 해안평야나 골짜기 사이의 평지에 건설되었지만(가자, 라키슈, 베트 셰메슈, 베트샨, 메기도, 타나크, 하초르 등) 세켐, 예루살렘, 헤브론 등의 산악지대에 세워진 도시도 적으나마 있었다.

또한 가나안인이란 어디까지나 총칭이고 주민은 인종적으로 단일하지 않고 복합적이었다고 생각되는데, 북서 셈어를 사용하는 사람들이 주류이고, 이 점에서 훗날의 이스라엘인과는 넓은 의미에서 같은 계통이었다. 연구자 중에는 이 중기 청동기 시대의 가나안 도시 문화의 담당자를 메소포타미아 문서에 나오는 '아무르인', 즉 구약성서의 '아모리인'(〈신명기〉 1:19-20, 〈판관기〉 1:34-36 등 참조)과 연관 짓는 견해도 있다. 또한 아무르인의 본거지는 시리아이고 북 시리아에는 '아무르'라고 불린 중요한 왕국이 존재했다.

가나안인은 문화적 종교적으로는 북페니키아인과 같은 계통이고 하늘의 신 엘이나 토지의 풍요와 관계가 있는 바알, 아슈탈트 등의 신들이나 여신들의 숭배를 중심으로 하는 다신교가 신봉되었다.

기원전 1500년경부터는 가나안의 거의 대부분의 땅이 이집트의 종주권 밑으로 들어간다. 그리고 기원전 1200년경이 되면, 가나안 땅 주변의 요르단 강 및 사해 동안 지방에는 목양牧

¥계 문화를 지닌 집단이 정착해, 암몬, 모압 등의 영토국가를 건설하기 시작한다. 이보다 조금 늦게 남부의 세이르Seir 지방에도 에돔인이 영토국가를 건설한다. 이런 움직임과 전후한 시기에 가나안 땅에 출현한 것이 성서시대사의 주인공 이스라엘인들이다.

제1절 **이스라엘인은 누구인가**

'아브라함의 자손'

고대 이스라엘인은 누구인가. 간단히 말하면 구약성서에서
'가나안 땅'이라고 불린 현재의 팔레스티나에 살던 12개의 부
족으로 이루어진 민족이라고 말할 수 있을 것이다. 이 민족은
어떻게 성립해서, 어떻게 팔레스티나에 살게 된 것일까. 이 질
문에 구약성서를 근거로 해서 답변하는 것은 그다지 어렵지
않다. 즉 그들은 신 야훼의 축복을 받고, '큰 민족'이 된다는 약
속(〈창세기〉 12:2)을 부여받은 족장 아브람 내지 아브라함(두 개
의 이름의 형태에 관해서는 〈창세기〉 17:5 참조)의 후예이고, 직접
적으로는 아브라함으로부터 헤아려 3대째에 해당하는 족장 야
곱의 열두 명의 자식의 자손이 이스라엘의 12부족이다(〈창세
기〉 29-30장). '이스라엘인'이라는 이름은, 이 야곱이 신의 명을

받아 개명한 것에서 기원한다(〈창세기〉 32:29, 35:10).

　이스라엘의 조상에 해당하는 야곱 일족은 아브라함과 마찬가지로 토지를 갖지 않고 목초지를 찾아 이동을 반복한 유목민이었는데, 기근에 쫓겨 난민으로서 이집트로 갔다(〈창세기〉 47:4). 거기에서 하나의 민족으로 성장하지만 이집트 왕에 의해 노예가 되어 강제 노동에 시달린다(〈탈출기〉 1장). 그러나 신 야훼는 모세를 통해 이스라엘 백성을 이집트에서 탈출시키고(〈탈출기〉 3-14장), 시나이 산에서 그들과 계약을 맺고 그들에게 율법을 내린다(〈탈출기〉 19-24장). 그 뒤 이스라엘 백성은 황야를 방랑하고 가나안 땅에 도달한다. 모세는 가나안 침입 직전에 죽지만, 이스라엘은 그의 후계자 여호수아의 통솔로 가나안 지방을 단숨에 정복해(〈여호수아〉 1-12장), 그 땅을 제비를 뽑아 열두 부족한테 분배했다(〈여호수아〉 13-22장).

'믿어진' 역사

　이상은 구약성서 최초의 6개 문서(모세 오경과 〈여호수아기〉)를 그대로 요약한 것이라 할 수 있다. 이러한 일련의 이야기는 그 내용 때문에 때때로 '구제사救濟史'라고도 불려왔다. 그리고 이 '구제사'에 의하면 이스라엘 민족은 맨 처음부터 공통의 혈연과 역사에 의해 결합되어 있었던 게 된다. 하지만 이것은 어디까지나 '전승傳承'이고 '역사'가 아니다. 왜냐하면 '신의 축복' 운운하는 것을 도외시한다 해도, 이 이야기들은 동시대의 사건에 대한 정확한 기록이 아니라, 오랜 세월 동안 입에서 입으로 전해진 전승을 소재로 해서, 훨씬 후대에 문서로 정리된 것이기 때문이다. 그 이유는, 가령 아브라함, 모세, 여호수아가 실재한 인물이었다고 해도, 그들의 시대에는 명백하게 아직 문자가 없었다. 이스라엘인이 문자를 사용하게 된 것은 왕국 성립(기원전 1000년경) 전후부터이고, 그 문자도 가나안 문자를 도입한 것이었다. 따라서 이러한 이야기의 일부가 문서화되기 시작한 것은, 빨라도 통일왕국 시대 이후이고, 전해지는 사건보다도 수백 년이나 뒤의 일이 된다.

게다가 현재의 연구에 의하면, 모세 오경이나 〈여호수아기〉는 한 명의 저자가 단숨에 써내려 간 것이 아니라, 오랜 세월 복잡한 편집 과정을 거쳐 단계적으로 발전해 온 것이고, 최종적으로 현재의 형태가 된 것은 바빌론 포로 생활(기원전 6세기) 이후의 일이었다고 생각된다. 이것은 족장시대라고 상정되는 시기로부터 보면 거의 천 년 가까이 후대의 일이 된다. 그 때문에 '구제사'의 이야기는 실제로 일어난 일의 정확한 기록이 아니라, 후대의 이스라엘인이 자신들의 조상이 체험했다고 믿었던 신앙의 내용이라고 이해해야 할 것이다.

그렇다면, 거기에서 말해지고 있는 것 전부가 역사적 근거가 결여된 공상의 산물이고, 만들어진 이야기이고, 역사의 형태를 빌린 신화에 지나지 않는 걸까. 급진적인 연구자 중에는 그렇게 주장하는 사람들이 없지도 않지만, 결코 그렇게 말할 수 없다는 것에 이스라엘사 연구의 흥미로움과 어려움이 있다. 다른 수많은 민족들의 전설이나 서사시의 경우도 많든 적든 그러하지만, 오랫동안 구두로 전해진 전승 속에 머나먼 과거의 사건의 기억이 반영되어 있다는 것은 결코 가능성이 없는 사실이 아니다.

다만, 거기에는 동시에 후대의 상황이나 관념이 중첩되어 있거나, 애초에 역사적 문맥을 달리하는 상호간의 관계가 없는 사건이 하나로 결합되어 있거나, 사건의 성격이나 규모가 매우 차이가 나는 것으로 변화되었다거나 하는 것은 충분히 생각할 수 있는 일이다. 거기에서, 초기 이스라엘사 연구의 주요한 과제는, 전승 안에 어떠한 역사적 '핵核'이 있는가(아니면 없는가), 또 그 전승의 배후에 어떠한 역사적 사정이 있었는가(혹은 없었는가)를 하나하나 비판적으로 정밀하게 조사해 나가는 것에 집중한다.

집합론적으로 비유하자면, 역사와 전승은 중첩된 두 개의 원 같은 것이라고 말할 수 있을 것이다. 이스라엘사 연구의 과제는, 이 두 개의 원이 어느 부분에서 겹쳐지고, 어느 부분에서 분리되어 있는가를 확인하는 것에 있다. 물론 두 개의 원이 겹쳐지는 부분의 비율이 어느 정도로 큰가(혹은 작은가)에 관해서는 각각의 연구자나, 특히 그 연구자가 속한 '학파'의 전통이나 경향에 따라 상당한 시각 차이가 있다.

이스라엘 민족의 역사적 기원

우선 대원칙에 해당하는 것부터 확인해 두자. 앞에서 서술한 '구제사'의 전승을 지탱하는 두 개의 기둥이라 할 수 있는 대전제, 즉 이스라엘 민족이 공통의 조상으로부터 나온 혈연집단이라고 하는 관념과, 그들이 이집트 탈출이라는 공통의 전사前史를 가졌다는 관념은 현재의 연구로는 둘 다 역사성이 부정되고 있다.

제3장에서 좀 더 상세하게 서술되는 것처럼, 현재의 이스라엘사 연구로는, 이스라엘이라고 하는 민족은 가나안 지방의 내부에서, 혈통도 전사도 달리 하는 다종다양한 집단이 하나의 부족연합으로 합쳐지면서 비로소 성립되었다는 생각이 주류를 이루고 있다. 예를 들어 같은 이스라엘 민족에 속하는 여러 부족에서도, 북부 갈릴래아 집단과 남부의 네게브 집단은 혈통적으로도 역사적으로도 기원을 달리한다고 생각하는 것이 자연스럽다. 따라서 아브라함–이삭–야곱(이스라엘)–이스라엘 12부족으로 이어지는 도식은 후대에 구성된 가공架空의 이야기이고, 후대 이스라엘 민족의 '이스라엘은 하나'라고 하는 공통의 귀속 의식을 계보도의 형태로 표현한 것이라고 받아들여야 한다.

다만 이러한 사실이, 아브라함, 이삭, 야곱, 모세라는 인물들 개개인의 역사적 실재나, 그들에 관해 〈창세기〉나 〈탈출기〉가 말하는 각각의 이야기의 사실성을 결코 전부 부정하는 것은 아니다. 오히려, 아브라함이나 이삭이나 야곱이 훗날 이스라엘 민족을 구성하게 되는 여러 집단 중에 유력한 그룹의 조상으로서 실재했다는 주장도 불가능하지는 않다. 그러나, 그들이 이스라엘 민족 전체의 공통 조상이라는 것은 역사적으로 보아 있을 수 없는 일이다. 애초에 이집트로 간 70명 정도의 집단(〈창세기〉 46:27)이 가령 430년 동안(〈탈출기〉 12:40) 거기에 있었다고 해도, '장년 남자만도 육십만가량'(〈탈출기〉 12:37)의 대민족으로 발전했다고 하는 발상 그 자체가 현실적이지 않다. 게다가 430년간이라는 숫자도, 수백만 명 규모의 이집트 탈출이라는 관념에 대해서도, 역사적으로는 근거가 없는 것으로서 부정되고 있다.

제2절 **족장 이야기**

'아브라함, 이삭, 야곱'

그런데, 족장 이야기의 개개의 에피소드를 보고 있으면, 거기에 오래된 이전 시대 상황의 흔적을 전한다고 생각되는 부분이 곳곳에서 보인다. 예를 들어, 〈창세기〉는 족장들을 천막에 거주하고 양이나 산양을 키우는 목양민으로 묘사하고 있다. 실제로 훗날 이스라엘을 구성하게 되는 집단의 다수가 문화적으로 목양 문화의 배경을 지녔다는 것은 역사적으로도 확실한 듯하다(제3장 참조). 목초의 양에 의존하면서 이동을 반복하는 그들의 불안정한 생활상의 묘사(〈창세기〉 13:5-9 등)에는 오래된 시대의 기억이나 전승이 반영되어 있을 것이다. 다만 족장들이 스스로의 손으로 때때로 농경을 행하기도 했다고 묘사되어 있는 사실(〈창세기〉 26:12-13 등)은 당시의 농경과 목양의 관계를 파악하는 데 매우 흥미롭다. 성소 건립의 에피소드(〈창세기〉 28:16-19)나, 악령적 존재와의 격투 이야기(〈창세기〉 32:23-31)에도, 그 원형에 관해서 보면, 오래된 전승의 흔적이 남아 있을 것이다.

그런데 이러한 족장들의 이야기를, 그 무대가 되고 있는 장소에 관해 정리하면 각각의 족장 이야기가 의외로 비교적 소수의 고착점에 집중되어 있다는 것을 알 수 있다. 예를 들어 아브라함 이야기의 경우, 그것은 유대 지방 남부의 헤브론 근교의 '마므레의 참나무'가 있는 장소(〈창세기〉 13:18, 14:13, 18:1)나, 더 남쪽으로 내려가 네게브 지방의 브에르 세바(〈창세기〉 21:31)이고, 이삭의 경우는 마찬가지로 브에르 세바(〈창세기〉 26:32-33)와 그 근교의 브에르 라하이 로이(〈창세기〉 24:62, 25:11)이다. 이들 땅은 전부 훗날 유다 부족의 영토에 해당한다.

이것에 반해 야곱의 이야기는 좀 더 북방인 사마리아 산지의 세켐(스켐)(〈창세기〉 33:18-19, 34장)이나 베텔(〈창세기〉 28:18-19, 35:1-8) 및 요르단 강 동안의 마하나임(〈창세기〉 32:2-3)이나 프니엘(〈창세기〉 32:31), 수콧(〈창세기〉 33:17)을 무대로 하고 있다. 이러한 사실에서 아브라함이나 이삭이 예전에는 남부 집단의 선조상先祖像이었던 것에 반해 야곱이 북부나 요르단 강 동안 집단의 선조상이었다는 것을 추측할 수 있다.

계보도 ─ 이스라엘의 통일성의 표현

나중의 이스라엘 여러 부족(처음부터 열두 개였다고는 할 수 없다)의 직접적인 조상으로 여겨지는 것은 야곱이다. 그가 '이스라엘'이라는 별명을 얻게 된 것도 이런 사실과 부합한다. 따라서 계보도에서 우선 이스라엘의 공통의 조상으로 간주된 게 바로 이 야곱일 것이다. 이 사실은 또, 초기 이스라엘의 중심이 비교적 북부에 있었다는 것을 시사한다. 그러나 그 뒤, 아마도 다윗의 치세하에 남부 유다가 이스라엘 안에서 주도적인 역할을 맡게 된 것과 병행해 남부 집단 중에서 유력한 선조상이었던 이삭이나 아브라함이 이스라엘의 공통의 조상으로서 추가되었을 것이다. 그러나 계보도상에서의 직접적인 조상의 위치는 이미 야곱이 차지하고 있었다. 거기에서 계보도의 앞으로 거슬러 올라가는 형태로 이삭, 아브라함이 공통의 조상의 위치에 추가된 것으로 여겨진다. 덧붙이자면 아브라함 이야기와 이삭 이야기에는 내용적으로 중복되는 부분이 많다(〈창세기〉 20:1-18과 26:6-13, 21:22-24와 26:26-33을 비교해 볼 것). 이러한 사실은 아브라함 전승과 이삭 전승의 각각의 담당자가 지리적으로도 남부에 '교차'해 있었으리라고 여겨진다.

이스라엘 12부족의 표를 좀 더 상세하게 보면, 크게 두 가지의 다른 형태가 있다.

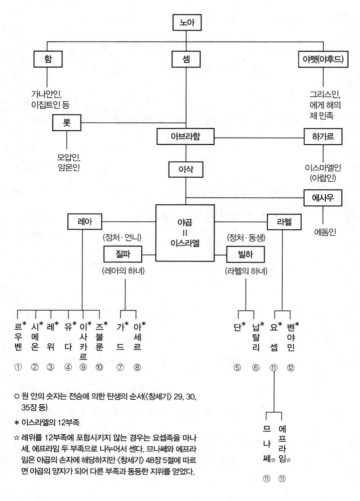

```
                        노아
        ┌───────────────┼───────────────┐
        함              셈          야펫(야후드)
   가나안인,                         그리스인,
   이집트인 등                        에게 해의
                                    제 민족
        롯 ─────── 아브라함 ─────── 하가르
   모압인,           │              이스마엘인
   암몬인            이삭            (아랍인!)
        ┌──────────┼──────────┐
        │                     에사우
   레아 ── 야곱 ── 라헬        에돔인
        ‖
   (정처·언니) 이스라엘 (정처·동생)
      질파              빌하
   (레아의 하녀)      (라헬의 하녀)
```

르* 시* 레* 유* 이* 즈* 가* 아*   단* 납* 요* 벤*
우 메   위 다 사 불   세   탈   셉 야
벤 온   카 룬 드 르   리   민
              르
① ② ③ ④ ⑨ ⑩ ⑦ ⑧   ⑤ ⑥ ⑪ ⑫

                                    므 에
                                    나 프
                                    쎄☆ 임☆
                                    ⑪ ⑪

○ 원 안의 숫자는 전승에 의한 탄생의 순서(《창세기》 29, 30,
   35장 등)

* 이스라엘의 12부족

☆ 레위를 12부족에 포함시키지 않는 경우는 요셉족을 마나
   세, 에프라임 두 부족으로 나누어서 센다. 므나쎄와 에프라
   임은 야곱의 손자에 해당하지만 《창세기》 48장 5절에 따르
   면 야곱의 양자가 되어 다른 부족과 동등한 지위를 얻었다.

[계보도1] 《창세기》에 의한 이스라엘 12부족과 주변 제 민족의 계보도

하나는 레위와 요셉을 각각 하나의 부족으로 세는 것이고
(〈창세기〉 29-30장 및 35:16-18, 46:8-27, 49:3-27, 〈탈출기〉 1:1-4,
〈신명기〉 33:6-24 등) 다른 하나는 부족으로서 레위를 빼고 요
셉을(계보도상으로는 그의 자식에 해당하는) 에프라임과 므나쎄
(마나세)(〈창세기〉 48:5)로 나누어 세는 것이다(〈민수기〉 1:5-43,
2:3-34, 26:5-51 등). 이 사실은 계보도의 형성이 단순한 경과가
아니고, 또 그 배경이 되는 이스라엘 민족이 조성되는 데도 복
잡한 사정이 있었다는 사실을 시사하고 있다.

야곱의 자식들과 이스라엘의 12부족

그런데 전승에 의하면 이스라엘 12부족의 직접적인 조상은
부친인 야곱 한 명이지만 모친은 네 명이 있었다고 한다. 즉 야
곱의 두 명의 정식 아내 중에 언니인 레아가 낳았다고 여겨지
는 게 ①르우벤, ②시메온, ③레위, ④유다, ⑨이사카르, ⑩즈불
룬의 여섯 부족이고, 동생인 라헬이 낳았다고 여겨지는 게 ⑪
요셉(즉 므나쎄와 에프라임), ⑫벤야민 두 부족이다(숫자는 탄생
순서). 이에 대해 몸종들 중에 언니 라헬의 몸종 빌하가 낳았다
고 여겨지는 게 ⑤단, ⑥납탈리의 두 부족이고, 언니 레아의 몸
종 질파가 낳았다고 여겨지는 게 ⑦가드, ⑧아세르의 두 부족
이다(〈창세기〉 29:31-30:24, 35:16-18).

이렇게 계보도상의 서로 다른 모친은 별 의미 없는 후대의
자유로운 창작에 지나지 않는 걸까. 우선 유다, 레위, 에프라임,

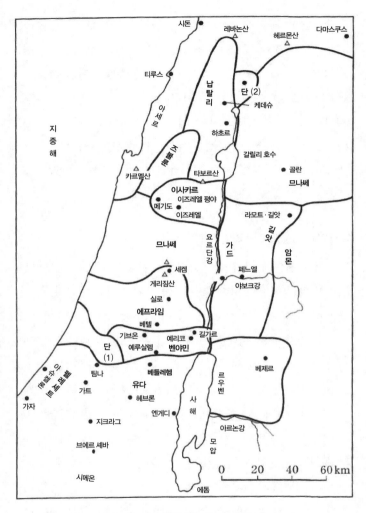

시돈
레바논산 △
헤르몬산 △
다마스쿠스
티루스
납
탈
리
단 (2)
케데슈
아 세 르
하초르
갈릴리 호수
골란
지 중 해
즈 불 론
카르멜산 △
타보르산 △
므나쎄
이사카르
이즈레엘 평야
메기도 ●
라모트·길앗 ●
이즈레엘 ●
길
앗
요
르
단
강
가
드
암
몬
므나쎄
세켐 △
페느엘 ●
게리짐산 △
야보크강
실로 ●
에프라임
베텔 ●
기브온 ●
예리코 ●
길가르
단 (1)
예루살렘 ●
벤야민
베들레헴 ●
르 우 벤
베제르 ●
블 레 셋 인
팀나 ●
유다
가트 ●
헤브론 ●
사 해
가자
엔게디 ●
지크라그 ●
아르논강
모 압
브에르 셰바 ●
시메온
에돔

0   20   40   60 km

[지도2] 가나안에서의 이스라엘 12부족

단 부족은 (1)에서 (2)로 이동(〈판관기〉 18장 참조)

벤야민이라는 훗날 이스라엘의 역사에서 중심적인 역할을 하는 부족들이 전부 정식 아내 중 어느 한쪽의 자식이라고 여겨지는 게 눈에 띈다. 이에 반해 측실의 자식이라고 여겨지는 부족들은 지리적으로도 변경에 거주하면서 이스라엘 안에서 그다지 중요한 역할을 맡지 못했던 부족이 많다. 고대 이스라엘에는 정처의 자식과 측실의 자식 사이에는 격의 차이가 있었던 것으로 보인다(《창세기》 21:9-10 참조). 따라서 정처의 자식으로 간주되는가, 측실의 자식으로 간주되는가는 이스라엘 안에서 각 부족의 역할의 크고 작음과 지위와 관계가 있었으리라는 것을 막연하게나마 추측할 수 있다.

그러나 이런 '모자 관계'에는 훗날의 이스라엘 역사로는 설명할 수 없는 요소도 적지 않다. 예를 들어 역사 시대에는 거의 역할을 맡지 못하고, 게다가 이른 시기에 부족으로서 해체되고 말았다고 생각되는 르우벤(《창세기》 35:23, 49:3-4, 《신명기》 33:6 참조)과 시메온(《창세기》 49:5-7 참조)이 계보도상으로 장남, 차남이라는 중요한 지위를 차지하고 있다는 사실이다. 이것은 이들 두 부족이 일찍이 우리가 알지 못하는 이스라엘 공동체의 초기 단계에서 주도적인 역할을 해냈다는 것을 시사한다. 그러나 그 뒤 이들 부족은 어떤 이유로 쇠퇴해 중심적인 역할을 유다나 에프라임 부족이 대신하게 되었을 것이다.

다음으로 정처의 자식들 중에 지리적으로 최남부에 거주한 유다, 시메온과 북부 갈릴래아에 거주한 이사카르와 제불룬이 같은 어머니로 연장자였던 레아의 자식이라고 간주된 것도 기묘하다. 두 개의 그룹 사이에는 역사적인 관계가 거의 없었던 것으로 인정되고, 왕국 분열 뒤에는 각각 남왕국과 북왕국으로 나뉘기 때문이다. 그 때문에 부족연합이 형성되는 과정에서 12부족연합의 성립에 앞서는 이전의 단계에서 레아 계통의 6부족만으로 이루어진 좀 더 소규모의 연합이 형성되었을 가능성을 생각하는 연구자가 많다. 이에 대해 같은 정처라도 젊은 쪽인 라헬의 자식으로 여겨지는 제 부족(므나쎄, 에프라임, 벤야민)은 전부 중부 팔레스티나에 거주했지만, 태어난 순번도 제일 마지막이고 역사적으로 비교적 새로운 단계에서 이 연합에 가담했을 것으로 추측할 수 있다.

또한 역사적인 신구 세력 관계의 역전이라는 현상은, 요셉계 부족 내부에서도 야곱이 축복을 내릴 때 형 므나쎄와 에프라임의 머리에 손을 엇갈리게 얹었다는 전승으로 설명되고 있다(〈창세기〉 48:13-19). 이상과 같이 족장 이야기의 복잡한 계보도에는 부족연합 형성의 역사적 경과가 간접적으로 반영되어 있을 가능성이 높다.

족장들의 고향?

그런데 족장 이야기에 의하면 아브라함의 고향은 메소포타미아 남부 '칼데아인의 우르'이다(〈창세기〉 11:28, 31). 그러나 이것은 역사적으로 전혀 있을 수 없는 사실이다. 양이나 산양을 데리고서 목양민이 이렇게 수천 킬로미터에 이르는 이동을 했다고는 도무지 생각할 수 없고, 만약 아브라함이 우르 출신이라면 남동 셈어를 말했을 텐데 이스라엘인의 언어 히브리어는 어엿한 서북 셈어이다. 무엇보다도 먼저 '칼데아인'이란 바빌론 포로 생활(기원전 6세기) 시대의 신바빌로니아 제국을 세운 민족이고(〈열왕기하〉 25:1-7 참조) 그들이 역사상 남 메소포타미아에 등장한 것은 빨라도 기원전 9세기 이후에 지나지 않아서, 족장 시대의 이야기에 그들이 등장한다는 것은 일고의 가치도 없는 오류이다. 또한 우르에 관해 언급되는 장소들은 전부 문헌학적으로 나중 시대의 문맥에 속한 것으로 판단된다. 아마도 훗날 바빌론 포로 생활을 하던 이스라엘 백성이 조상 아브라함의 이주에 자신들의 팔레스티나 귀환의 희망을 담은 이미지를 중첩시켰을 것이다.

이에 반해, 이스라엘의 선조가 서북 메소포타미아(현재의 터키 남동부)의 하란의 아람인과 밀접한 관계가 있었다는 전승에는 무언가 역사적인 핵이 들어 있을 가능성이 높다. 아브라함은 일정 기간 이 땅에 머물렀고 거기에서 곧바로 가나안 땅으로 이주했다고 되어 있고(〈창세기〉 11:31, 12:4), 이삭도 야곱도 '친족'과의 결혼이 바람직하다는 입장에서 이 지역에서 아내를 맞이했다(〈창세기〉 24:2-10, 25:20, 28:1-5). 따라서 앞에서 서술한 야곱의 두 명의 정처 레아와 라헬도 아람인 여성인 셈이 된다(〈창세기〉 31:17-21을 참조).

더 나아가 〈신명기〉 안의 신앙고백적인 정형구에는 이스라엘인의 선조에 관해 '저희 조상은 떠돌아다니는(혹은 '스러져가는') 아람인이었습니다'라고까지 말하고 있다(〈신명기〉 26:5). 이러한 아람인과의 친족 의식에 대한 자각은, 훗날 역사시대의 이스라엘과 아람의 관계로는 설명할 수 없다. 왕국시대가 되면 아람은 이스라엘인에게는 불구대천의 숙적이 되기 때문이다(〈사무엘하〉 10:15-19, 〈열왕기상〉 20:1-34, 22:29-38, 〈열왕기하〉 12:18-19, 13:1-7 등 참조).

서북 메소포타미아는 대상隊商 교역 등을 통해 팔레스티나와 인적, 물적으로 긴밀한 교류가 있었던 지역이고, 아람인은 기원전 1200년경 북 시리아의 스텝 지역으로부터 이 지방으로 유입되어 각지에 도시국가를 건설했다. 그 이동의 여파의 일부가 팔레스티나 지방까지 미쳐서, 후의 이스라엘 형성에 가담했을 가능성도 부정할 수 없다. 다만 그러한 요소가 있었다 해도 훗날의 이스라엘 전체로 보면 소수파였을 게 틀림없다. 이스라엘인의 언어인 히브리어는 서북 셈어라는 점에서 아람어와 같은 계통에 속하지만, 가나안어나 모압어에 좀 더 가까운 것이었다(〈열왕기하〉 18:26-28, 〈이사야〉 19:18).

족장 이야기의 주요 주제

족장 이야기 전체를 관통하는 중심 주제는 신 야훼의 축복과 약속이다. 그러니까 족장들은 신의 계시를 되풀이해서 받고, 자손의 수가 많은 '큰 민족'이 되는 것과 가나안 땅의 소유를 약속받는다(〈창세기〉 12:2, 7, 13:14-17, 15:5-21, 26:2-4, 28:13-15 등). 이러한 관념은 명백하게 족장시대의 것이 아니라, 뒤에 실제로 가나안 땅을 지배하고 '큰 민족'으로서 자신들을 이해하게 되었던 왕국시대 이후 이스라엘의 자기 의식을 표현하는 것이고, 동시에 그것을 신의 약속의 성취로 의미 지으려고 하는 신학적 해석을 나타내는 것이다. 다른 한편으로 〈창세기〉에는 이른바 부차 주제로서 이스라엘과 얼마간 긴장 관계에 있던 주변 민족의 성립에 관한 이야기가 여럿 보이는데(〈창세기〉 9:18-27[가나안인], 16:1-12[이스마엘인], 19:30-38[모압인과 암몬인], 27:1-40[에돔인]), 이것도 가나안 정착 이후부터 왕국시대에 걸쳐 이들 민족과의 대립 항쟁에 근거한 것으로, 그것이 기원론적으로 족장시대에 투영된 것으로 생각된다.

제3절 **이집트 탈출**

이집트 탈출 전승의 역사적 '핵'

다음으로 이집트 탈출에 관해서 살펴보자. 말할 것도 없이 이집트 탈출은 다윗 치세의 통일왕국의 확립 및 바빌론 포로 생활과 나란히, 구약성서가 말하는 이스라엘 민족의 역사 중에서 가장 중요한 사건이고 이스라엘 민족의 자기 이해와 신 이해를 근본적으로 규정하는 것이다. 이스라엘인은 무엇보다도 우선 야훼를, 자신들을 이집트의 노예 생활에서 해방시킨 신으로 이해했고(〈탈출기〉 20:2를 참조), 또한 자신들을 야훼에 의해 이집트에서 이끌어내어진 백성으로 이해했기 때문이다(〈신명기〉 26:5-9 등 참조).

구약성서는 이집트 탈출을 당연하다는 듯이 이스라엘 민족 전체의 공통 체험으로서 말하고 있다. 그러나 앞에서도 언급했듯이 이스라엘이라는 민족이 가나안 땅 내부에서 잡다한 기원을 가지는 집단의 점진적 결합에 의해 비로소 형성되었다고 한다면, 당연히 '이스라엘의' 이집트 탈출은 존재하지 않았던 셈이 된다. 그러나 이것은 이집트 탈출 전승 전체가 완전히 가공의 이야기라는 것을 의미하지는 않는다. 나중에 가나안 땅에서 이스라엘을 형성하게 되는 여러 집단 중의 일부분이 이집트에서의 노예 생활과 그곳으로부터의 탈출을 체험한 뒤, 그 기억과 전승을 다른 집단에 전했다는 것은 충분히 있을 수 있는 일이기 때문이다. 실제로 이집트 탈출 이야기의 세부에는 도저히 후대의 창작으로는 설명할 수 없는 정확한 역사적 정보가 포함되어 있고, 많은 연구자들은 이 전승에도 역사적인 '핵'이 숨겨져 있다고 생각한다.

이집트 탈출의 전제로서의 '이집트 입국'과 이집트의 '히브리인'

구약성서에 의하면 이스라엘의 선조들은 가나안 지방의 기근에 쫓겨 이집트로 간다. 가나안 땅과 이집트의 거리는 해안의 길을 따라가면 수백 킬로미터에 지나지 않고, 거기에는 오래전부터 대상隊商이나 군대가 일상적으로 이동하는 등 인적, 물적 교류가 활발했다. 목초에 의존하는 목양민에게 강우降雨의 부족은 곧바로 사활문제로 이어진다. 그들에게 있어서 거의 유일한 생존의 길은 나일 강이 있기 때문에 강우에 좌우되지 않는 이집트 땅으로 도망치는 것이었다. 이집트에서 '샤스'라고 불린 가나안 남부의 목양민이 난민으로서 이집트로 누차에 걸쳐 흘러들어온 사실은 이집트의 국경 관리 문서나 벽화 등에도 묘사되어 있고, 자주 볼 수 있는 현상이었다. 따라서 훗날 이스라엘의 선조의 일부가 기근을 피하기 위해 이집트로 갔다는 것은 역사적으로도 충분히 가능한 이야기이다.

이집트에 살던 이스라엘의 선조는 강제노동에 내몰렸고 특히 벽돌을 만드는 데 동원되었다고 하는데, 보강을 위해 짚을 섞은 벽돌을 제조(〈탈출기〉 5:7-19)한 것은 이집트 특유의 공법이고 팔레스티나나 메소포타미아에는 볼 수 없는 것이다. 이집트에서 노예 취급을 받은 이스라엘인의 선조는 '히브리인(이브리)'이라고 불렸는데(〈탈출기〉 1:16, 19 등), 이것은 신왕국시대의 이집트에서 건축 활동에 종사했던 비이집트계 기류寄留자가 '아피르'라고 불린 것에 호응한다. 또 이 아피르는 시리아나 메소포타미아 문서에 나오는 '하비르' 내지 '하피르'와 대응하는 말이고, 본래는 특정 인종이나 민족을 표현하는 말이 아니라 당시 지역에서 정식 시민으로는 간주되지 않고, 노예나 용병 등이 된 비토착계 집단을 종합적으로 가리키는 사회학적 개념이었던 듯하다(3장 참조).

따라서 이집트의 아피르의 일부가 히브리인, 즉 훗날의 이스라엘 선조의 일부가 되었을 가능성이 있다. 또한 아피르 그 자체를 구약성서의 히브리인과 동일시할 수는 없다. 아피르는 이집트 탈출 시대로서 문제가 되는 시대 이후에도 이집트에 존재했기 때문이다.

이집트 탈출의 연대

〈탈출기〉에 의하면 이스라엘의 선조는 나일 델타 동부의 '고센 땅'에 거주하면서 '피톰과 라메세스' 건설에 종사했다 (〈탈출기〉 1:11). 이 도시 중에 라메세스(정확히는 '피 라메시스'='라메시스의 집')는 이집트 제19왕조 람세스 2세(재위 기원전 1279-1213)가 델타 지방의 수도로서 건설한 것이라는 게 판명되었다(현재의 콴티르 근교의 텔 엘 다바). 게다가 이 도시는 백년 정도밖에 존속하지 않았고, 그 뒤 완전히 폐허가 되어 거기에 사용된 건축 자재 일부는 가까이에 다른 도시 타니스를 건설할 때 재이용되었다. 후대에 창작된 가공의 이야기에 수백 년 전에 일시적으로밖에 존재하지 않았던 도시가 이야기의 무대가 된다는 것은 일반적으로 생각하기 어렵다. 그 점에서 많은 연구자들은 이집트 탈출의 핵이 되는 이야기는 람세스 2세 시대이거나(〈탈출기〉 2:23의 압제적인 파라오의 죽음을 고려해서) 다음 대인 메렌프타(재위 기원전1213-1203)의 시대에 일어난 게 아닌가 추측하고 있다.

모세

이집트 탈출의 지도자는 모세(히브리어로는 '모세Moshe')이다. 이 인물에 관해 성서를 제외한 사료는 존재하지 않고, 이집트 문서에 나타난 특정 인물과 동정同定하려는 몇몇 시도도 폭넓은 승인을 얻는 데는 이르지 못하고 있다. 그러나 적어도 확실한 것 한 가지는 모세라는 이름이 히브리어 계통의 인명이 아니라 이집트계 인명이라는 사실이다. 또한 아시아 방면 출신의 인물이 이집트에서 이집트계 이름을 사용하는 것은 드문 일이 아니었다. 게다가 모세라는 이름이 이집트 계통이라는 사실은 근대 이집트학의 연구에 의해 처음으로 밝혀진 것이다. 이것은 고대의 가공인물의 명명법으로서는 지나치게 잘 만들어진 이름이다 그 때문에 이집트를 탈출한 그룹의 지도자 중에 이런 이름의 인물이 있었다는 것은 역사적으로도 충분히 있을 수 있는 일이라고 생각된다.

이집트 탈출의 규모

이집트 탈출의 규모는 구약성서에 의하면 '장년 남자만 해도 육십만'이었다고 한다(〈탈출기〉 12:37, 〈민수기〉 1:46). 가족을 합하면 수백만 명 규모의 민족 대이동이었던 셈이 된다. 물론 이것은 이스라엘 민족 전체가 이집트 탈출에 참가했다고 하는 전제를 기초로 해서 후대의 민족 전체의 이미지를 (게다가 과장해서) 이집트 탈출에 투영한 것으로서 도저히 역사적 사실이라고는 말할 수 없다. 그 정도 규모의 민족 이동이 있었다면 그것은 당연히 어떠한 형태로든 이집트의 문서에도 반영되었을 것이고 고고학상의 흔적도 남았을 것이다.

그런데 이집트의 방대한 문자 자료 속에 이집트 탈출에 대응하는 사건에 대한 언급은 전혀 보이지 않는다. 당시의 이집트는 동부의 국경을 상당히 엄중하게 방위하고 있었고, 두 명(!)의 도망친 노예를 추적한 것에 관한 보고서까지 남기고 있다. 그럼에도 불구하고, 예를 들어 아피르들의 대량 탈출과 유사한 보고는 전혀 남아 있지 않다. 또 이집트와 팔레스티나를 연결하는 시나이 반도의 여러 루트나, 특히 이스라엘의 선조들이 오랫동안 체류했다고 되어 있는 카데스(《신명기》 1:46 참조)에도 기원전 13세기에 큰 집단이 통과했거나 체재했다는 것을 가리키는 어떠한 주거 유적이나 토기의 파편 등도 발견되지 않고 있다.

이러한 사실들은 무엇을 의미하는 것일까. 생각할 수 있는 것은 이집트 탈출이 구약성서가 묘사하는 방식과 규모로는 일어나지 않았다는 것이다. 대大이집트 왕국의 입장에서 보면 그것은 기록에도 남기지 않을 사소한 사건, 일부 노예가 도망친 것에 지나지 않아, 고고학적인 흔적도 거의 남아 있지 않을 정도의 소규모 사태였을 것이다. 그것이 수백 명, 아니 그 정도에도 못 미치는 수십 명 규모의 사건이었을 가능성도 아예 없는 것은 아니다.

신의 구원의 행위로서의 이집트 탈출

그러나 구약성서는 이집트 탈출을 단순히 노예들의 도망(다만 〈탈출기〉 14:5도 참조)으로서가 아니라 수많은 기적을 동반하는 신 야훼의 위대한 구원의 행위로서 그리고 있다. 물론 현재의 〈탈출기〉에 나오는 열 가지 재앙 이야기(〈탈출기〉 7-12장)나 바다의 기적 이야기(〈탈출기〉 14장)는 극도로 과장된 전설적 요소가 농후하다.

그러나 이 이야기가 오랫동안 이야기로 전해지고, 그뿐 아니라 이윽고 민족 전체의 공유 체험으로서 이해되어 간 것을 보면, 당사자들에 의해 사건이 최초부터 종교적인 의미로 이해되고, 전승할 만한 가치가 있는 것으로 인정되었다고 상정할 필요가 있을 것이다. 아마도 도망자들은 이집트 군대에 쫓겨 '바다' 언저리에서 궁지에 몰렸다. 그러나 어떤 일이었든 간에 그때 그들 자신에게는 기적이라고 할 수밖에 없는 사건이 일어나 그들은 추적에서 벗어났을 것이다. 이 구원에 대한 감사는 구약성서 안의 가장 오래된 노래의 하나인 〈미르얌의 노래〉에서 찬양되고 있다.

야훼께 노래하여라
그지없이 높으신 분
말과 기병을 바다에 처넣으셨네(〈탈출기〉 15:21)

또한 이 '바다'가 어디를 가리키는지는 이집트 탈출의 루트에 관한 구약성서의 전승 자체가 상호 모순되어서 유감스럽게도 특정하는 것은 불가능하다.

일부 집단의 체험에서 민족 전체의 공통 체험으로

다음 장에서 보다 자세하게 살펴보겠지만, 종교사적으로 보면 이스라엘 민족 안에서 처음부터 야훼라는 신이 숭배된 게 아니었을 가능성이 높다. 한편으로 야훼와 이집트 탈출의 관계는 밀접해서 떼어놓을 수가 없다. 그 때문에 야훼 숭배는 이집트 탈출 집단이 이집트 탈출 전승과 함께 이스라엘에 가지고 들어왔을 가능성을 생각할 수 있다. 따라서 이집트 탈출과 원래 관계가 없었던 여러 집단의 입장에서 보면, 야훼 신앙의 수용은 이집트 탈출 전승의 수용과 표리일체를 이루는 셈이 된다.

그렇다면 후자의 여러 집단은 대체 무엇 때문에 훗날 이스라엘 전체에서 보면 극히 일부분에 지나지 않는 이집트 탈출 집단의 신앙과 전승을 군이 수용해서 그것을 자신들의 신앙 및 구제救濟 체험으로서 공유해가게 된 걸까.

아마도 그 이유 중 하나는, 이 신앙과 전승이 그때까지 그들이 몰랐던 종류의 강력한 신 관념을 표현한 것이기 때문일 것이다. 그것은 당시 오리엔트 최강의 이집트의 군사력도 능가하는 위대한 힘을 지닌 전투의 신이라는 관념, 억압에 고통받는 노예들을 해방한 신이라는 관념, 인간의 지배에서 해방시키고 자유를 가져다준 신의 관념이었다. 다음 장에서 상세하게 다루겠지만, 가나안 땅에 출현한 원原이스라엘 집단은 선주민이나 주변 민족과의 격렬한 싸움을 피할 수 없었다. 이러한 상황 아래서 강력한 전투의 신, 구원의 신의 관념이 적극적으로 받아들여졌던 것으로 생각된다.

야훼 신앙이 가나안에 산재散在해 있던 여러 집단을 하나로 결합해, 강고한 결속을 촉진하는(혹은 맹아적으로 존재했던 공동체를 좀 더 대규모로 확대시키는) 구심력으로서 작동했을 가능성도 상상할 수 있다. 강렬한 신 관념이 집단을 형성하고 결집시키는 강력한 작용을 지니는 것은, 훗날 무함마드를 중심으로 하는 수십 명의 집단에서 출발해 백 년도 지나지 않아서, 내분으로 날을 지새우던 아라비아 반도를 통일하고 나아가 인도와 지중해 세계까지 지배를 확대해 나간 이슬람 공동체에서도 이와 비슷한 예를 볼 수 있다.

다른 한편으로 이스라엘로서는 민족 집단의 통일성을 표현하기 위해서, 이미 보았듯이 일찍부터 계보도의 관념이 발전해 있었다. 즉 이스라엘은 하나이고, 공통의 조상이라는 관념이 보여주듯 과거에도 하나였을 게 분명하다. 그 때문에 나중이 되어서 이스라엘은 이집트 탈출도 그들이 하나의 전체로서 체험했다고 믿게 되었다. 이집트 탈출을 직접 체험한 세대 자체는 이윽고 죽어서 모두 사라졌다. 그러나 그 자손들은 이집트 탈출을 기념해 매년 유월(페사흐)의 축제(〈탈출기〉 12:1-27) 때마다 자신들의 선조에 대한 야훼의 위대한 구제의 행위를 떠

올리고 그것을 자신들의 구원으로 계속해서 재체험하면서 세대에서 세대로 전해준 것이다.

제4절 **시나이를 거쳐 가나안 땅으로**

시나이 계약

구약성서에 의하면 이집트를 탈출한 이스라엘인은 시나이 산에서 야훼와 계약을 맺고 율법을 받았다. 이것이 이른바 '시나이 계약'이다. 그러나 최근의 연구에 의하면, 시나이 산에 관한 전승이 원래는 계약 체결과도 율법 수여와도 관계가 없는, 성스러운 산에서의 신의 현현Theophany의 전승이었다는 게 폭넓게 받아들여지고 있다. 그것은 아마도, 애초에는 이집트 탈출 전승이나 모세와조차도 아무런 관계가 없는 독립된 전승이었을 것으로 추측된다.

그것이 이윽고 전승사傳承史의 경과 속에서 이집트 탈출과 연결되어, 계약, 율법 수여의 이야기로 이차적으로 '개조'되었을 것이다. 이 시기는 관해서는 몇 가지 설이 있지만, 소위 '계약의 서'(〈탈출기〉 20:22-23:33)와 '신명기법'(〈신명기〉 중의 법적인 부분, 〈신명기〉 12-28장)의 내용상의 비교 연구를 통해서, 기원전 7세기의 신명기 운동(6장 참조)이 본격적으로 벌어지기 이전이었을 것으로 여겨진다. 다만 십계(〈탈출기〉 20:1-17=〈신명기〉 5:6-21, 양자 중에 〈신명기〉 쪽의 형태가 오래되었다고 받아들여진다)의 존재 등을 통해 현재의 〈탈출기〉에서의 시나이 계약에 관한 기술이 신명기주의적인 편집을 거쳤다는 것도 명백하다.

또한 시나이 산의 위치에 관해서도 여러 가설이 있는데 정확한 것은 알 수 없다. 무엇보다도 우선 이집트 탈출 루트 자체가 명확하지 않기 때문이다. 현재 시나이 산으로 추정되어 관광지가 되어 있는 시나이 반도 남부의 제벨 무사('모세의 산', 표고 2244미터)는 자못 '영봉靈峯'이라는 말에 어울리는 신비로운 자태를 하고 있지만 이것이 시나이 산으로 간주되기 시작한 것은 불과 기원 4세기 이후의 일이다.

가나안 지방 정복

〈여호수아기〉의 가나안 정복 이야기에 의하면 이스라엘 백성은 동쪽에서부터 요르단 강을 건너(〈여호수아〉 3장) 우선 예리코(〈여호수아〉 6장)를 정복한 뒤, 전광석화 같은 기세로 중부 산지의 여러 도시국가를 점령했고(〈여호수아〉 11장), 이어서 남부의 여러 도시를(〈여호수아〉 10:29-43), 그리고 마지막으로 북부의 여러 도시를(〈여호수아〉 11장) 정복했다. 그 기간 동안 이스라엘은 여호수아의 지휘 아래 항상 하나로 단결해서 행동해 정복은 단기간에 대승리로 끝났고, 가나안의 모든 땅이 단숨에 이스라엘의 영토가 되었다고 묘사하고 있다.

이것이 상당히 후대의 극도로 도식화되고 이상화된 이미지라는 것은 명백하다 그것은 각각의 부족집단이 독립해서 개별적으로 영토 획득을 위해 노력했고, 그 결과에 관해서도 당시에는 지극히 불완전했다고 하는 〈판관기〉 1장의 기술과 모순될 뿐 아니라, 많은 경우에서 각지의 고고학적 소견과도 일치하지 않는다.

예를 들어 이스라엘이 뿔나팔을 불면서 주위를 행진하자 견고한 성벽이 저절로 붕괴되었다고 하는 예리코 성벽은(〈여호수아〉 6장) 고고학적 조사의 결과 초기 청동기 시대 말기인 기원전 2300년경에 파괴되었고 이스라엘이 등장했을 때 예리코는 거의 사람이 살지 않는 곳이었다는 사실이 판명되었다. 즉 기원전 1200년경 이스라엘인이 그곳에 살게 되었을 때, 그 부근에는 대략 1000년 이상 전에 파괴된 성벽의 폐허만이 있었던 셈이다. 따라서 예리코 성벽 붕괴의 이야기는 그 폐허의 유래를 설명하는 기원담起源談으로서 창작되었다는 것이 명백하다. 가나안 지방에서의 이스라엘의 토지 취득이 〈여호수아기〉의 기술은 말할 것도 없고, 〈판관기〉 1장에서 서술된 경과 이상으로 복잡하고, 오랜 경과를 거친 결과라는 사실은 다음 장에서 상세하게 살펴볼 것이다.

제3장 | 가나안 지방에서의 이스라엘 민족의 성립 (기원전 12세기 – 11세기 전반)

제1절 **이스라엘 출현 전후의 가나안 지방**

이집트의 가나안 지배

제1장에서 서술한 것처럼 가나안 지방에는 기원전 2000년 기紀(기원전2999-2000년) 초엽 이래 주로 평야부나 산간의 평지 부분을 중심으로 수많은 도시국가가 성립해, 이 지방 전체가 복잡한 정치 단위로 나뉘어져 있었다. 그러나 기원전 15세기 중엽이 되자 강대한 이집트 제18왕조의 토토메스 3세(재위기원전1497-1425)가 이 지역을 몇 차례 원정遠征해 가나안 지방 전체를 이집트의 종주권 아래로 편입시켰다. 최초로 '파라오'('커다란 집'이라는 의미)의 칭호를 사용했다고 하는 이 이집트 왕이 남긴, 정복된 시리아 · 팔레스티나 여러 도시를 열거하는 원정 비문은 이스라엘 등장 이전의 가나안 지방의 상황을 아는 데 귀중한 사료가 되어 있다. 가나안 지방이 이집트의 지

배하에 들어감으로써 가나안 지방의 주요 거점은 이집트 관리나 군대가 파견되었고, 이 시대 이후 문화적으로도 이집트의 영향이 강해지게 된다.

그러나 그 이후의 이집트 왕의 팔레스티나 지배는 때때로 지배 확인을 위한 원정이 행해진 것 외에는 주로 명목상의 것에 그쳤던 듯하다. 특히 제18왕조 말기의 아멘호테프 4세(별칭 이크나톤, 재위 기원전1353-1336)는 새로 건설한 수도 아케타톤(아마르나)를 중심으로 종래의 이집트 신들에 대한 숭배를 폐지하고 태양신 아톤을 배타적으로 숭배하는 종교 개혁(세계 최초의 일신교적 현상이라고 평가된다)에 열중한 나머지 대외 정책을 사실상 거의 방치했기 때문에, 가나안 지방은 도시국가 간의 다툼이 빈발하게 되었다. 즉 가나안 도시국가군#은 이러한 상황 아래서, 이집트에 표면상으로는 충성을 가장하면서 자기의 세력 확대를 꾀하거나 혹은 공공연히 독립해서 서로 간에 극심한 항쟁을 되풀이하고 있었다.

'하비르'

이런 혼란에 더 한층 박차를 가한 것이 이 시기에 '하비르' 내지 '하피르'라고 불린 집단이 팔레스티나에 출현해 닥치는 대로 약탈 행위를 벌인 일이었다. 이러한 소란 속에서 가나안의 제후들이 이집트 왕 이크나톤에게 보냈다고 하는 소위 〈아마르나 문서〉는 위급을 호소하며 원조를 청하는 목소리나, 가나안 제후들의 상호 비난, 반역을 고발하는 목소리로 가득 차 있다. 예를 들어 예루살렘의 영주 아브디 헤바는 자신이 반역했다는 고발은 거짓이라는 것, 세켐의 라바야의 자식들과 게제르의 밀킬리가 하비르와 손잡고 예루살렘을 공격했다고 호소하며 원군을 보내주기를 바란다고 거듭 탄원하고 있다. 그러나 이집트 왕이 그의 요청에 응답했다는 흔적은 남아 있지 않다.

여기에서 하비르라고 불린 사람들이 메소포타미아, 히타이트, 우가리트 등의 문서에서 '하비르' 내지 '하피르'라고 기록되고, 게다가 앞 장에서도 서술했던 이집트 문서의 '아피르'라고 불린 사람들과 관련이 있다고 연구자들 사이에서는 추정되고 있다. 이러한 사람들은 하나같이, 노예, 고용인, 용병, 산적 행위를 하는 약탈 집단 등으로 그려지고 있다. 이것은 특정 민족을 가리키는 호칭이 아니라, 오히려 어떤 종류의 사회 계층―즉 기성 사회 질서 내부에 포함되지 않고 법적 보호망 바깥에 존재하는 '무법자' 집단―을 일반적으로 나타내는 개념이었던 것으로 생각된다. 게다가 이 하비르/아피르라는 단어는 음운학적으로 '헤브라이인(이브리)'이라는 단어와도 통한다. 그 점에서 오늘날 적지 않은 연구자들은 이러한 하비르와 훗날 이스라엘인의 가나안 출현 사이에 어떤 연관성이 있었을 것이라고 생각하고 있다.

메렌프타 비문의 '이스라엘인'

어찌됐든 이집트에서 강력한 제19왕조가 성립하자 가나인 지방에서의 혼란은 일단 잠잠해진다. 이 왕조의 초기 왕들, 세티(세토스) 1세(재위 기원전1290-1279)나 람세스 2세(재위 기원전 1279-1213)가 시리아·팔레스티나에 여러 차례 원정을 해 이 지역의 지배를 재강화했기 때문이다. 특히 람세스 2세가 이 시기에 아나톨리아(소아시아)에서 강대해져 북쪽에서 시리아·팔레스티나에 세력을 확대해 온 히타이트 제국의 무와탈리 2세와 오론테스 강변의 카데시에서 일대 결전을 벌여(기원전 1275) 승부를 가리지 못하고 화평 조약을 맺은 에피소드는 유명하다.

람세스의 자식 메렌프타(재위 1213-1203)도 시리아·팔레스티나에 원정을 갔는데 이 원정(기원전 1207년경)을 기념한 석비(카이로 박물관 소장) 안에 정복했다고 하는 지명의 목록 중에 '이스라엘'이라는 이름이 보인다.

> 가나안은 온갖 재해를 입고 정복되어, 아슈켈론은 끌려갔다.
> 게제르는 사로잡힌 몸이 되고, 야노암은 무無로 돌아갔다.
> 이스라엘은 자손이 끊어지고, 후루는 이집트로 인해 과부가 되었다.

이것은 가나안 땅에서 이스라엘이라는 집단의 존재를 언급한 최초의 성서 외 사료이다. 게다가 흥미로운 것은 다른 지명과는 달리 이 이스라엘이라는 집단에는 도시(국가)나 지방이 아니라 민족 집단을 표시하는 결정사(어구의 의미를 나타내는 발음되지 않는 기호)가 붙어 있다. 이 사실은 이 집단이 확실한 국가의 형태를 이루지 못했고 또 그 영토도 명확하지 않다는 것을 시사하고 있다. 또한 앞 장에서 서술했듯이 이른바 이집트 탈출에 해당하는 사건은 이 메렌프타나 그 전임자인 람세스 2세 시대에 일어났다고 생각되는데, 그 사실과 메렌프타 비문에서 '이스라엘'이라고 불린 민족 집단이 언급된 것이 직접 역사적으로 연관이 있다고 단정 짓기는 어렵다. 이집트 탈출 집단이 소수이고 훗날의 이스라엘 전체의 일부에 지나지 않는다고 한다면, 이집트 탈출 이전에 이미 가나안 지방에 '이스라엘'이라고 하는 집단이 존재했다고 해도 이상하지는 않기 때문이다.

기원전 1200년경의 가나안 지방에서의 정치적 사회적 변동

이 '이스라엘'이라고 불린 집단은 그렇다면 어떻게 해서 가나안 땅에 출현했던 것일까. 이 문제를 검토하는 데 있어서 기원전 1200년경 가나안 지방에서 생긴 커다란 변동에 주목할 필요가 있다.

고고학적으로 후기 청동기 시대 말기부터 철기시대로의 이행기로 간주되는 기원전 1200년경이 되면 그때까지 가나안 지방에서 난립해서 패권을 다뤄왔던 수많은 도시국가가 연이어서 파괴되고 방치되거나 극심히 쇠퇴하기 시작한다. 도시의 규모도 각지에서 눈에 띄게 축소되고 문화의 수준도 현격히 저하되고, 인구도 상당히 감소했을 것으로 생각된다. 무엇이 이러한 가나안 도시국가군의 몰락을 가져온 것일까. 한 가지 원인은 메렌프타의 사후 이집트에서 반란 등으로 제19왕조가 무너지고 국내가 다시 혼란 상태에 빠져 가나안 지방에 대한 지배력이 약해졌기 때문에 가나안 도시국가 간의 투쟁이 또다시 격화되었기 때문이었으리라고 생각된다. 또한 이 시기에 커다란 기후 변화가 일어나 흉작이 계속되었다고 생각하는 연구자도 있다. 그러나 가장 큰 원인은 거의 확실하다. 즉 시리아·팔레스티나가 이른바 '바다의 민족'의 이동에 말려 들어간 것이다.

바다의 민족과 필리스티아인

'바다의 민족'이란 기원전 13세기 후반부터 기원전 12세기 전반에 걸쳐 에게 해나 아나톨리아 서남부로부터 대거 지중해 동부 지방으로 침입한 민족 이동군群의 총칭이다. 그 기원은 아직도 수수께끼에 싸여 있는데 인종적으로 단일하지 않고, 고古그리스계 사람들을 중핵으로 하는 혼성집단이었던 듯하다. 그리스 본토에서 거의 같은 시기에 도리아인의 이동이나 미케나이 문명이 붕괴한 것과 연관 짓는 연구자도 있다. 어찌됐든 그들의 이동에 의해 아나톨리아에서 영화를 자랑하던 히타이트 제국이나 북 시리아의 유력한 국가였던 아무르(구약성서의 '아모리') 왕국, 시리아에서 상업도시국가로서 번영했던 우가리트, 아라라크 등은 차례차례 멸망했다(기원전 1200~1170년경). 바다의 민족의 제諸 집단은 시리아·팔레스티나의 해안평야를 남하해 최종적으로는 이집트 침입을 꾀했지만, 이집트 제20왕조의 람세스 3세(재위 기원전1185~1155)가 국가 총동원 체제로 분전해 해전, 육전 양쪽에서 바다의 민족을 쳐부수고 가까스로 그들의 이집트 침입을 저지했다(기원전 1180년경).

갈 곳을 잃은 바다의 민족의 일부는 (아마도 이집트의 묵인하에) 몇 개의 그룹으로 나뉘어 시리아·팔레스티나의 해안 지방에 정착하기 시작했다. 그들 중에 기원전 12세기 중엽까지 팔레스티나 서부의 연안 평야 지역에 정착한 집단이, 이집트의 문서에 '펠레셰티'라고 불린 사람들, 즉 구약성서의 블레셋인이다. 그들은 이 지역에 있던 가자, 아스클론, 에크론, 갓, 아스돗의 다섯 개 도시국가를 정복하고 필리스티아인의 도시국가로 재건해 상호 동맹을 맺고(이른바 '펠리타폴리스', '블레셋인 5도시', 〈사무엘상〉 6:17 등을 참조), 가나안 지방의 내륙부로 진출하기 시작했다. 그때 많은 가나안 도시가 파괴되었던 것으로 보인다.

이와 관련하여 '팔레스티나'란 지명은 이 '블레셋'으로 거슬러 올라가고, 직접적으로는 그리스 로마 시대에 이 지역이 '필리스티아인의 땅'이란 의미로 '필리스티아'라고 불렸던 것에서 유래한다. 덧붙이자면 이들과 현재의 아랍계 '팔레스티나인'과는 인종적으로 아무런 관계도 없다.

이른바 '토지 취득'에 관한 세 가지 모델

그런데 필리스티아인이 남서 해안 평야로부터 가나안 내륙부에 진출하기 시작했을 때, 반대 방향인 서남부 산악지대로부터 가나안 평야 지대로 진출을 시도한 집단이 있었다. 말할 것도 없이 이것이 이스라엘인, 혹은 그들의 선조들이었다.

여기에서 그들이 어떻게 해서 가나안 땅에 등장했는가 하는 문제로 돌아가기로 하자. 먼저 대전제로서 다시 한 번 확인해놓지 않으면 안 되는 것은 이미 앞 장에서 본 것처럼 이스라엘이(《여호수아기》가 묘사하듯이) 하나로 뭉친 거대한 집단으로서 가나안 외부에서 와서 이 땅을 단숨에 정복했다고 하는 가능성은 고고학적으로도 역사적으로도 부정되고 있다는 사실이다. 그런 점에서 가나안에서의 이스라엘의 출현을 설명하기 위해서 1970년경까지는 주로 다음의 세 가지 상호 대립하는 기본적 생각이 제창되었다. 또한 이러한 이해의 대립에서, 학계에서는 가나안 지방에서의 이스라엘의 출현에 관해서 '정복' '침입' '정착'이라는 경과에 관해서 내용적으로 시사를 포함하는 말의 사용을 피해 '토지 취득occupation of the land, die Land-nahme'이라는 이해하기 어려운 중립적인 용어가 사용되게 되였을 정도이다.

1. 군사 정복설

〈여호수아기〉에서 묘사된 정도로 조직적이지는 않았다 해도 기본적으로는 비옥한 땅의 외부로부터 침입한 집단이 선주민의 여러 도시를 군사적으로 정복했다고 이해하는 것. 이런 입장의 연구자들은 종종 기원전 1200년을 전후해서 가나안의 여러 도시가 각지에서 대규모 파괴를 입었다고 하는 앞서 말한 고고학적 사실을 이스라엘의 가나안 침입과 연관시킨다. 다만 이 시기에는 앞서 말했듯이 가나안 도시국가 간의 격렬한 항쟁이 펼쳐졌고, 필리스티아인의 침입이나 이집트의 원정도 이루어졌기 때문에 그러한 파괴의 흔적이 이스라엘인에 의한 것인가의 여부는 확정할 수 없다. 또한 고고학적 조사에 의한 파괴 상황은 결코 〈여호수아기〉의 기술과 부합하지 않는다. 예를 들어 유명한 예리코 성벽(〈여호수아〉 6장)이 이미 기원전 2300년경에 파괴된 상태였고, 기원전 1200년경에는 그 땅에 거의 아무도 살지 않았다는 사실은 앞 장에서도 서술한 대로이다.

2. 평화적 침투설

이스라엘의 토지 취득은 계절마다 목초를 따라 이동하던 반半유목민의 여러 집단이 점차로 가나안 도시국가가 없는 산지를 중심으로 정착했다, 본질적으로 평화적인 과정을 거쳤고 이것은 나중의 가나안인과의 평지를 둘러싼 군사적 대결과는 본질적으로 구별되는 과정이라고 생각하는 것. 이 입장에 관해서는 최근에 거기에서 전제되고 있는 것 같은 목양민의 정기적 목초지 교체 내지 이목transhumance이라는 생태가 고대 팔레스티나에 실제로 실재했는지 아닌지에 대한 이론異論이 제기되고 있다.

3. 농노 반란 혁명설

앞의 두 가지 설이 어디까지나 팔레스티나의 '바깥에서 안으로'라고 하는 운동을 상정하는 것에 반해 이 발상을 뒤집어서 가나안 도시국가의 지배를 받고 있던(목축자를 포함) 농노들이 지배계급에 대항해 반란을 일으켜 그 지배망으로부터 이탈해 그 영향력 바깥에 있는 산지로 '올라가', 평등주의적 공동체로서 이스라엘을 재부족화함으로써 결성되었다고 생각하는 것. 이 가설은 나중에 보이는 야훼 종교의 반권력적, 평등주의적 성격을 잘 설명하지만, 족장 이야기의 평화적 성격이나, 자신들이 외부로부터 왔다고 하는 구약성서 전체를 관통하는 이스라엘의 의식과는 모순된다.

이처럼 이러한 가설들은 전부 일장일단을 가지고 있다. 어찌됐든 이스라엘의 '토지 취득'의 경과가 단일한 모델로 설명될 수 있을 만큼 단순한 게 아니라 좀 더 복잡한 것이었으리라는 사실은 의심의 여지가 없다. 거기에서, 이런 모델 중에서 '삼자택일'을 하는 게 아니라 그것들을 종합적으로 활용해서 보다 적절한 이해를 얻고자 하는 시도가 모색되기 시작했다.

이스라엘의 기원에 관한 새로운 시각 — 주거 패턴의 변화

이스라엘의 '토지 취득'의 이해가 세 이론의 대립으로 꽉 막혀 있던 교착 상태에서 새로운 방향으로 움직이게 된 계기는, 1980년대에 이스라엘, 미국, 독일의 연구자들에 의한 종래의 유적(텔tel)을 한결같이 파내려가는 방법을 대신해 조직적이고 광범위한 표층 조사와 국지적인 발굴에 의해 상당히 넓은 지역을 단위로 한 주거 패턴의 변화가 조사된 것이다.

그 결과 기원전 1200년경 평야 지대의 도시국가 문화의 몰락과 호응이라도 하듯이 그때까지 거의 사람이 살지 않았던 갈릴래아 산지나 중앙 산악지대(사마리아 산지), 유다 남부의 네게브 지방 북부 등에서 동시다발적으로 수많은 소규모 주거지가 출현했다는 것이 밝혀졌다. 예를 들어 중앙 산악지대에서는 후기 청동기시대(기원전 1200년경 이전)에는 거주지가 불과 23개에 불과했던 곳이 철기시대(기원전 1200년경 이후)에 접어들자 140개로 급증했다. 그 숫자는 시간의 추이와 함께 비약적으로 확대되어 기원전 1200년경에 팔레스티나 전토에서 250개 정도(총인구 4만 5천 명 정도)이던 것이 기원전 1000년경에는 거주지의 숫자와 인구 모두 두 배에서 세 배로 급격하게 증가하고 있다. 위치적으로는 이러한 신거주지는 중앙 산악지대를 보면 우선 동쪽의 스텝 지대와의 경계 지역에서 늘어나고 시간이 흐르면서 서쪽으로 확대해 나간다.

새로운 거주지

   이러한 거주지는 전부 종래의 가나안 도시국가의 영향권을 의도적으로 피하기라도 하려는 듯 언덕 위나 산자락 등 사람들이 사는 마을로부터 떨어진 곳에 건설되었고, 대부분 방벽이 없고 넓이는 평균 0.5~1헥타르 정도로 20채에서 50채의 자연석으로 만든 소박한 가옥의 집합체를 이루고 있었다. 각각의 가옥의 구조는 종래의 가나안 도시나 평야 지대의 촌락에는 그다지 보이지 않았던 안뜰과 돌기둥에 의해 칸막이가 된 방 세 개에서 네 개의 주택이 많고, 한 집에 거주하는 사람은 네 명에서 다섯 명, 하나의 거주지의 인구는 오륙십 명부터 많게는 수백 명 정도였다고 추측된다. 신전, 궁전, 정치 지배 기구의 존재를 추측하게 하는 커다란 공공 건축물은 전혀 없고 가옥은 형태는 제각각이지만 크기는 거의 같아서 사회 계급의 분화는 없었던 것으로 보인다.

   경제적으로는 곡물 재배와 목양牧羊을 병행했고, 지면에 물이 새는 것을 방지하기 위해 회반죽을 바른 물 저장고나 곡물 보존용 원통형 창고를 파고, 경사면에 계단식 밭을 만들어 곡물을 재배했다. 각 거주지는 기본적으로 자급자족이었다는 것을 엿볼 수 있다. 그리고 흥미로운 것은 가나안인이나 필리스티아인, 요르단 강 동안의 주민들과는 달리, 발견된 동물의 뼈에서 돼지를 사육해서 식용했다는 흔적이 없다는 점이다.

   물질문화에 관해서는 선행한 가나안 후기 청동기시대 문화

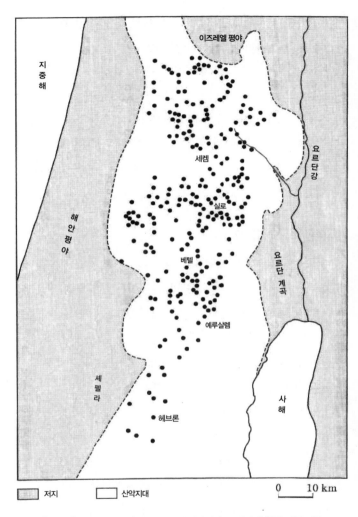

지중해

이즈레엘 평야

요르단강

해안평야

세켐

실로

요르단 계곡

베텔

예루살렘

세펠라

사해

헤브론

| 저지 | 산악지대 |

0   10 km

[지도3] 기원전 1200년경, 중앙 산악지대에 돌연히 출현한 거주지군

와의 관계를 둘러싸고 미묘한 문제가 있고, 토기의 형식 등에서는 선행하는 가나안 문화와 어느 정도의 연속성이 확인되지만, 가옥의 형식이나 건축 방식, 거주지의 구획 등은 가나안 도시국가의 그것들과는 상당히 다르다. 이 산악지대 주민의 문화는 그대로 이스라엘 왕국시대의 초기까지 연속되기 때문에, 기원전 1200년 전후에 나타난 이들 신 거주지의 주민 중에 훗날 이스라엘의 선조들이 포함되어 있었으리라는 것은 의심의 여지가 없다.

가나안인=이스라엘인?

그렇다면 그들은 대체 어디에서 온 것일까. 이집트에서 왔든, 아람 지방에서 왔든 대규모의 민족이동을 통한 유입을 상정할 수 없는 이상 그들의 유래는 가나안 땅 자체 혹은 그 주변부를 포함한 넓은 의미에서의 팔레스티나 자체에서 찾지 않으면 안 된다. 이것을 구체적으로 어떻게 재구성할지에 관해서는 크게 보아 두 가지 생각으로 나뉜다.

하나의 생각은 이러한 산지의 신 거주지의 주민이 가나안 도시국가의 주민 자신, 혹은 일찍이 그러한 도시국가에 속해 있던 농민이었다는 것이다. 그러니까 지극히 단순화해서 말하자면 가나안인의 일부가 이스라엘인이 되었던 셈이다. 그들은 가나안 도시국가의 몰락으로부터 살아남기 위해 산지로 이동해 거기에서 새로운 생활의 장소를 개척한 것이다. 이렇게 보면 양자 간의 문화적 연속성 면이나 이러한 사람들이 산지에 정착한 뒤 곧바로 물 저장고나 계단식 농지를 만들어 농경에 나설 수 있었던 게 잘 설명된다. 즉 이 사람들은 이미 농경의 전통과 기술을 갖고 있었던 것이다. 그러나 시각을 달리하면 이것은 종래의 반란, 혁명설로부터 그 중심적인 요소를 제거한 '산지 이동설'이라고 볼 수도 있다.

이스라엘인=정착한 유목민?

또 하나의 생각은 가나안인이 바로 이스라엘인이 되었다고는 생각하지 않고 애초에 가나안 도시국가와 밀접한 관계에 있던(비정착 목양민이라는 의미에서) 유목 집단이 이 시기부터 집단적으로 정착하기 시작했다고 보는 것이다.

이러한 시각은 종래의 평화적 침투설에 가깝지만 결정적으로 다른 점은 그들 유목 집단이 '바깥에서 안으로' 이주했다고 보지 않고 원래부터 가나안 도시국가와 공생관계에 있었다고 보는 점이다. 즉 낙타를 가축화하기 이전의 목양민은, 베두인인과는 달리 사막에서 살아가지 못하고 도시나 농촌 주변에서 그것에 의존해서 생활을 영위하고 있었다. 목양민이라 해도 빵을 만들어 먹기 위해서는 곡물을 필요로 했다. 보통이라면 그들은 자신들이 생산하는 가죽이나 고기나 유제품과 교환해 정착민으로부터 곡물을 얻지만, 가나안 도시국가의 몰락은 곡물 생산량의 현저한 저하를 가져와 이 시스템이 기능하지 않게 되었다. 거기에서 목양 집단은 어쩔 수 없이 종래의 이동하는 생활을 포기하고 산지에 정착해 스스로의 손으로 곡물 재배를 시작하게 되었다고 보는 것이다.

산지의 신거주지의 초기 형태에 가옥군을 타원형으로 짓고 중앙에 광장을 남겨놓은 것이 보이는데 이것은 천막군群을 타원형으로 설치하고 밤에는 중앙부의 공간에 가축을 모아놓았던 유목민의 숙영의 전통이 남은 것이라고 해석된다. 또한 텔 아비브대학의 고고학자인 이스라엘 핑켈슈타인은 팔레스티나에서는 이러한 목양민의 정착이 커다란 순환주기로 여러 번 되풀이되었다고 생각하고 있다.

이스라엘의 복잡한 기원

개인적인 생각으로는, 구약성서에는 자신들의 선조가 토지를 갖지 않은 목양민이었다는 의식(《창세기》 47:3)이나 자신들이 순수한 가나안 사람이 아니라 (이집트로부터든 아람 지방으로부터든) 이 땅에 온 이주자라고 하는 의식이 강하게 남아 있는데도, 나중의 이스라엘인 대부분이 일찍이 가나안인의 일부였다고 주장하는 것은 다소 설득력이 떨어진다고 생각된다. 어찌됐든 이스라엘 민족의 성립은 복잡한 현상이고 이것을 단순화해서 일차원적으로 설명하는 것은 피해야 할 것이다

목양민의 정착과 몰락한 가나안 주민의 '산지 이동'이라는 사실이 반드시 서로를 배제해야 하는 것은 아니다. 원래 사는

사람이 거의 없었던 남쪽의 사막적 풍토의 네게브와 비교적 비옥한 지역이어서 주위에 가나안 도시국가가 난립해 있던 갈릴래아는 상황도 다르고 지역차도 있었을 것이다. 게다가 앞 장에서 본 것처럼 훗날 이스라엘 민족 중에는 이집트로부터 탈출해 왔다는 사람들의 자손이나, 아람 지방에서 이주해 온 사람들도 있었을 게 틀림없다. 그 때문에 지리적으로도 문화적으로도 기원을 달리하는 다양한 사람들의 '도가니' 속에서 이스라엘 민족이 출현했다고 보는 연구자도 적지 않다.

동시에 생각해보지 않으면 안 되는 것은 이들 새로운 산악지대의 주민 전부가 그대로 나중의 이스라엘 민족이 되었다고는 단정 지을 수 없다는 것이다. 앞에서 말했듯이 그들의 거주지는 적어도 초기 단계에서는 원칙적으로 자급자족이었고 서로 간에 긴밀한 연결이 있었다고는 생각되지 않는다. 그러한 집단은 우선은 서로 간에 관계를 가지지 않고 나란히 존재하고 있었다. 이러한 사람들 중에 이윽고 같은 민족(야곱=이스라엘의 자손! 공통 체험으로서의 이집트 탈출!)으로서의 강렬한 공통의 귀속 의식과 아이덴티티를 획득한 부분이 이스라엘 민족이 된 것이고 그중에는 '이스라엘인'으로서의 의식을 가지지 않고 고립해서 존재를 지속한 사람들도 있었을 것이 틀림없다. 이 지역의 주민 전부가 '이스라엘인'이 된 것은 왕국시대의 정치적 통일 이후일 것이다.

제3절 민족적 통일성의 형성

공통의 적과의 싸움

　다양한 집단의 통합을 재촉한 요소의 하나는 의심의 여지 없이 토지와 생활을 확보하기 위한 공통의 적(평야지대의 주민이나 침입자)과의 싸움이었다. 산지의 거주지는 앞서 말했듯이 애초에 가나안 도시국가로부터 떨어진 장소에 세워졌고, 방벽도 없어서 그 생활은 초기 단계에는 비교적 평화적이었을 것으로 생각된다. 그러나 이러한 거주지에는 그 뒤 급속한 인구 증가와 거주 지역의 서쪽으로의 확대가 확인된다. 집단 안에서는 좀 더 생활 조건이 쾌적한 평야 지대로 진출을 시도한 일부의 사람들도 있었을 게 틀림없다. 폐허가 된 도시의 유적에 산지와 같은 형태의 거주지가 세워진 예도 여러 곳에서 확인된다.

한편으로 평야 지대, 특히 비옥한 지역에는 쇠퇴했다고는
해도 각지에 여전히 가나안인의 도시국가가 존재했고(〈판관
기〉 1:26-31 등 참조), 산지의 주민보다는 훨씬 더 고도의 문화
와 군사력을 갖고 있었다. 구약성서에도 '유다 지파는 산악 지
방을 차지할 수 있었다. 그러나 평야의 주민들은 쫓아내지 못
했다. 그들이 철 병거兵車들을 가지고 있었기 때문이다'(〈판관
기〉 1:19), '아모리족은 단의 자손들을 다시 산악 지방으로 내
몰고 평야로 내려오지 못하게 하였다'(〈판관기〉 1:34)고 쓰여
있다.

그러나 이윽고 인구의 증가나 집단의 규모 확대와 병행해서
평야 지대로의 진출이 불가피해졌다는 것은 그 뒤의 사정으로
보아 명백하다. 한편으로는 평야 지대로 나간 집단이 그들보
다 강력한 무력을 지닌 가나안 도시국가의 지배하에 편입되어
억압을 받은 것도 드물지 않았던 것으로 보인다(〈판관기〉 4:2-
3 등). 가까스로 새로운 토지를 손에 넣어도 주변의 모압인(〈판
관기〉 3장), 미디안인(〈판관기〉 6-8장), 암몬인(〈판관기〉 11장) 등
의 침입이 되풀이되었다. 그로 인해 훗날의 이스라엘을 구성하
게 되는 제諸 집단(편의상 '원原이스라엘'이라고 부르자)은 선주
민인 가나안인이나 주변 민족과 계속해서 전투를 치르지 않을
수 없었다.

부족의 형성

선주민, 주변 민족과의 전투라고 간단히 말했지만 대체 누가, 어떻게 싸웠을까. 원이스라엘의 제 집단은 명확하게 이 단계에서는 아직 전투에 전념하는 직업군인이나 상비군이 없었고 성년 남자들이 유사시마다 주체적으로 편성한 소집군召集軍이 주요한 전력이었다. 이러한 전투가 반복되면서 인접해 있던 집단들이 모여 커다란 집단 단위로서의 '부족'을 형성하고 나아가 그러한 부족들이 모여서 더욱 큰 규모로서의 부족연합을 형성해 갔을 것으로 추측된다.

또한 이른바 '부족'이 역사적으로는 이차적으로 형성된 단위이고, 혈연 원리보다는 지연地緣 원리에 기초한 것이라는 사실은, 나중의 부족명 몇 개인가는 명백히 지명에서 취해왔다는 것에서 드러나고 있다. 예를 들어 에프라임 부족이나, 유다 부족, 그리고 아마도 납탈리 부족의 이름은 각각 같은 이름의 산악지대의 이름에서 취한 것이고, 벤야민 부족의 이름은 '남쪽 사람'을 의미해 이 부족이 살았던 땅의 지리적 위치와의 관계에서 이름을 따온 것이다.

이른바 '판관'들

가나인인이나 주변 민족과의 싸움에 관해 이야기하는 〈판관기〉의 현재의 형태는 명백히 후대의 것이지만 한편으로는 거기에 수많은 고대의 전승이 편입되어 있다는 것 또한 확실하다. 거기에서 묘사된 카리스마적 군사 지도자나 영웅들의 활약에 대한 전승은 이러한 힘든 싸움이 연달아 일어난 시대의 분위기 속에서 태어났을 것이다. 다만 〈판관기〉의 편집자(이른바 신명기 사가, 7장 참조)는 가나안 정착과 왕국 성립 사이의 시기에 어떤 의미로든 지도자로서의 역할을 한 사람들을 전부 획일적으로 판관(쇼페트shophet), 즉 '심판하는 사람'으로 묘사하고 있지만 그 역할에는 개별적으로 다양한 차이가 있었던 것으로 생각된다.

예를 들어 '야자나무 밑'에 앉아서 '이스라엘을 심판했다'고 되어 있는 드보라(〈판관기〉 4:4-5)는 신의 의지를 알리는 샤만shaman적인 여성이었다고 생각된다. 이에 반해 '야훼의 영'에 씌워 초인적인 활약을 했다고 하는 군사 지도자들(뒤에 서술하는 군사적 성격을 지니지 않은 '소판관'과 대비해서 종종 '대판관'이라고도 불린다)은 애초에는 '구원자(모시아)'로 불렸던 듯하다(〈판관기〉 3:9). 현재의 〈판관기〉에는 이러한 군사 지도자들의 활약이 전부 각각 전全 이스라엘적인 의미를 지니고 게다가 개개의 영웅들이 연달아 교대로 등장한 것처럼 묘사되고 있지만 실제로는 각각의 전투는 몇몇 특정 부족 집단만을 당사자로 하는 국지적인 것이었고 역사적으로도 서로 간에 연관성 없이 병행해서 일어난 것이라고 생각된다. 즉 그들은 이미 이스라엘이라는 통일성과 연대감을 전제로 해서 행동했다기보다도 오히려 차츰차츰 그러한 통일성을 향한 운동을 촉진하고 연대감을 키워 나가는 과정에 있었을 것으로 보인다.

또한 직접 전투에는 관여하지 않고 오히려 평상시의 일상생활에 관하여 역할을 맡았다고 생각되는 이른바 '소판관'(〈판관기〉 10:1-5, 12:8-15)에 관해서도 그들의 활동의 구체적 내용은 명확하지 않지만 원래는 현재의 〈판관기〉에서 '이스라엘을 심판했다'고 전해지는 것처럼 전 이스라엘적인 의미나, 대대로 전임자의 지위를 계승해 나간다고 하는 행정 제도적인 의미를 지니지 않고, 특정 지역에서 주민 간의 다양한 문제 해결을 맡아 지도적 역할을 수행한 유력자 이상의 존재는 아니었던 것으로 생각된다. 다만 전쟁이 일어나면 사령관을 지명하는 일도 있었던 것 같다(〈판관기〉 4:6-7). 또한 현재의 〈판관기〉나 삼손에 대한 기록에는 전설적인 호걸(군대 지도자가 아니다!)인 삼손(〈판관기〉 16:31)이나 사제인 엘리(〈사무엘상〉 4:18), 예언자 사무엘(〈사무엘상〉 7:15-17)도 '판관'으로 그려져 있다.

드보라의 전투

아마도 기원전 12세기 후반에 비옥한 이즈레엘 평야의 영유권을 둘러싸고 벌어졌다고 생각되는 (이른바) 드보라의 전투(〈판관기〉 4-5장)는 이러한 경과의 상당히 후기 단계를 표현한 것으로 생각된다. 거기에는 '이스라엘' 여러 부족의 연합군이 키숀 천 부근에서 하초르를 중심으로 하는 가나안 북부 도시국가 연합군의 전차군단을 격파한다. 이 전투의 전승가인 〈드보라의 노래〉(〈판관기〉 5장)에는 '이스라엘'에 이미 열 개의 부족이 속해 있고, 이 전투에 참가했거나(에프라임, 벤야민, 마키르=마나세, 즈불룬, 이사카르, 납탈리), 혹은 당연히 참가해야 했다고(르우벤, 길앗=갓, 단, 아세르) 생각된다. 이 사실은 이 시대에 이미 이스라엘이라는 부족연합의 통일성이 거의 큰 줄기에서는 완성되어 있었다는 것을 말해준다.

그때 유다와 시메온 두 부족의 이름이 거론되지 않은 것은 그들 부족이 아직 '이스라엘' 부족연합에 참가하지 않았기 때문인지, 아니면 두 부족이 팔레스티나 가장 남쪽에 정착한 부족이었기 때문에 북부에서 벌어진 이 전투에 참가하는 게 불가능했기 때문인지에 대해서는 연구자들의 의견이 나뉘고 있다. 만약 후자처럼 해석할 수 있다면 기원전 12세기 후반에는 이미 12부족으로 구성된 '이스라엘'이라는 부족연합=민족의 모체가 성립해 있었던 셈이다.

야훼 종교

공통의 적과의 싸움이 제 집단을 이스라엘이라고 하는 부족연합으로 결속시킨 이른바 수동적, 소극적 요소가 되었던 것에 반해 제 부족을 하나의 부족연합으로 통합한 능동적이고 적극적 요소를 이룬 것은 공통의 신에 대한 숭배라고 하는 집단 간의 종교적 유대였다고 생각된다.

이것과 연관된 것이 야훼 종교의 기원 내지 도입에 관한 문제이다. 아마도 처음부터 배타적 유일신의 성격을 지녔다고 생각되는 신 야훼는 사람들을 억압으로부터 해방하는 구원의 신(〈탈출기〉 20:2), 적의 전차를 쳐부수는 전투의 신(〈탈출기〉 15:21)이고, 이 신에 대한 신앙은 곤란한 상황하에 있는 제 집단을 전투적인 공동체로 통합해서 그 전력을 높이는 데에 강력한 이데올로기로서 역할을 발휘했던 것으로 생각된다. 이미 〈드보라의 노래〉에서 이스라엘은 '야훼의 백성'이라고 불리고 있다(〈판관기〉 5:11, 13).

야훼 숭배 이전의 '이스라엘'?

다만 '이스라엘'이라고 하는 부족연합의 명칭은, 그것이 당초부터 야훼라는 신의 숭배를 중심으로 형성된 것이 아니라는 사실을 시사하고 있다(〈창세기〉 33:20 참조). 이스라엘이란 '엘 싸우시다' 내지 '엘 지배하시다'를 의미하지만(〈창세기〉 32:29 참조), '엘'이란 셈어 공통의 '신'을 나타내는 보통명사인 것과 함께(아라비아어의 '알라'도 같은 어근에서 유래한다), 한편으로는 우가리트(시리아 북부)에서 출토된 문서에 보이듯이 페니키아=가나안 신화에서 최고신의 고유명사이기도 하다(1장 참조).

이스라엘이라는 명칭에서 '엘'이 어떤 의미이든 간에, 이 사실은 우선 야훼 종교가 도래하기 이전에 이미 엘을 중심으로 한 '이스라엘'이라는 부족연합의 형성이 시작되었고(앞에서 서술한 메렌프타 비문의 '이스라엘'?), 그 뒤에 보다 강력한 신 야훼가 도입되어 이 엘과의 동일시에 의해 '이스라엘의 신'이 된 것이라고 추측된다. 그리고 이러한 상정은 〈창세기〉나 〈탈출기〉의 등장인물에 야훼 계통의 이름(예를 들면 이사야='야훼는 돕는다', 요나탄='야훼 주시다')이 거의 나타나지 않는다는 사실이나, 이스라엘에서는 모세(즉 역사적으로 이집트 탈출 집단) 이전에는 야훼의 이름이 알려지지 않았다고 하는 전승(〈탈출기〉 3:13-15, 6:3)과도 부합한다. 부족연합의 형성 자체도 단순한 일회적 사건이 아니라 몇 개의 단계로 나뉘는 복잡한 과정을 거쳤다고 생각된다.

이와 연관하여 흥미로운 것은 〈여호수아기〉 24장의 이른바 세켐 계약의 기술이다. 거기에서는 여호수아(덧붙이자면 그의 이름은 '야훼는 구원'을 의미하고 구약성서에 나타난 최초의 명확한 야훼 계 인명이다)가 '이스라엘'의 사람들을 세켐에 모아서 종래의 신들을 포기하고 야훼만을 숭배하도록 '전도'하고 있다(〈여호수아〉 24:14-28, 〈창세기〉 35:2-4 참조). 이러한 전승에는 (이론도 있지만) 이스라엘에 야훼 종교의 도입이라는 역사적 경과의 기억이 반영되어 있을지도 모른다.

이른바 암피크티오니 가설에 관하여

이스라엘이라는 민족의 성립 문제와 관련해 마지막으로 '암피크티오니amphiktyonie 가설' 문제를 보겠다. 암피크티오니(종교연합부족공동체, 인보隣保동맹)란 본래는 고대 그리스나 이탈리아에서 국가 형성 이전의 제 부족이 공통의 중앙 성소나 제의, 법 등을 통해 형성한 부족연합으로, 각 부족이 매월 돌아가며 중앙 성소의 관리를 맡기 때문에 6 내지 12의 구성원으로 이루어지는 것을 특징으로 한다. 예전의 독일 구약학자 마르틴 노트는 이스라엘 부족 조직이 구성원의 교체에도 불구하고 항상 12라는 전체 숫자가 유지되었다는 것에 주목해 왕국 이전의 이스라엘이 시나이 계약 때 받은 율법의 석판을 담았다고 여겨진 '계약의 궤'(《탈출기》 40:20-21 참조)의 소재지를 중앙 성소로 하는 암피크티오니를 형성했다고 추측했다.

노트의 암피크티오니 가설은 이스라엘 민족의 기원의 복잡함과 그 통일성 간의 곤란한 여러 문제를 멋지게 설명한 것이어서 급속히 퍼져 지지를 얻었고, 20세기 중엽에는 구약성서 연구나 이스라엘사학에서 가장 기본적인 학설이 되었다. 그로 인해 약간 오래된 연구서나 구약성서 개설서 등에는 '이스라엘 암피크티오니'라는 말이 자명한 것으로서 풍성하게 실렸다.

하지만 1960년대부터 1970년대가 되자 인도유럽계 정착민의 제도를 셈계 유목민 사회에 옮겨놓는 것에 대한 가부, 중앙 성소나 전 이스라엘적인 제의, 직무의 유무, 제 부족을 역사 사료로서 사용하는 것에 대한 가부, 성서 안에 거기에 해당하는 제도에 대한 언급의 결여 등을 둘러싸고 노트의 가설에 많은 비판이 쏟아져, 지금은 노트의 설을 그대로 받아들이기는 거의 불가능해졌다.

그렇다고 해도 노트 설을 대신해 이스라엘의 역사적 기원을 설명하는 정설定說이 나오지는 않았다. 예를 들어 폴라는 이스라엘의 기원을 정착 시대 이전으로 끌어올려 유목민 간의 계보도를 통한 혈족 의식의 획득에서 그것을 구하는 것에 비해 헤르만은 오히려 반대로 이스라엘의 통일성은 왕국의 건설과 함께 시작된 것이고, 왕국 이전 시대에 통일 이스라엘에 대한 성서의 언급은 그러한 왕국시대에서의 통일성을 과거로 투영시킨 것 내지 허구에 지나지 않는다고 논하고 있는데 둘 다 폭넓은 지지를 얻는 데는 이르지 못하고 있다.

부족연합으로서의 이스라엘

여기에서는 암피크티오니 가설이 타당한지의 여부와, 이스라엘의 모체가 되는 부족연합의 존재라는 문제를 구별해서 생각하는 것이 중요할 것이다. 한편으로는 이스라엘이 성서에서 말하는 것처럼 처음부터 혈연과 공통의 역사에 의해 결합되어 일체를 이룬 존재가 아니라, 팔레스티나에서의 다양한 집단의 통합에 의해 하나의 부족연합으로서 성립했다고 하는 이해 자체는 암피크티오니 가설의 타당성 여부와는 상관없이 유효하고 다른 한편으로는 앞서 얘기한 메렌프타 비문이나 〈드보라의 노래〉에서 보이는 것처럼 이미 왕국 형성 이전의 팔레스티나에 '이스라엘'이라는 이름으로 불린 집단이 하나의 세력으로서 존재하고 있었다는 것은 매우 확실해 보인다.

따라서 노트의 설은 이스라엘의 기원을 토지 취득과 왕국 건설 사이에 끼여 있는 이른바 판관 시대에 놓았다는 것과 그것이 부족연합이라는 형태를 취했다는 것을 지적했다는 점에서 기본적으로 올바른 것이고, 다만 오류(내지는 지나친 점)가 있다고 한다면 그 부족연합의 구조와 본질을 그리스 세계의 암피크티오니라고 하는 역사적으로 이질적인 개념에 의해 설명하려 했다는 점에 있다고 해도 좋다. 따라서 향후의 연구는 그리스의 암피크티오니와는 상관없이(따라서 이 용어는 사용하지 않고) 고유의 존재로서의 이 이스라엘 부족연합의 성립과 본질을(그것이 12개였는지 아닌지를 포함해) 보다 상세하게 해명하는 것에 맞춰져야 할 것이다.

제4장 | 왕권제 도입과 이른바 통일 왕국의 성립 (기원전 11세기 후반 - 10세기)

제1절 **이스라엘에서의 왕권제 도입**

야훼 종교와 왕권제

이미 일찌감치 도시국가를 조직했던 가나안인이나, 이 시기를 전후해서 민족국가를 건설했던 동방 및 남방의 암몬인, 모압인, 에돔인과는 달리 이스라엘은 민족 성립 후에도 약 200년에서 300년 동안 왕권제를 채용하지 않았다. 이것은 단순한 우연이 아니라, 야훼가 (이스라엘인을) '종살이하던 집에서 이끌어낸' 신이고(〈탈출기〉 20:2), 야훼 종교가 인간이 인간을 지배하는 것을 인정하지 않는, 본질적으로 반왕권적 성격을 지닌 종교였기 때문일 것이다(〈판관기〉 8:22-23, 9:7-11 등 참조). 그럼에도 불구하고 이스라엘이 왕권제 국가를 향한 길을 걷기 시작한 것에는 복잡한 사정이 있었다.

다른 대부분의 역사적 현상의 경우가 마찬가지로, 이스라엘에서의 왕권제 도입의 문제에 관해서도 내적 요인과 외적 계기의 양 측면에서 고찰할 필요가 있다.

왕권제 도입의 내적 요인

내적 요인으로서는 우선 앞에서 말했던 산악지대에서의 인구의 급격한 증가와 거주 지역의 확대, 사회 구조의 복잡화와 다양화 등이 거론된다. 앞 장에서 보았듯이 이스라엘 민족은 팔레스티나 중앙 산악지대에 정착한 목양적 배경을 지닌 여러 집단이 공통의 귀속 의식(민족적 아이덴티티)을 획득함으로써 태어났다고 생각되며, 초기 단계에는 각지에 분산해 있던 여러 집단이 기본적으로는 자율성을 유지하면서, (다분히 의제擬制적인) 계보도에 기반을 둔 혈연 의식이나 공통의 역사에 관한 전승, 공통의 적과의 싸움, 공통의 신 야훼의 수용 등을 통해 느슨하게 연대하고 있던 부족연합이었다고 상정할 수 있다.

그러나 역시 앞서 살폈듯이 기원전 12세기부터 10세기에 걸쳐 중앙 산지에서는 인구와 거주지 수의 급격한 증가와 동쪽에서 서쪽으로 향하는 거주 범위의 확대가 확인된다. 명백하게 토지가 공급하는 농경이나 목양의 생산물이 인구의 증가를 따라가지 못해 조건이 좀 더 열악한 토지로 거주지가 확대되어 나간 것이다.

사회 구조의 변화

중앙 산지의 서쪽은 동쪽에 비해 생활 조건이 훨씬 더 열악해 거기에서 생활하기 위해서는 조직적인 삼림의 채벌이나 개간, 다수의 계단 농지(테라스)나 회반죽을 바른 물 저장고의 설치 운영을 위해 씨족과 지역의 범위를 넘어선 대규모의 공동 작업이 필요해졌다고 생각된다. 게다가 중앙 산지의 서쪽은 목양이나 곡물 재배에 적합하지 않아 거기에는 한결같이 올리브나 포도 등의 과수 재배가 이루어졌다. 따라서 이 지역에서의 산업은 포도주나 올리브유 생산에 특화하지 않을 수 없었다. 당연하게도 이러한 상황은 공동체 간의 분업화와 지역적 차별화를 촉진함과 동시에 다른 공동체가 생산하는 잉여의 곡물이나 축산물의 지역 간 교역이 왕성해졌을 것이다.

한편 이러한 움직임과 함께 직접 생산에는 가담하지 않고 주로 교역이나 유통에 종사하는 새로운 유형의 직업인이 생겨 시장이 성립되고 교역의 안전과 질서를 보장할 필요성도 생겨났을 것이다. 이러한 경제, 사회의 제 관계의 변화는 당연히 좀 더 커다란 구조의 사회, 정치 시스템의 조직화를 촉진했을 것이다. 마찬가지의 현상은 약간의 시간적 차이는 있지만 갈릴래아 산지나 네게브 고원, 브에르 세바의 분지에서도 진행되었다. 남부의 주민들은 '왕의 길'을 통과했던 아라비아 방면의 교역에도 종사하기 시작했을지도 모른다.

그런데, 초기 단계에는 방벽이 없는 촌락의 구조 등을 볼 때

'원이스라엘인'들은 비교적 평화롭게 생활했던 것 같지만 기원전 12세기 말이 되면 앞 장에서 본 '드보라의 전투'에도 나타나듯이 산악지대를 나와 평야 지대로 진출하려고 하는 움직임도 현저해지기 시작한다. 이것은 당연히 평야 지대 군데군데에 있던 가나안인 도시국가와의 충돌을 가져왔다. 앞에서 말했듯이 이 시대의 이스라엘에는 전투에 전념하는 전사 계급이나 상비군은 아직 존재하지 않았지만, 이런 사태에 대처하기 위해서는 일정 수의 전력을 동원해 훈련을 시키고 지휘 통솔할 지도자의 존재가 요구되었다.

이러한 것들은 본래 자급자족적이었던 씨족사회나 촌락 공동체의 구조를 근본적으로 변화시켜 사회 구조의 조직화, 내부적 다양화, 계층화 및 강력한 힘을 가지고 사회를 통제할 권위의 출현, 즉 집권화集權化를 요청했을 것이다. 그로 인해 보다 강대한 권력을 지니고, 좀 더 제도화된 지배 구조를 지닌 '왕권'의 출현을 요청하는 내재적 압력이 상당히 높아졌을 것이다. 또한 〈판관기〉 9장에 묘사된 아비멜렉의 왕권 장악 시도에서 드러나듯이 왕권제 도입을 향한 구체적인 움직임도 국지적으로는 이미 보였던 것 같다.

외적 계기 — 필리스티아인의 위협

이에 대해 외적 계기로서 거론되는 것은 해안평야 지대의 필리스티아인의 정착과 내륙부 진출에 의한 군사적 위협이었다(다만 종래의 연구에서는 오로지 이 요소만이 지나치게 강조되었다는 느낌이 있다). 필리스티아인은 앞 장에서도 서술했듯이 이집트 침입이 저지된 '바다의 민족'의 일부이고, 기원전 12세기 중엽에는 해안평야에 정착해서 가자, 갓, 아슈켈론, 아슈돗, 에크론의 다섯 개 도시국가(펠리타폴리스)를 거점으로 북부의 이즈레엘 평야 및 내륙 구릉지대(셰펠라)로 진출을 시작했다.

필리스티아인은 직업군인인 중장重裝보병(〈사무엘상〉 17:5-7에서 골리앗의 무장 묘사 참조)으로 편성된 강력한 군대를 가지고 철제 무기와 전차 군단 및 궁병弓兵을 그 군사력의 기반으로 하고 있었다. 〈사무엘상〉 13:19-22에 의하면 필리스티아인은 철의 정련을 독점하기까지 했던 모양이다. 그들은 각지의 거점에 수비대를 두고 정복한 땅의 실효적이고 지속적인 지배를 시도했다(〈사무엘상〉 10:5, 13:3 등 참조). 이에 대해 이스라엘 측은 명백하게 열세였다. 원래 해안평야에 정착했던 이스라엘의 단 부족은 그들의 압력에 의해 갈릴래아 북부로 이동하지 않을 수 없을 정도였다(〈판관기〉 17장). 또 서방에서의 필리스티아인의 위협과 함께 이스라엘이 궁지에 빠져 있는 것을 틈타 남부에는 아말렉인(〈사무엘상〉 15, 30장), 동부로부터는 암몬인(〈사무엘상〉 11장)의 침입도 되풀이해서 일어난 듯하다.

그 뒤에도 이스라엘인은 필리스티아인의 압도적인 군사력 앞에서 거듭 격파되어 구릉 지대 에벤 에제르에서 결정적인 패배를 맛보고, 신의 가호가 부여된 것으로 믿어지고 있던 '계약의 궤'조차 전리품으로 빼앗기고 말았다.(〈사무엘상〉 4:1-11).
아마도 이 시기에 당시 이스라엘의 성소이고 최대 거점이었던
실로도 파괴되었다(〈예레미야서〉 7:12-14 참조). 이스라엘 민족
은 이에 의해 말 그대로 민족 존망의 위기에 처했던 것이다.

왕권제 도입의 역사적 요청

이러한 필리스티아인의 지속적 압박은, 그때까지 유사시마
다 소집된 민병군으로 어떻게든 대처할 수 있었던 가나안 선
주민이나 주변 민족으로부터의 위협과는 완전히 성질이 다른
것이었다. 필리스티아인은 말하자면 이스라엘인이 그때까지
전혀 알지 못했던 종류의 적이었다. 이러한 조직적인 군사력을
가진 침략자와 호각으로 싸우기 위해서는 이스라엘 또한 직업
군에 의한 강력한 군대를 갖지 않으면 안 된다. 그러나 그것을
위해서는 이스라엘이 제 부족의 평등하고 자발적인 결합을 기
반으로 하는 느슨한 부족연합에서 중앙집권적인 통치 체제와
강력한 군대를 지닌 왕권제 국가로 변신하지 않으면 안 된다.
왜냐하면 전투에 전념하는 전사 계급과 상비군을 만들어서 생
산자로부터의 징수 등을 통해 이것을 정치적 경제적으로 뒷받
침하는 사회 구조가 불가결해지기 때문이다.

이렇게 해서 이스라엘 안에서 왕을 바라는 목소리가 높아졌
다. '그래야 우리도 다른 모든 민족들처럼, 왕이 우리를 통치하
고 우리 앞에 나서서 전쟁을 이끌 수 있게 될 것입니다'(〈사무

엘상〉 8:20)라고 하는 백성의 목소리에는 이스라엘에서의 왕권
제가 주로 그러한 군사적 필요성 때문에 요구되었다는 사실을
반영하고 있다.

왕권제 비판과 그 배경

이상과 같이 인간적인 지배 권력이 없는 분권적 부족연합으
로부터 한 사람의 인간을 정점으로 하는 왕권제라는 지배 구
조로 이행하는 것은 당시 이스라엘에 있어서도 이른바 역사
적 필연이었다. 그러나 이스라엘의 경우 왕권제 도입의 경과를
좀 더 복잡하게 만든 것은 그러한 일반적인 생태학적, 경제적,
군사적 경향에 대해 완강하게 저항하는 반대의 힘이 작동하고
있었다는 사실이다.

앞서 언급한 〈사무엘기 상권〉 8장에 의하면 왕을 원하는 백
성들의 요구는 당시의 민족 지도자이자 최후의 판관이기도 했
던 사무엘의 눈에는 '악으로 비쳤고' 바로 이스라엘의 원래의
지배자라 할 수 있는 야훼를 버리는 것이었다. 그래서 사무엘
은 왕이라는 존재가 백성을 착취하고 억압하는 것이라는 사실
을 지적하면서 백성들에게 경고한다(〈사무엘상〉 8:6-18). 또한
〈사무엘기 상권〉 13장이나 15장에는 종교적 지도자였던 사무
엘이 초대 왕 사울과 충돌해서 신의 이름으로 사울의 폐위를
선언했다고 하는 전승이 남아 있다.

이런 종류의 왕권 비판적인 전승을 어떻게 이해할 것인가는

최근의 구약학이나 이스라엘사 연구의 중요한 논점 중 하나이다. 예전에는 그것들을 왕들의 암우暗愚한 통치가 결국 국가를 멸망으로 이끌었다고 하는 역사적 체험을 바탕으로 한 후대(바빌론 포로 생활 이후)의 반성의 산물이라고 보는 시각이 유력했다. 그러나 최근에는 왕국 이전의 이스라엘이 의도적으로 중심적 권력의 형성을 회피하고, 씨족사회의 분권적 평등주의적 질서를 유지하려 한 '분절사회segmentary society' 내지 '무두제無頭制 사회acephalic society'였다고 하는 시각에서 이스라엘에서는 이미 왕국 성립기나 초기 왕국시대에 왕권에 비판적으로 대립하는 강력한 운동이 존재했다는 것이 적극적으로 상정되기에 이르렀다.

어찌됐든 인간의 지배를 거부하려는 반왕권적 에토스 내지 정서의 존재는 이집트 탈출의 전승에 표현된 '종살이하던 집에서 해방시킨' 신 야훼의 이념과도 잘 맞았고, 판관 시대에 왕권 수립의 시도가 좌절된 것을 그린 아비멜렉의 에피소드(〈판관기〉 19장)나 나중에 다윗의 지배에 대항한 세바의 반란 에피소드(〈사무엘하〉 20장)를 보아도 왕권제가 아무런 마찰도 없이 순조롭게 이스라엘에 정착했다고는 생각되지 않는다. 분명히 왕권제 도입을 둘러싸고 현실적, 합리적인 역사 인식에서 그것을 추진하려 한 사람들과 야훼 종교적 이념에서 그것에 반대한 사람들 간에 상당한 대립과 갈등이 있었을 것으로 생각된다. 이 사실은 예를 들어 〈사무엘기〉 자체에 보이는 사무엘

像
상像의 분열과 모순(〈사무엘상〉 8:6-22와 9:15-17, 11:14-15를 비교해볼 것)에도 나타나 있다. 각각의 입장에 있는 사람들이 왕국 성립 이전의 마지막 지도자였던 사무엘을 자신들의 대변자로서 묘사하고 있기 때문이다.

제2절 이스라엘의 초대 왕 사울

왕으로서의 사울

　그러나 결국 주도권을 잡은 것은 왕권제 도입에 적극적이었던 사람들이었다. 이스라엘의 초대 왕으로 선택된 것은 벤야민족의 사울이었다. 사울과 그의 자식 요나탄은 기브아를 거점으로 유능한 군인을 모아 상비군을 편성해서 주로 게릴라전으로 필리스티아인의 수비대를 공격해 그들을 일시적이나마 해안평야로 쫓아내는 데 성공했다(〈사무엘상〉 13:2-4). 그러나 필리스티아인이 해안평야에 둔 본거지는 여전히 아무런 피해도 입지 않아서 그들이 반격에 나서는 것은 시간문제였다. 한편 사울은 자신의 새로운 왕국의 체제를 굳건하게 만들지 못하고 있었다. 무엇보다도 우선 사울은 부족연합 시대에서 왕국 시대로 이행하는 역사적 전환의 과도기를 살았던 사람이고 당시는 아직 전통적인 야훼 종교의 이념을 고집하는 사람들이 커다란 발언력을 갖고 있었다.

앞에서 말했듯이 사무엘과 사울의 대립 이야기(〈사무엘상〉 13:8-14, 15:7-29)에는 야훼 종교의 전통에 충실하려는 사람들과 왕권제라고 하는 이스라엘로서는 '새로운' 질서를 대표하고 그것을 위해 이익을 합리적으로 추구하려는 사람들과의 대립이 반영되어 있다. 왕권제는 그 본질에서부터 성속聖俗을 포함한 온갖 권력의 전제적 장악을 요구한다(〈사무엘상〉 8:10-17, 22:17-19 등 참조). 그러나 야훼 종교의 입장에서 보면 그것은 유일한 지배자여야 할 신에 대한 반항인 것이다(〈사무엘상〉 8:7-8, 12:12, 19 등 참조).

사울과 다윗

성서의 기술에 의하면 사울은 신하였던 베들레헴의 양치기 이사이의 자식 다윗의 유능함과 인망을 질투하고 그를 잠재적인 라이벌로 두려워해 그 목숨을 노렸다(〈사무엘상〉 18:6-19:10 등). 다윗은 사울의 밑에서 도망쳐 이윽고 숙적 필리스티아인의 땅으로 망명해 그들의 용병이 되어 봉토로서 치클락을 받았다(〈사무엘상〉 27:1-7). 사울은 다윗의 목숨을 노리는 데 몰두했고(〈사무엘상〉 24, 26장), 필리스티아인의 반격에 대비할 충분한 태세를 갖추는 것을 소홀히 했다.

사울의 왕국

사울의 왕권이 지리적으로 어느 정도의 범위까지 미쳤는지는 확실하지 않고, 특히 유다(및 시메온)가 사울의 왕국에 포함되었는지 아닌지를 둘러싸고 연구자들 사이에서 의견이 나뉘고 있다. 어찌됐든 분명한 것은 사울의 왕국이 명확한 국경과 통치, 행정 조직을 지닌 영토국가가 아니라 사람들의 연대감과 귀속 의식을 기반으로 한 민족국가였다는 사실이다. 이 사실과 관련해 유다 부족 출신의 다윗이 사울의 전사 중 하나로 있었다는 사실은 그런 의미에서 유다 또한 이스라엘 왕국에 속해 있었다는 것을 표현한 것이라고 생각할 수 있을 것이다. 사회학적으로는 이 단계에서 예루살렘은 아직 '국가state'라기보다는 이른바 '수령제의 공동체chiefdom'였다고 보는 게 적절하다는 의견도 있다.

사울의 치세가 불과 2년이었다는 성서의 기술(〈사무엘상〉 13:1)에는 의문의 여지가 없다고 할 수는 없지만 어찌됐든 사울의 왕국은 단명했다(예프센 등에 의하면 사울의 치세는 기원전 1012-1004년경. 좀 더 최근의 가릴은 기원전 1025-1005년경으로 잡는다). 필리스티아인은 이윽고 태세를 정비해 반격에 나섰다. 그들은 이스라엘의 전력을 남북으로 분단하는 형태로 이즈레엘 평원으로 진출했고, 이스라엘은 길보아 산지의 전투에서 완벽하게 격파되어 사울 및 요나탄을 비롯해 그의 자식들 대부분이 처절하게 전사했다(〈사무엘상〉 31:1-7).

에스바알의 왕국

　가까스로 목숨을 건진 사울의 자식 에스바알(이름의 형태에 관해서는 〈역대기상〉 8:33을 참조. 또한 〈사무엘기〉의 '이스 보셋(부끄러운 사람)'은 의도적으로 왜곡한 이름)은 장군 아브네르의 후원으로 요르단 강 동안의 마하나임으로 도망친 뒤 사울을 이어서 '전全 이스라엘의 왕'이 되었다. 이 일 자체는 세습제를 본질로 하는 왕권제의 이념으로 보면 오히려 당연한 일이었다.

　에스바알의 영토는 동 요르단(길앗), 팔레스티나 중부(에프라임과 벤야민) 및 북부(이즈레엘)였다고 하지만(〈사무엘하〉 2:8-9), 당시의 정세로 보면 이것은 명목상의 것에 지나지 않았을 것이다. 요르단 강 동안의 마하나임을 수도로 한 것으로 보아도 일종의 망명 정권과 같은 상태였던 것으로 보인다. 에스바알 자신 또한 아브네르에게 실권을 모두 빼앗긴 허수아비에 지나지 않았다는 것은 명백하다.

제3절 다윗과 통일왕국의 성립

유다의 왕으로서의 다윗

한편 유다 부족은 사울의 사후 헤브론에 돌아와 있던 다윗을 유다 고유의 왕으로 세웠다(〈사무엘하〉 2:1-4). 이렇게 해서 지배자로서의 다윗의 경력의 첫걸음은 우선 유다 부족 단독의 왕으로서 내디뎌졌다. 이 사실은 민족으로서의 이스라엘 안에 하나의 독립한 부족국가가 성립했다는 것을 의미한다(덧붙이자면 최남부의 시메온 부족은 당시 이미 이 '유다'에 흡수되어 있었다고 보아야 한다).

유다 부족의 왕으로서 다윗이 등극한 것은 유다 부족 이외의 부족 입장에서 보면 명백한 분파 행동이고 하나의 민족 안에 두 명의 왕을 자칭하는 지배자가 나타난 이상 내전이 일어나는 것은 필연이었다(〈사무엘하〉 2:8-32). 그러나 이 권력 투쟁

에서는 다윗 측이 명백하게 우세했다(〈사무엘하〉 3:1). 형세가
불리하다고 본 아브네르는 다윗 측에 붙으려고 획책했던 것
같다. 그러나 그것이 실현되기 전에 아브네르는 다윗의 장군
요압에게 암살되었고 후견인을 잃은 에스바알도 얼마 안 있어
암살자의 칼에 죽는다(〈사무엘하〉 3-4장).

　왕과 실질적인 지도자를 잃은 '이스라엘'(이 경우 유다는 제
외된다)의 제諸 부족은 헤브론에 사자를 파견해 다윗을 에스바
알을 잇는 '이스라엘의 왕'으로 삼았다(〈사무엘하〉 5:1-3, 기원
전 1004년경). 다윗은 사울의 딸 미칼과 결혼했기 때문에 사울
왕조의 계승자로서의 법적 자격이 없는 것도 아니었다(〈사무엘
상〉 18:20-27, 〈사무엘하〉 3:13-16 참조).

이른바 통일왕국의 확립

　이로써 다윗은 유다 왕국과 이스라엘 왕국이라는 두 국가의
왕을 겸임하게 되었다(재위 기원전 1004-965년경). 그러나 이것
으로서도 남북의 두 국가가 완전한 의미에서 단일 국가로 통
합되었던 것은 아니다. 양자는 어디까지나 공통의 왕을 추대
한 고유의 국가로서 계속해서 병존했고 동군연합국(同君聯合國,
personal union)으로서 외견상의 통일을 유지한 것에 지나지
않는다. 이러한 이원성이 현재화懸在化하는 것이 솔로몬 사후
의 이른바 왕국 분열이다.

다윗의 필리스티아 전쟁

다윗은 이스라엘·유다에 남아 있던 병력을 그러모아 뛰어난 전술과 지형에 대한 숙달된 지식을 이용해 게릴라전을 전개해 여러 차례 필리스티아인을 격파해 결국 이스라엘의 이 숙적을 굴복시켰다(〈사무엘하〉 5:17-25, 8:1). 다윗이 일시적으로 필리스티아인의 용병이었다는 성서의 기사가 사실이라면, 이 기적적인 승리의 요인 중 하나는 다윗이 그 경험에 의해 필리스티아인의 전술에 정통해서 그 허점을 잘 찔렀다는 점에 있었을 것이라고 생각된다.

필리스티아인을 정복함으로써 그들의 영향 아래에 있던 요르단 강 서안의 가나안 여러 도시도 거의 자동적으로 다윗한테 복속하게 되었을 것으로 보인다. 적어도 다음에 서술할 예루살렘의 경우를 제외하고 다윗이 군사적 수단에 의해 가나안 제諸 도시를 병합했다는 기록은 남아 있지 않다. 어찌됐든 다윗의 손에 의해 가나안 땅은 그 역사에서 처음으로 하나의 국가로 통일을 이루게 된다. 이것은 뒤에서 서술할 테지만 가나안계 주민들에게도 커다란 사회적 정치적 제 관계의 변화를 의미하는 것으로 생각된다.

예루살렘 정복과 그 의미

다윗은 7년 반 정도 헤브론에서 통치했다고 전해지는데(〈사무엘하〉 5:5), 그 뒤 다윗은 그때까지 가나안계 여부스족의 수

중에 남아 있던 예루살렘을 정복해서 그곳을 새로운 왕도王都로 정했다(〈사무엘하〉 5:6-10). 통일된 이스라엘 전체를 통치하기 위해서는 헤브론은 명백하게 남쪽으로 치우쳐 있었다.

이 천도에는 다윗이 뛰어난 군인이었던 동시에 교묘한 정치가이기도 했다는 것이 드러나 있다. 우선 첫 번째로 예루살렘은 남의 유다와 북의 여러 부족의 영토의 중간에 있고, 이곳이 그대로 선주민의 손에 남겨져 있으면 남북이 분단되는 형태가 되어 국가 전체의 통일이 방해를 받는다. 두 번째로 예루살렘은 세 방향이 산이나 골짜기로 둘러싸인 천혜의 요충지였고, 세 번째로 예루살렘은 북왕국(이스라엘)과 남왕국(유다) 사이에 있으면서 게다가 그때까지 양쪽 어디에도 속해 있지 않았다는 점에서, 이른바 어느 부족에 대해서도 '중립지대'인 곳이었다. 네 번째로 그때까지 가나안인의 도시였던 예루살렘에는 야훼 종교의 전통이 존재하지 않아 종교적 세력이 왕권에 대해 간섭할(앞에서 서술한 사무엘과 사울의 대립 에피소드를 참조) 가능성이 없었다. 다섯 번째로 다윗 이후 '이스라엘'(연합왕국)은 이미 이스라엘인만의 것이 아니라 명백하게 가나안계 주민을 포함한 영토국가가 되었다. 이 점에서 '가나안인의 도시' 예루살렘은 새로운 국민이 된 가나안인을 대상으로 한 정책을 시행하는 데 있어서도 절호의 장소였던 것이다.

또한 예루살렘이 북왕국 및 남왕국과 나란히 제삼의, 게다가 다윗 왕가 고유의 영토를 이루었는지의 여부에 관해서는 연구자들 사이에서도 견해가 나뉘고 있다. 그러나 나중에 남왕국의 수도가 되는 예루살렘이 남왕국 내에서 특수한 특권적 지위가 부여되었다는 사실은 '유다와 예루살렘'이라는 이중 표현에도 나타나 있다(〈열왕기하〉 23:1, 〈이사야〉 1:1 등).

다윗의 종교 정책

정치가로서 다윗의 노련함을 보여주는 것은 무엇보다도 그의 종교 정책이었다. 사울은 사무엘로 대표되는 종교 세력과 충돌해 그것이 그의 몰락의 한 가지 원인이 되었지만, 다윗은 앞에서 본 대로 왕도를 야훼 종교에 대해 중립적인 예루살렘으로 옮기는 것에 의해 보수적인 종교 세력의 영향력을 배제하고 한편으로는 시나이 계약 때 율법을 새긴 석판을 수습했다고 하며, 야훼가 모습을 드러냈던 상징으로도 간주되고 있던 '계약의 궤'를 국민들이 주시하는 가운데 성대하게 예루살렘에 반입함으로써(〈사무엘하〉 6장, 〈시편〉 132장도 참조), 이 새로운 왕도에 형식상 야훼 종교의 전통을 주입하고, 그곳을 야훼 숭배의 중심지로 만든 것이다.

또한 다윗은 이 '계약의 궤'를 안치하기 위해 신전을 건설하는 것까지 계획했지만 역시 이것은 야훼 종교의 전통을 이은 사람들의 반대로 인해 좌절되었던 것 같다(〈사무엘하〉 7:1-7). 신전(즉 신이 사는 '집')이란 비非야훼 종교적, 가나안적 발상이었기 때문이다. 그러나 그의 자식 솔로몬의 시대에는 일찌감치 그러한 야훼 종교적 반대론은 소멸했던 것 같다. 뒤에서 보듯이 솔로몬에 의한 예루살렘 신전 건설 때는 어떠한 반대의 목소리도 들리지 않았기 때문이다.

나아가 궁정 예언자 나탄이 다윗에게 말했다고 하는, 다윗의 자손에 의한 영원한 지배를 약속하는 '나탄 예언'(〈사무엘하〉 7장)에 드러나듯이, 종교에 의한 다윗 왕조 지배의 정통화, 절대화(이른바 다윗 계약)도 이미 다윗이나 솔로몬 시대에는 시작되었던 것으로 생각된다.

> '너의 집안과 나라가 네 앞에서 영원히 굳건해지고, 네 왕좌가 영원히 튼튼하게 될 것이다.'(〈사무엘하〉 7:16)
> '나는 내가 뽑은 이와 계약을 맺고 나의 종 다윗에게 맹세하였노라. 영원토록 네 후손을 굳건히 하고 대대로 이어질 네 왕좌를 세우노라.'(〈시편〉 89:4-5)

종교의 담당자의 변화와 함께 그 종교 자체의 본연의 모습도 변화한다. 일찍이 '종살이에서 해방시킨 신', 인간에 의한 인간의 지배를 인정하지 않았던 신(〈판관기〉 8:23)이었던 야훼는 적어도 예루살렘에서는 얄궂게도 다윗 왕조의 '만세일계'의 지배를 정통화하는 왕조의 수호신으로 변신해 갔다.

중앙집권 체제의 확립과 주변 민족의 정복

사울의 왕권이 오로지 군사적 성격의 것이었던 것에 비해 다윗은 아마도 이집트에서 따왔을 관료 조직을 정비해 중앙 집권적 체제를 확립했다(〈사무엘하〉 8:16-18, 20:23-26). 그는 또 징세나 부역, 징병을 위한 인구 조사를 실시했고(〈사무엘하〉 24:1-9 참조, 단 비판적 시점에서 그려져 있다) 한편으로는 군사력을 증강하기 위해 필리스티아인이나 가나안인 전사를 용병으로 중용했다('크렛족과 펠렛족', 〈사무엘하〉 8:18, 15:18, 20:7 등 참조).

다윗은 국내를 통일하고 그 지배를 확고히 하자, 그 과정을 통해 획득한 강대한 군사력을 구사해 주변 민족의 정복에 나서, 남쪽의 에돔인, 동쪽의 모압인, 암몬인 및 북쪽의 다마스쿠스의 아람인을 격파해 소규모이지만 오리엔트적인 제국을 수립했다(〈사무엘하〉 8:2-14). 다윗은 에돔, 모압, 다마스쿠스를 속주로 해 총독을 두고, 암몬은 직할지로 삼고 직접 지배권을 행사했다. 이에 비해 서쪽의 필리스티아인에게는 다윗의 종주권을 승인하게 한 뒤에 일종의 자치권이 주어졌던 것 같다. 북쪽의 상업적, 문화적으로 '선진국'이었던 페니키아의 티로(〈사무엘하〉 5:11), 시리아의 유력한 국가 하맛(〈사무엘하〉 8:9-10)과는 수호 관계를 맺고, 골란 고원에 있던 그수르한테서는 왕비를 얻어 긴밀한 관계를 구축했다(〈사무엘하〉 3:3, 13:37 참조).

이와 같은 사실들은 다윗이 이집트나 아라비아와 시리아,

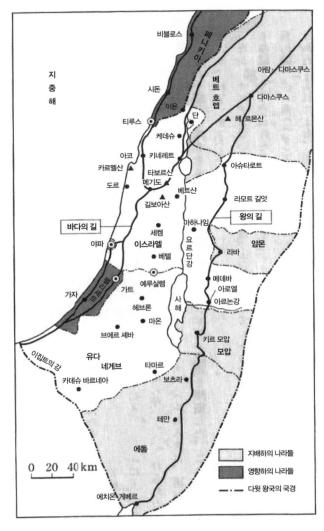

지중해

비블로스

페니키아

아람 · 다마스쿠스

시돈

베트 호렙

이욘

다마스쿠스

티루스

케데슈

단

헤르몬산

아코

키네레트

카르멜산

아슈타로트

타보르산

도르

메기도

베트샨

길보아산

라모트 길앗

바다의 길

마하나임

왕의 길

세켐

야파

이스라엘

요르단강

암몬

베텔

라바

예루살렘

메데바

가자

가트

아로엘

사해

아르논강

헤브론

마온

브에르 셰바

키르 모압

모압

이집트의 강

유다

네게브

타마르

카데슈 바르네아

보츠라

테만

에돔

0 20 40 km

지배하의 나라들

영향하의 나라들

ㅡ·ㅡ· 다윗 왕국의 국경

에치온 게베르

[지도4] 다윗의 통일 왕국

메소포타미아를 연결하는 두 개의 중요한 교역로 '왕의 길'과 '바다의 길'을 양쪽 다 지배 아래 두었다는 사실을 의미하고 이것은 이어지는 시대 이스라엘의 경제적 변영의 기초가 되었다.

승리와 구제의 시대

이렇게 해서 이스라엘은 불과 수십 년 사이에, 멸망 직전의 빈사 상태에 놓인 왕이 없던 부족연합에서, 사울 시대의 전투적인 민족국가, 다윗의 치하에서 팔레스티나를 통일한 영토국가를 거쳐, 이민족도 지배하는 소제국으로까지 약진했다. 그것은 실로 이스라엘로서는 기적적인 승리와 구제의 시대이고 그 영광은 이스라엘의 기억에 깊이 새겨졌다(〈민수기〉 24:17-19 참조). 그리고 훗날 다시 고난의 시대에 빠졌을 때, 이스라엘 사람들은 다시 자신들을 고통에서 구하고 승리와 영광을 가져다 줄 제2의 다윗의 출현을 열망했다. 이것이 이른바 메시아 대망이다(〈이사야〉 9:1-6, 11:1-9, 〈미카〉 5:1-5 등).

또한 다윗에 관해 오랫동안 성서 외 사료가 발견되지 않았기 때문에 그 역사적 실재를 의문시하는 극단적인 주장도 나왔지만 1993년에 이스라엘 북부의 텔 단에서 발견된 아람어 비문에 남(유다)왕국을 가리키는 호칭으로서 '다윗의 집안'이라는 표현이 있다는 것이 확인되었다. 이것에 의해 간접적이긴 하지만 유다 왕국의 왕조 창시자로서 다윗의 실재가 뒷받침되었다(5장 참조).

통일왕국 확립의 역사적 전제들

다윗의 시대에 이스라엘이 이러한 약진을 이룰 수 있었던
배경에는 당시 오리엔트 세계의 구조에 커다란 변화가 있었다
는 사실도 놓칠 수 없다. 제1장에서 본 것처럼 팔레스티나는
이집트, 아라비아, 시리아, 메소포타미아를 연결하는 육교 지
대에 있고 전략상, 경제 교류상으로 요충지였기 때문에 늘 주
변 세계 대국의 이해관심이 집중한 지역이었다. 그러나 한때는
이 지역의 패권을 둘러싸고 이집트와 싸우던 아나톨리아(소아
시아)의 대국 히타이트는 기원전 13세기 말에 '바다의 민족'의
침입에 의해 멸망하고, 대국 이집트도 람세스 3세의 분전으로
'바다의 민족'의 본토 침입은 막았지만 그 뒤 국내는 분열 상
태에 빠져 나일 강의 수량 부족으로 인한 기근과 폭동, 약체화
한 제20왕조를 대신해 권력을 장악하려는 군웅들 간의 내전이
잇따라 결국에는 용병이었던 누비아인이나 리비아인이 실권
을 쥐게 된다.

메소포타미아에서는 신흥 아람 세력에 밀려 아시리아가 일
시적으로 역사의 무대에서 퇴장하고, 바빌로니아에서도 왕조
교체와 그에 수반된 혼란, 엘람인의 침입이 이어진다. 이처럼
이 시대에는 오리엔트 세계의 대국들이 전부 피폐해지며 쇠퇴
하고 오로지 국내 문제에 전념할 수밖에 없는 상황에 놓인 것

이다. 다윗은 말하자면 이러한 국제 정치 역학상의 일종의 '진공' 상태를 채우는 형태로 그의 왕국을 확립하고 확대한 것이다.

왕위 계승을 둘러싼 혼란과 궁정의 분열

다윗은 40년간 군림했다고 전해지지만(〈사무엘하〉 5:4, 〈열왕기상〉 2:11), 그 치세의 말기에는 다윗의 전제 정치에 대한 민중 사이의 불만이 점차 커졌던 것으로 보인다. 이것은 압살롬의 반란(〈사무엘하〉 15–18장)이나 세바의 반란(〈사무엘하〉 20장) 같은 사건이 빈발한 것에 표현되어 있다(압살롬의 반란은 부왕에 대한 왕자의 반란이었는데 민중은 명백하게 왕자를 지지했다. 〈사무엘하〉 15:1–13 등을 참조). 그러한 반란들은 결국 진압되었지만 이윽고 좀 더 복잡하고 해결하기 곤란한 문제가 떠오른다. 즉 죽음을 앞둔 다윗의 왕위 계승권을 둘러싸고 벌어진 왕자들의 항쟁이다. 압살롬의 반란의 원인이 된 왕자 암논과 압살롬의 대립의 배후에도 그러한 왕위 쟁탈전이 있었을지 모른다(〈사무엘하〉 13장).

마지막까지 왕위를 놓고 다툰 것은 다윗의 자식들 중 하깃이 낳은 아도니야와 밧 세바가 낳은 솔로몬이었다. 그러나 〈열왕기〉의 기술에 의하면 밧 세바는 다윗의 자신에 대한 총애(〈사무엘하〉 11장 참조)를 이용해서 자신의 자식 솔로몬을 후계자로 지명할 것을 요구했다(〈열왕기상〉 1:11–21). 두 왕자의 싸움은 결국 예루살렘 궁정을 둘로 나누는 분쟁으로 발전한다.

아도니야를 지지한 것은 국민군의 장군 요압, 실로 출신의 사제 에브야타르 등 헤브론 시대부터 다윗을 섬겨왔던 고참 이스라엘계 사람들이었다. 이에 반해 솔로몬을 지지한 것은 외국인을 주력으로 하는 용병대의 대장 브나야, (아마도 에브스인 계통의) 사제 차독, 예언자 나탄 등 다윗이 예루살렘에 들어온 뒤에 그 측근이 된 사람들이었다(〈열왕기상〉 1:7-8). 솔로몬의 어머니 밧 세바는 예전에 '히타이트인 우리야'의 아내였고(〈사무엘하〉 11:3 참조), 솔로몬 자신이 이스라엘인과 선주민의 혼혈이었을 가능성이 높다. 이 사실은, 뒤에서 서술하겠지만, 솔로몬의 훗날의 정책에도 영향을 끼쳤을 것이다. 격렬한 권력 투쟁 끝에 최종적으로 승리한 것은 솔로몬 파였다. 그것은 동시에 이스라엘 파에 대한 (가나안)예루살렘 파의 승리였다.

제4절 **솔로몬의 치세**

왕으로서의 솔로몬

솔로몬(재위 기원전965-926년경)은 즉위 후 피비린내 나는 숙청을 통해 정적을 모두 없앴지만(〈열왕기상〉 2:12-46) 그 뒤로는 전쟁을 거의 하지 않고 오로지 부왕 다윗이 건설한 왕국에 경제적, 문화적 번영을 가져오는 것에 전념했다. 그는 이집트를 비롯한 오리엔트의 여러 나라와 조약을 맺고 활발한 평화 외교를 전개했다. 예루살렘에 여러 나라에서 왕비가 왔다고 하는 기록(〈열왕기상〉 11:1-8)은 솔로몬이 오리엔트 세계에서 폭넓게 행해지고 있던 정략결혼을 통해 외교 정책을 적극적으로 채용했다는 사실을 보여주고 있다. 솔로몬의 첫 번째 부인은 이집트 파라오의 왕녀이고(〈열왕기상〉 3:1 등), 그의 왕위 계승권자인 르하브암의 어머니는 암몬인이었다(〈열왕기상〉

14:21).

솔로몬은 또 다윗 이래의 티로 왕 히람과의 동맹 관계를 갱신하고(〈열왕기상〉 5:15-19), 홍해에 접한 에치온 게베르에 항구를 열고 해상 교역에 정통한 페니키아인의 협력을 얻어 상업 선단을 편성해서 홍해 연안 여러 지역과 활발하게 교역을 전개했다(〈열왕기상〉 9:26-28, 10:11, 22). 특히 솔로몬은 시리아와 이집트를 연결하는 육교 지대에 있다는 지리적인 이점을 살려서 이집트와 시리아의 신新히타이트계 여러 왕국이나 아람인의 왕국들 사이에서의 중개무역으로 막대한 부를 얻었다(〈열왕기상〉 10:28-29). 이것은 앞에서 언급했듯이 오리엔트 세계의 대동맥이라고도 할 수 있는 남북을 연결하는 통상로의 대부분을 이스라엘이 장악했다는 사실에서 성립한다.

솔로몬의 건축 활동 — 예루살렘 신전

솔로몬은 이와 같은 활동을 통해 유입된 부를 이용해서 수도 예루살렘을 중심으로 대규모의 건축 사업을 벌였다. 무엇보다도 먼저 그는 예루살렘을 북쪽으로 크게 확장해 도시 북동쪽 시온 언덕에 페니키아인 건축가에게 맡겨(〈열왕기상〉 5:17-20) 웅장하고 화려한 페니키아·가나안풍의 신전을 건설하고(〈열왕기상〉 6:1-37), 그 안에 예전에 다윗이 예루살렘에 반입했던 '계약의 궤'를 안치했다. 이것에 의해 오늘날까지 이어지는 예루살렘의 '성지'로서의 지위가 확립되었다. 그와 동시에 이스라엘의 야훼 종교가 특정 성소와 신전을 중심으로 하는 것으로 변질해 가는 단서를 열게 되었다. 이후 민중의 종교 생활에서 예루살렘으로의 순례와 그곳에서 행해지는 제의에 참가하는 게 중요한 의미를 갖게 되었다(〈시편〉 48, 84, 122장 등 참조).

솔로몬은 또한 신전과 나란히 예루살렘에 호화로운 궁전을 건축했고(〈열왕기상〉 7:1-12),다시 하초르, 메기도, 게제르 등의 도시를 요새화했다(〈열왕기상〉 9:15-19). 이러한 도시들이나 나아가서 라키슈, 아슈돗에는 거의 같은 규격으로 만들어졌다고 생각되는 좌우에 세 개씩의 특징적인 방 모양의 홈이 패여 있는 대규모의 성문이 발굴되었고 솔로몬 시대에 각지에서 통일적이고 조직적인 건축 활동이 이루어졌다는 사실을 뒷받침하고 있다. 그가 '전차대의 도시'를 세웠다는 기술에서는(〈열왕기상〉 5:6-8, 10:26) 솔로몬이 다윗 시대의 보병을 중심으로 하는 전술을 대신해 전차대를 채용했다는 사실을 엿볼 수 있다. 이것은 솔로몬의 권력 기반을 구성한 사람들 중에 전차의 조종에 숙련된 가나안인, 필리스티아인 기사 계급이 큰 역할을 했음을 시사한다. 물론 솔로몬이 이 전력을 실전해 투입하지 않을 수 없었던 상황에 빠진 적은 없었던 듯하다.

문화적 번영

솔로몬 시대에는 경제적 번영과 관료 제도의 충실을 배경으로 궁전을 중심으로 해서 귀족 계급이나 지식인 계급이 성립했다. 그것은 전사 계급과 함께, 직접 생산에 종사하지 않는, 그때까지의 이스라엘에는 존재하지 않았던 유형의 사람들이었다. 성서는 솔로몬을 전형적인 지혜로운 자의 모습으로 묘사하고 있는데(〈열왕기상〉 5:9-14), 실제로 솔로몬 시대에는 오리엔트 제국의 정신문화와의 접촉과 교류가 시작되어 이스라엘에서도 지혜 문화의 발전이 시작된 것으로 생각된다. 지혜 문화란 특히 뛰어난 궁정인이나 관료를 양성하기 위한 것이기 때문이다. 물론 솔로몬의 작품으로서 오늘날까지 전해지는 구약성서 중의 〈잠언〉, 〈아가〉, 〈코헬렛(전도서)〉은 훨씬 후대의, 아마도 바빌론 포로 생활 이후의 작품일 것이다.

이스라엘에서 최초의 문학 활동이 시작된 것도 이 시대였을 것이다. 또한 이스라엘의 문자는 가나안 문자 체계를 그대로 채용한 것이다. 궁정에는 '서기'라고 불린 문자를 다루는 관리가 중요한 역할을 맡게 되고(〈열왕기상〉 4:3), 이러한 사람들을 통해 처음으로 문자의 사용이 보급되기 시작했다. 그 결과 당시의 지식인에 의해 〈다윗 대두사〉(〈사무엘상〉 16장-〈사무엘하〉 5장)이나 〈다윗 왕위 계승사〉(〈사무엘하〉 9장-〈열왕기상〉 2장), 〈요셉 이야기〉(만약 이것이 독립된 저작이라면) 같은 궁정문학이 저술되었다. 최근에는 이론異論이 많지만 이스라엘의 태고의 전승을 하나의 국민문학이라는 형태로 정리한 이른바 '야훼스트Jahwist'*의 저작(모세 오경의 최고층最古層)도 그 중핵 부분에 관해서는 역시 이 시대에 위치시켜야 할 것이다.

황금시대의 이미지 — 과거의 이상화?

남 아라비아에서 번영을 누리던 시바의 여왕이 예루살렘의 솔로몬을 방문해서 그 영화榮華와 지혜를 찬탄했다는 유명한 에피소드(〈열왕기상〉 10:1-11)는 전설적 색채가 농후하지만 이러한 솔로몬 시대 이스라엘의 번영상을 상징적인 형태로 잘 표현하고 있다.

이 시대 이스라엘의 경제적, 문화적 번영에 대한 기억은 '온갖 영화를 누린 솔로몬'이란 격언 속에 신약시대에 이르기까지 사람들의 이미지 속에 계속해서 살아 있었다(〈마태오〉 6:29). 다만 〈열왕기〉의 솔로몬 시대에 관한 기술이 상당히 이상화되고 과장되었다는 것도 한편으로는 잊어서는 안 될 것이다. 활발하게 국제 교역이나 교류에 종사했다는 솔로몬의 이름이 주

---

* 18-19세기에 모세 오경의 모순점을 정합화하기 위해 문서 가설Documentary hypothesis이 시도되었다. 네 가지 종류의 원자료가 있었다고 하는 것에 연구자들의 의견이 대체로 일치한다. 야훼스트 자료는 기원전 950년경 남유다 왕국, 엘로히스트Elohist 자료는 기원전 850년경 북이스라엘 왕국, 신명기 사가Deuteronomium 자료는 기원전 7세기 유다 왕국의 종교 개혁 때, 사제 자료Priesterschrift는 기원전 550년경 바빌론 포로 생활 이후에 쓰여졌다고 본다. 이 가설의 세부를 대체하는 다양한 모델이 계속해서 제안되고 있지만 기본적인 골격은 유효한 것으로 현재까지 받아들여지고 있다.

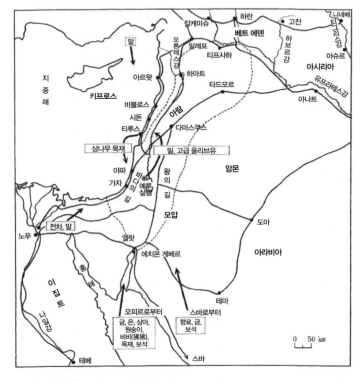

[지도5] 메소포타미아와 이집트를 연결하는 통상로와 솔로몬 시대의 국제 교역

(《열왕기상》 6:15–32, 9:26–28, 10:22–29 참조)

변 나라들의 역사 사료에 전혀 나타나지 않는다는 사실은 기묘하다. 오리엔트 세계 전체의 틀 속에서 보면 솔로몬이라 해도 주변 지역에는 별 중요성이 없는 신흥 호족의 수령 이상의 존재는 아니었을지도 모른다. 어찌됐든 솔로몬이 '유프라테스 서쪽 왕들 전부를 통치했다'(〈열왕기상〉 5:4)라든가 '모든 민족들에게서 사람들이, 솔로몬의 지혜에 관해 들은 전 세계의 왕들이 보내어서 왔다'(〈열왕기상〉 5:14)고 하는 〈열왕기〉의 기술은 명백히 역사적 신빙성이 결핍되어 있다.

사회적 문제들

솔로몬 시대에 이스라엘이 얼마나 번영했든 간에, 그것을 누릴 수 있었던 것은 궁정을 중심으로 한 귀족, 관료층이나, 새롭게 발흥한 상인층 등 한정된 사람들만이었던 것으로 보인다. 그리고 그중에 적지 않은 부분은, 궁정문화의 전통을 지닌 가나안계 주민들이 차지했을 것이다.

솔로몬 시대는 동시에 가진 자와 못 가진 자, 부유한 자와 가난한 자의 사회적 분화와 계층화가 진전된 시대였다. 솔로몬은 북왕국을 12개의 주로 나누고, 각각에 지사를 배치했는데 이것은 방대한 궁정의 경비를 매달 돌아가며 부담시키기 위해서였다(〈열왕기상〉 4:7-19). 거기에는 예전 이스라엘의 영토와 가나안인의 도시들이 나란히 열거되고 있는데, 이것은 솔로몬에게는 이미 가나안인과 이스라엘인 간에 어떠한 구별도 없었다는 것을 보여주고 있다.

또한 이에 대응하는 남왕국의 징수 기구에 관해서는 아무런 말도 전해지지 않고 있지만 어쩌면 솔로몬은 출신 부족인 유다 부족을 중심으로 하는 남왕국에 특권적 지위를 부여했을지도 모른다. 만약 그렇다고 한다면, 솔로몬 사후 북왕국 국민의 반발(왕상 12:4)은 더욱 잘 이해할 수 있게 되는 셈이다. 또한 대규모의 건축 사업에는 가나안계 주민(〈열왕기상〉 9:20-21)뿐 아니라 명백하게 이스라엘인도 강제노동에 내몰렸다(〈열왕기상〉 5:27-32, 또한 9:22는 솔로몬을 변호하려는 편집자의 주석). 솔로몬 치하의 '황금시대'의 이면에는 일반 민중에 대한 이러한 압박이 있었다.

예로보암의 반란과 피정복 민족의 이반

이미 솔로몬의 치세에, 특히 북왕국의 사람들 간에는 이러한 압정에 대한 불만이 쌓여 있었다는 것을 제시해주는 게 예로보암의 반란이다. 예로보암은 북왕국 출신의 젊고 유능한 관리였고, 출신 부족의 강제 노동 감독을 맡았는데, 분명히 유다 부족 출신 왕에 의한 동족 사람들에 대한 압정을 보다 못해 솔로몬에 대한 모반을 기도했다(〈열왕기상〉 11:26). 그때 오랜 야훼 종교적 전통을 지닌 성소聖所인 실로 출신의 예언자 아히야가 이 반란을 교사했다고 되어 있는 것은 매우 흥미롭다(〈열왕기상〉 11:29-39). 나중의 북왕국에서는 폭군의 타도에 예언자

가 적극적으로 관여하는 게 드물지 않기 때문이다(〈열왕기상〉
21:21-24, 〈열왕기하〉 9:1-10 등을 참조). 예로보암의 반란은 무
력에 의해 진압되어 예로보암은 이집트로 망명했는데(〈열왕기
상〉 11:40), 그는 결국 솔로몬 사후의 동란 속에서 다시 한 번
커다란 역할을 맡게 된다.

솔로몬 시대에 이스라엘 통일왕국이 이미 몰락으로 향하는
길을 걷기 시작했다는 것을 보여주는 것이 피정복 민족의 이
반이다. 솔로몬은 오로지 내정 문제에 노력을 집중해서 다윗이
정복해 속국화한 나라들에 대한 지배권의 유지 내지 강화에는
그다지 관심도 없었고 힘도 쏟지 않았던 듯하다. 이 때문에 이
미 솔로몬 치세의 초기에는 에돔인이 망명지인 이집트에서 돌
아온 왕자 하닷의 기치 아래 반기를 들었다(〈열왕기상〉 11:14-
22). 나아가 다마스쿠스의 아람인 또한 르존이라는 인물이 솔
로몬에게 반란을 일으켜 독립을 회복했다(〈열왕기상〉 11:23-
25). 이렇게 해서 다윗이 건설한 대왕국은 일찌감치 다음 왕의
치세에 그 북쪽과 남쪽의 영토를 잃었다.

솔로몬의 죽음과 북부 10부족의 이반 — 이른바 왕국 분열

'유다 부족의 왕'의 지배에 대한 북왕국 사람들의 반감과 불
만은 솔로몬의 죽음으로 폭발했다. 솔로몬의 자식 르하브암(재
위 기원전929-910)은 남왕국(유다)의 왕권은 전혀 아무런 문제
없이 계승할 수 있었다. 그러나 그가 다윗 이래 동군연합同君聯

습을 형성한 또 하나의 요소인 북왕국의 왕권도 계승하기 위해서는 북왕국 국민의 승인을 얻을 필요가 있었다. 이를 위해 르하브암은 북왕국의 중심지 세켐까지 가지 않으면 안 되었다.

북왕국 사람들은 처음부터 불문곡직하고 나라를 분할하자고 결의한 것은 아니었던 것 같다. 오히려 그들은 새로운 왕에게 자신들의 권리를 인정시키고, 솔로몬 치하에서 더 이상 감내하기 힘들어지게 된 자신들의 부담을 경감해 줄 것을 바랐다(〈열왕기상〉 12:1-4). 그들이 기도한 것은 일단은 간단히 말하면 조건 투쟁이었다. 그러나 르하브암이 경험 풍부한 고문관들의 조언을 무시하고 사람들의 요망을 물리치고 강압적인 태도를 취했으므로 북왕국 사람들은 태도를 바꾸어 '다윗의 가문'의 왕에 의한 더 이상의 지배를 거부하고 통일왕국으로부터의 이탈을 선언했다(〈열왕기상〉 12:6-19).

그것이 단순히 르하브암 개인의 왕위에 대한 거부가 아니라 다윗 왕조와의 절연을 의미했다는 것은 그들이 그때 내건 슬로건을 봐도 명백하다.

우리가 다윗에게서 얻을 몫이 무엇이냐? 이사이의 아들[다윗]에게서 받을 상속 재산이 없다. 이스라엘아, 네 천막으로 돌아가거라. 다윗아, 이제 네 집안이나 돌보아라.(〈열왕기상〉 12:16, 또한 〈사무엘하〉 20:1도 참조)

이것이 이른바 왕국 분열이다(기원전 926). 그러나 그와 동시에 에스바알의 죽음과 다윗의 북왕국 왕으로의 즉위 이래 동군연합의 관념 속에 잠복해 있던 남북의 이원성의 현재화顯在化이기도 했다.

제5장 | 왕국 분열 후의 이스라엘 왕국과 유다 왕국(기원전 9세기 – 8세기 전반)

제1절 분열왕국 시대 초기

왕국 분열 후의 초대 이스라엘 왕 예로보암 1세

이른바 왕국 분열 후 북왕국 사람들은 예전 솔로몬에 대한 반란의 지도자로 일시 이집트에 망명해 있던 예로보암을 독립 후의 북왕국 초대 왕으로 지명했다(〈열왕기상〉 12:20). 또한 이 시대 이후 '이스라엘'이란 말은 좁은 의미에서는 이 북왕국을 가리키지만 동시에 이 뒤로는 공통의 민족의식과 선택된 백성이라는 개념을 통해 유다도 포함하는 광의의 의미를 계속해서 지니게 된다(〈이사야〉 5:7, 8:14, 41:8-16 등).

예로보암 1세(재위 기원전 926-907년경)는 세켐을 새로운 수도의 국가로 정하고(〈열왕기상〉 12:25a), 다시 북쪽의 변경 가까이에 있는 단과 남쪽 국경과 가까이에 있는 베텔의 오랜 전통을 지닌 성소(〈창세기〉 28:10-19, 〈판관기〉 18:30 참조)를 국가 성

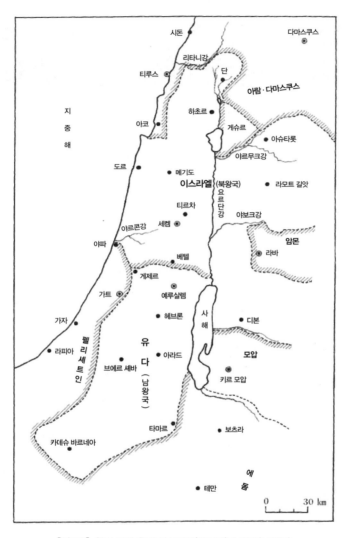

지중해

시돈

다마스쿠스

리타니강

티루스

단

아람·다마스쿠스

아코

하초르

게슈르

아슈타롯

야르무크강

도르

메기도

이스라엘 (북왕국)

라모트 길앗

요르단강

티르차

야보크강

야르콘강

세켐

암몬

야파

라바

베텔

게제르

가트

예루살렘

가자

헤브론

사해

디본

펠리셋인

유다 (남왕국)

라피아

아라드

모압

브에르 셰바

키르 모압

타마르

보츠라

카데슈 바르네아

에돔

테만

0   30 km

[지도6] 왕국 분열 후의 이스라엘(북왕국)과 유다(남왕국)

소로서 확장했다. 이것은 다윗에 의한 계약의 궤 반입과 솔로몬에 의한 신전 건설 이래, 남왕국의 수도 예루살렘이 전 이스라엘 공통의 유력한 성소가 되어 있었기 때문에 고유의 국가 성소 설치에 의해 종교적인 면에서 남왕국에 대한 의존 관계를 단절하기 위해서였다(〈열왕기상〉 12:26-33).

예로보암은 이 두 곳의 새로운 국가 성소에 금으로 된 송아지 상을 놓았는데(〈열왕기상〉 12:28, 또한 〈탈출기〉 32:1-4 참조), 이것은 당시 종교라는 것을 가나안적인 표상을 빼고 생각하는 것이 불가능했다는 것을 시사한다. 물론 이 같은 추정은 솔로몬이 예루살렘 신전 내부에 두었다고 하는 반인반수의 케르빔 상(〈열왕기상〉 6:23-30, 일종의 스핑크스)에 대해서도 말할 수 있을 것이다. 예보로암은 어디까지나 '이집트 탈출의 신'을 위해 그러한 성소를 지은 것이고(〈열왕기상〉 12:28b), 금송아지는 우상이 아니라, (오리엔트 세계에서 선호하던 양식에 기반한) 눈에 보이지 않는 신을 등에 태운 성수聖獸를 표현한 것으로 생각된다.

그러나 이 행위는 후대의 역사가에 의해 야훼에 대한 이스라엘의 배교背敎의 상징으로 간주되기에 이른다(〈열왕기상〉 12:30 등, 또한 〈호세아〉 10:5, 13:2도 참조). 또한 그 뒤 예로보암은 우선 요르단 동안의 프누엘(〈열왕기상〉 12:25b, 뒤에 서술할 이집트 왕 셰숀크의 원정과 관계가 있을까?), 뒤이어 세켐 북동부의 티르차(〈열왕기상〉 14:17)로 천도를 거듭했던 것 같다.

왕국 분열 후의 유다 왕국과 이집트 왕 셰숀크의 원정

북왕국(이스라엘) 왕 예로보암과 남왕국(유다) 왕 르하브암 치세에, 남북 양 왕국의 국경에서의 분쟁이 빈발했다(〈열왕기상〉 14:30, 또한 12:21도 참조). 그 무렵(기원전 925년경) 이집트 제22왕조(리비아인 왕조)의 창시자 셰숀크 1세(시삭)가 팔레스티나에 원정을 왔다. 유다 왕국의 왕 르하브암은 막대한 공물을 바치고 가까스로 예루살렘이 정복당하는 것을 모면했다고 한다(〈열왕기상〉 14:25-26).

이 원정의 역사성은 테베 카르나크의 암몬 신전의 벽에 새겨진 셰숀크 자신의 원정 기념 비문에 의해 뒷받침되고 있다. 거기에는 팔레스티나 지방의 약 510개 마을의 이름이 정복된 땅으로 기록되어 있는데 그 대부분은 북왕국에 속하는 지명이어서, 이 원정이 예로보암의 왕국에도 커다란 피해를 끼쳤다는 사실을 알 수 있다(또한 예루살렘이라는 이름은 그 비문에는 나오지 않는다). 이 사실은 예로보암이 이전에 이집트(아마도 셰숀크 자신 밑으로)로 망명했었다는 사실(〈열왕기상〉 11:40)과 어우러져 이 원정의 의도에 관해 다양한 억측을 낳고 있다.

또한 〈역대기〉에는 르하브암이 유다 남부의 각지에 요새를 건설했다고 전해지는데(〈역대기하〉 11:5-12), 이것은 고고학적 조사에 의해 부분적으로 뒷받침되고 있는 사실이다. 그러나 이 요새 건설이 셰숀크의 원정 전에 이루어졌는지, 아니면 원정 체험을 바탕으로 그 뒤에 이루어진 것인지는 확실치 않다.

왕국 분열에 의해 이스라엘과 유다는, 시리아·팔레스티나를 지배하던 패자에서 단순한 두 개의 군소 국가로 전락하고 말았다. 그 뒤 두 나라는 얼마 동안 국경(특히 양국의 경계에 위치한 벤야민 지방)을 둘러싸고 소규모 분쟁을 되풀이하는데, 이윽고 북방에서 온 아람인의 진출로 위협을 받게 된다.

남(유다)왕국에서 르하브암의 왕위를 이은 자식 아비얌(재위 기원전910-908, 〈역대기〉에는 '아비야')은 단명했지만, 그는 북왕국의 왕 예로보암에 대한 부왕父王의 싸움을 속행했다(〈열왕기상〉 15:7). 〈열왕기상〉 15:19을 보면, 그 무렵 아비얌이 일찌감치 북쪽의 아람인과 동맹을 맺고 있었다는 것을 추측할 수 있다. 또한 아비야(얌)가 베텔이나 에프론을 탈환했다고 하는 〈역대기〉의 기술(〈역대기하〉 13:3-19)의 역사적 신빙성은 희박하다.

북왕국에서의 왕조 교체의 빈발

북왕국에서는 분열 후 초대 왕 예로보암이 죽자 그 자식 나답(재위 기원전 907-906)이 왕위를 이었지만 즉위 이듬해에 일찌감치 이사카르 족 바아사(재위 기원전 906-883)의 쿠데타에 의해 쓰러지고, 바아사는 예로보암 일족을 모조리 죽였다(〈열왕기상〉 15:27-29). 말할 것도 없이 정통적인 계승자를 등에 업은 반대 세력의 대두를 방지하기 위해서였다. 이것은 그 뒤 북왕국에서 몇 번에 걸쳐 되풀이되는 피비린내 나는 왕조 교체

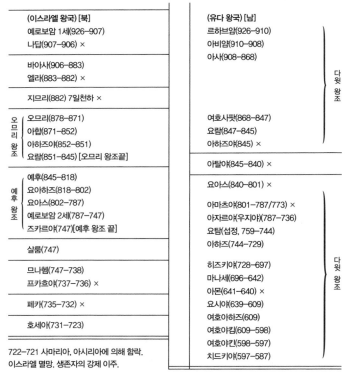

(이스라엘 통일 왕국)
사울 (1012–1004)

다윗(1004–965)
솔로몬(965–926)

(이스라엘 왕국) [북]	(유다 왕국) [남]
예로보암 1세(926–907) 나답(907–906) ×	르하브암(926–910) 아비얌(910–908) 아사(908–868)
바아사(906–883) 엘라(883–882) ×	
지므리(882) 7일천하 ×	
오므리 왕조 { 오므리(878–871) 아합(871–852) 아하즈야(852–851) 요람(851–845) [오므리 왕조끝]	여호사팟(868–847) 요람(847–845) 아하즈야(845) ×
	아탈야(845–840) ×
예후 왕조 { 예후(845–818) 요아하즈(818–802) 요아스(802–787) 예로보암 2세(787–747) 즈카르야(747)[예후 왕조 끝]	요아스(840–801) ×
	아마츠야(801–787/773) × 아자르야(우지야)(787–736) 요탐(섭정, 759–744) 아하즈(744–729)
살룸(747)	
므나헴(747–738) 프카흐야(737–736) ×	히즈키야(728–697) 마나세(696–642) 아몬(641–640) × 요시야(639–609) 여호아하즈(609) 여호야킴(609–598) 여호야킨(598–597) 치드키야(597–587)
페카(735–732) ×	
호세아(731–723)	

722–721 사마리아, 아시리아에 의해 함락.
이스라엘 멸망. 생존자의 강제 이주.

다윗 왕조

다윗 왕조

587–586 예루살렘, 바빌로니아에 의해 함락.
유다왕국 멸망. 신전 파괴. 바빌론 포로 생활.

– 연대는 재위 기간
– 선은 왕조 교체를 가리킴.
– ×표시는 쿠데타로 실각한 왕 혹은 암살된 왕을 가리킴.

[계보도2] 이스라엘과 유다의 역대 왕들

의 서막이었다. 남왕국에서는 뒤에 서술할 아탈야에 의한 왕위 찬탈이 유일한 예외이고 국가 멸망에 이를 때까지 다윗 왕조의 지배가 일관되게 유지되었던 것에 비해, 북왕국에서는 왕권이 극히 불안정해서 군사적 쿠데타에 의한 왕조 교체가 빈발했다는 것이 특징적이다. 북왕국에서는 19명의 왕 중에 8명이 암살되거나 자살로 몰렸고, 9명이 쿠데타로 왕위를 찬탈했다 3대 이상으로 이어진 '왕조'를 형성한 것은 오므리 가와 예후 가 두 개뿐이었다.

이렇게 북왕국에서 왕권이 불안정했던 원인에 관해서는 연구자들 사이에 다양한 논의가 있다. 일부 학자들은 거기에서 판관 시대의 카리스마적인 지도자의 전통의 흔적을 찾으려고 한다. 또한 북왕국에서는 남왕국보다도 이스라엘계 주민과 가나안계 주민의 대립이 극심해서 그것이 정치적인 불안정의 한 가지 요인이 되었다는 것은 확실하다. 그러나 남왕조에서는 앞에서 얘기했듯이, 아마도 다윗, 솔로몬 시대부터 종교적 왕권 이데올로기가 발전해서 그것이 다윗 왕조의 안정을 지탱한 커다란 기반이 된 것에 비해 북왕국에서는 왕들이 그러한 형태로 왕권을 종교적으로 절대화할 수 없었다는(또는 그러한 조작을 허용하지 않는 종교적인 전통이나 전통과 토양이 존재했다는) 사실이 북왕국에서의 왕권과 정치가 불안정했던 한 가지 요인이 되었다는 것은 의심의 여지가 없다. 북왕국에서는, 종교적 지도자가 왕권을 지지하는 쪽이 아니라, 오히려 ― 예언자들의 활동에서 보이듯이— 기존의 왕조를 타도하는 쪽에 섰던 것이다. 어찌됐든 북왕국 사람들한테 왕권은 상대적인 의미밖에 없었다(〈호세아〉 8:4 참조)

유다의 아사 왕

남왕국에서는 아비얌의 뒤를 이어 그 자식(〈열왕기상〉 15:8) 내지 그 동생(〈열왕기상〉 15:2, 10을 참조)인 아사(재위 기원전 907-868)가 즉위했다. 아사는 일종의 종교 개혁을 단행해, 예루살렘 신전에서 이교異教적 요소를 배제했다고 전해지지만 (〈열왕기상〉 15:11-15), 그 기술에는 후대의 편집자(뒤에 서술할 신명기 사가)의 관심이 짙게 나타나 있어서, 거기에 역사적인 핵이 포함되어 있는지 아닌지에 대해서는 찬반양론이 엇갈리고 있다. 〈역대기〉에만 전해지고 있는 '에티오피아인 제라'와의 전투에 관한 기사(〈역대기하〉 14:8-14)의 역사적 배경은 더욱 모호하다. 이집트 측의 사료에는 이와 관련한 정보는 전혀 남아 있지 않다.

아사의 치세에서 역사적으로 확실한 가장 중요한 사건은 북왕국의 왕 바아사와의 전투이다. 바아사는 명백하게 다마스쿠스의 아람 왕 벤 하닷과 동맹을 맺어(〈열왕기상〉 15:19b 참조) 후방의 안전을 확보해 놓고, 예루살렘 북방으로 불과 8킬로미터에 있는 벤야민 족의 마을 라마에 요새를 지었다. 이것이 단순히 시위를 위한 것이었는지 아니면 남왕국 침략의 거점으로 삼기 위한 것이었는지는 명확하지 않다.

　이에 대해 아사는 다마스쿠스의 벤 하닷에게 신전의 보물에서 막대한 양의 선물(히브리어로는 '뇌물')을 보내, 이스라엘과의 동맹을 파기하고 유다와 동맹을 맺을 것을 획책했다. 벤 하닷은 유다의 제안을 받아들여 북방에서부터 갈릴래아로 침입했다. 바아사는 어쩔 수 없이 건설 중이던 라마를 방치하고 여기에 응전할 수밖에 없었다. 이 기회를 틈타 아사는 남쪽에서 벤야민 땅으로 쳐들어가, 바아사가 라마에 방치해 놓은 건축 자재를 이용해 게바와 미츠파에 요새를 건설했다(《열왕기상》 15:16-22). 이렇게 해서 아사는 예루살렘 북방 벤야민 족의 땅에 북왕국에 대한 안전지대를 확보했고 그 이후 게바는 '게바에서 브에르 세바에 이르기까지'(《열왕기하》 23:8 등)라는 어구에서 보이듯이 남왕국의 북방 경계선을 가리키게 되었다.

제2절 **북왕국의 오므리 왕조**

북왕국에서의 지므리의 쿠데타와 오므리의 즉위

북왕국에서는 바아사를 그의 자식 엘라(재위 기원전 883-882)가 이었다. 그러나 그는 즉위 후 얼마 안 있어 '전차대 절반을 지휘하는' 지므리라는 자에게 암살되고 만다(〈열왕기상〉16:8-10). 그러나 지므리의 쿠데타는 개인적인 야심으로 일어난 것에 지나지 않아 민중의 지지 기반을 갖지 못했기 때문에 그는 곧바로 티르차에서 포위되어 불과 7일 후에 스스로 왕궁에 불을 지르고 죽었다(〈열왕기상〉16:15-18). 후계자를 둘러싸고 백성의 의견이 나뉘어 아마도 4년 동안의(〈열왕기상〉16:15와 15:23을 비교할 것) 내전 상태에 돌입했지만 결국 군사령관인 오므리를 지지하는 다수파가 소수파를 압도해, 티브니는 죽고(암살?) 오므리가 왕이 되었다(〈열왕기상〉16:21-22).

오므리(재위 기원전 878-871)는 다른 이스라엘의 왕들과는 다르게 태생도 아버지의 이름도 알려져 있지 않다. 순수 혈통의 이스라엘인이 아니었을 가능성도 있다. 그럼에도 불구하고 오므리는 비교적 안정된 왕조(오므리 왕조, 기원전 878-845)를 수립한 북왕국 최초의 왕이었다. 오므리는 그때까지 남왕국과의 대결 자세를 바꿔 공존공영을 추구하는 노선으로 전환했던 듯하다. 남북 양 왕국의 협조 관계는 오므리의 자식 아합의 시대에는 오므리의 손녀 아탈야와 유다의 왕자 요람의 정략결혼에 의해 한층 더 강화되었다.

오므리는 또한 북쪽의 페니키아인의 도시국가 티루스와도 동맹을 맺어 티루스 왕(〈열왕기상〉 16:31의 '시돈'은 이 경우 페니키아 전체를 가리킨다) 엣바알의 딸 이제벨을 자식인 아합의 아내로 맞이했다. 이러한 외교 정책이 바아사 시대의 쓰디쓴 체험에 바탕한 아람인 대책이었다는 것은 충분히 있을 법한 사실이다. 또한 성서에는 그에 관한 기술이 없지만, 뒤에 서술할 모압 왕 메샤의 비문에는, 오므리가 필시 왕국 분열 후의 혼란을 틈타 이스라엘의 영향권에서 이탈해 있던 모압을 재정복했다는 사실을 알 수 있다. 이것은 아라비아 방면과의 중요한 교통로인 '왕의 길'을 이스라엘이 다시 한 번 수중에 넣었다는 것을 의미하며, 이스라엘의 경제 발전에도 커다란 의미를 지닌다.

사마리아 천도

내정면에서 오므리는 그때까지의 왕도王都 티르차를 포기하고 새로운 도시 사마리아를 건설했다. 티르차가 앞에서 보았듯이 지므리의 방화에 의해 파괴되었다는 것도 있지만, 오므리는 오히려 그때까지 이스라엘계 주민의 도시도 가나안계 주민의 도시도 아닌 새로운 왕도를 건설함으로써, 두 주민들 사이의 균형을 유지하려 했을 것이다. 사마리아가 페니키아와의 중요한 교역로에 가깝다고 하는 경제적 고려도 크게 작용했을 것이다.

오므리에 관한 성서의 기술은 극히 적지만(〈열왕기상〉 16:23-27), 오므리가 이스라엘 중흥의 시조로서 상당이 유능한 왕이었고, 북왕국의 국력 증대에 중요한 역할을 했다는 것은 그 이후 아시리아 문서에 (북)이스라엘 왕국이(얄궂게도 오므리 왕조를 쓰러뜨린 예후 왕조도 포함해) '오므리의 집Bit-Humria'으로 계속해서 불렸던 것에 나타나 있다.

이스라엘 왕 아합

오므리의 자식 아합(재위 기원전 871-852)은 여러 가지 점에서 부왕의 정책을 계승하고 그것들을 한층 더 강력하게 추진했다. 아합은 티루스 출신의 아내 이제벨과의 결혼을 통해 페니키아인과의 동맹관계를 유지하고, 자신의 딸(〈열왕기하〉 8:18, 〈역대기하〉 21:6) 내지 여동생(〈열왕기하〉 8:26, 〈역대기하〉 22:2)이었던 아탈야를 유다 왕국의 왕자 요람에게 시집 보내 남왕국과의 종래의 긴장 관계에 종지부를 찍고 협력 관계와 동맹을 굳건히 했다(〈열왕기상〉 22:45). 아합은 풍요의 신 바알 숭배를 진흥했다고 전해지지만(〈열왕기상〉 16:31-32), 이것은 아마도 이스라엘계 주민과 가나안계 주민의 균형을 중시한 오므리 왕조의 가나안인에 대한 영합 정책의 한 부분이었다고 생각된다. 여기에서 말하는 바알 숭배란, 아합의 아내 이제벨이 모국에서 가지고 온 티루스의 신 메르카르토 숭배가 가나안 토착의 바알 숭배와 결합한 것으로 보이는데, 이윽고 이스라엘계 주민들한테도 침투해 이스라엘 고유의 야훼 숭배를 위협하게 된다.

이러한 경향에 대해서는, 예언자 엘리야를 중심으로 하는 야훼 종교에 충실한 사람들이 저항했지만(〈열왕기상〉 18:16-40), 그들은 이제벨로부터 박해를 받았던 것 같다(〈열왕기상〉 18:4, 19:10 참조). 다만 아합 자신이 적극적으로 야훼 숭배를 포기하고 바알 숭배에 전념했는지의 여부는 의심스럽다. 그의 자식들(아하즈야, 요람)은 전부 어엿한 야훼계 이름을 가졌기 때문이다.

아합은 부왕인 오므리가 건설한 사마리아를 확장해서 견고한 케스메토 성벽(사이에 공간이 있는 이중벽으로 된 성벽)과 멋진 상아 세공으로 장식된 호화로운 왕궁을 조영한 것 외에도, 메기도나 이즈레엘, 하초르 등 다른 곳에서도 활발한 건축 사업을 벌였다(《열왕기상》 2:39). 이러한 장소들에서는, 이 시대에 유래하는 대규모의 요새 건축이 발견되고 있다. 이러한 사실은 오므리부터 아합 시대에 걸쳐 이스라엘 북왕국이 경제적으로 상당한 번영을 누렸다는 것을 말해준다. 여기에는 앞에서 언급한 페니키아인과의 동맹, 협력 관계가 무역 등에서 중요한 역할을 했을 것이다.

또한 《열왕기상》 22:39에는 아합이 지은 '상아의 집'에 관한 언급이 있는데, 실제로 사마리아의 왕궁 터나 주변의 마을들에서는(페니키아가 제작한 것이라고 생각되는) 정교한 상아 세공 장식 공예품이 발견되고 있다(《아모스》 3:15, 6:4도 참조).

카르카르의 전투

아합의 시대에, 이스라엘은 오리엔트의 보다 큰 정치 구조의 역학 속으로 말려 들어간다. 티그리스 강 상류를 본거지로 하는 대국 아시리아의 샬마네세르 3세(재위 기원전 858-824)가 대군을 이끌고 시리아 지방에 몇 차례에 걸쳐 원정을 했기 때문이다. 아시리아의 진출에 대항하기 위해 시리아·팔레스티나의 여러 국가는 반 아시리아 동맹을 결성해 이것을 격퇴하려고 했다. 이스라엘의 아합도 이 동맹에 참가했다.

샬마네세르의 연대기에 의하면, 기원전 853년에는 북 시리아의 오론테스 강변의 카르카르에서 시리아·팔레스티나·페니키아의 12개국 동맹군이 아시리아와 본격적으로 충돌했다.

그때 동맹의 중심이 된 것은 같은 연대기에 의하면 '다마스쿠스의 왕 아다드이드르(하다데제르), 하마트의 왕 이르훌레니, 및 이스라엘 왕 아합'이었다. 아합은 이 전투에 2천 대의 전차대와 1만의 보병을 파병했다고 한다. 이것은 반反아시리아 동맹국 중에서도 최대 규모의 파병이고, 아합이 이 지방에서 가장 유력한 왕의 한 사람이었음을 시사하고 있다.

살마네세르는 적군 7만 중에 1만 4천 명을 죽이는 대승리를 거뒀다고 자랑했지만 결정적인 승리는 얻지 못했던 것으로 보인다. 이 지방의 여러 국가들은 저항을 계속했고, 살마네세르는 그 뒤에도 여러 차례 시리아 원정을 거듭하지 않으면 안 되었기 때문이다. 또한 구약성서는 이 당시의 '세계사적 사건' 카르카르 전투에 관해 완전히 침묵하고 있다. 아마도 〈열왕기〉의 편집자였을 신명기 사가에게는 이스라엘을 종교적(〈열왕기상〉 18장), 도덕적(〈열왕기상〉 21장) 퇴폐로 이끈 '악역'으로서 아합을 그리는 것 외에는 관심이 없었을 것이다.

이에 비해 구약성서는, 아합의 시대에 다마스쿠스의 아람인과 이스라엘인 간에 격렬한 전투가 거듭되었고, 아합이 그 전투 중에 전사했다고 말하지만(〈열왕기상〉 20장, 22장), 적지 않은 연구자는 그러한 이야기의 역사적 신빙성을 의심하고 있다. 그런 기사 속에 아합의 이름은 단편적으로밖에는 나타나지 않으며, 다른 부분에서는 익명의 '이스라엘의 왕'으로밖에는 표현되지 않기 때문이다. 이 사건이 애초에는 아합의 자식 요람이나 예후 왕조의 요아하즈의 시대의 대 아람 전쟁과 관계있다고 보는 견해도 있다. 보다 확실한 것은 앞에서 서술했듯이 적어도 아합 치세의 말기에 이스라엘과 아람인이 살마네세르 3세가 이끄는 아시리아의 서진西進에 대항하는 동맹관계였다는 사실이다.

유다의 왕 여호사팟

남왕국에서 아합과 동시대의 사람은, 아사의 자식 여호사팟(재위 기원전 868-847)이다. 여호사팟은 북왕국과의 화평(〈열왕기상〉 22:45)을 배경으로, 솔로몬 시대에 잃어버렸던 에돔에 대한 지배권을 되찾으려 해, 실제 적어도 그 일부분을 점령해 총독이 통치하게 하는 데 성공한 것 같다(〈열왕기상〉 22:48). 이것은 말할 것도 없이 아카바 만으로 가는 길을 확보하기 위해서였다. 여호사팟은 솔로몬 이래 끊어져 있던 오피르(아프리카의 소말리아?)와의 해상교역을 재개하기 위한 선단을 에치온 게베르에서 조직했지만, 이 시도는 배가 난파되어 실패했다(〈열왕기상〉 22:49). 이것은 티루스와의 동맹에 의해 풍요로워진 북왕국의 경제력에 대항하기 위해서였을지도 모른다. 〈열왕기상〉 22:50에 의하면, 여호사팟은 이 사업에 참가를 신청한 북왕국의 왕 아하즈야의 희망을 물리치고 있기 때문이다(다만 〈역대기하〉 20:35-37의 반대되는 내용의 기술도 참조).

다만 여호사팟이 이스라엘 왕 요람의 모압 원정에 참가했다고 한 것은(《열왕기하》 3장), 당시 양국의 동맹관계(뒤에 서술할 유다의 왕자 요람과 북왕국의 왕녀 아탈야의 정략결혼 참조)를 볼 때 있을 수 있는 일이다. 그러나 그가 아합의 아람인과의 전투에도 참가했다고 하는 성서의 기술(《열왕기상》 22장)의 역사성에는 앞서 말했듯이 의문의 여지가 있다. 〈역대기〉는 여호사팟의 업적을 지극히 과장해서 묘사하고 있는데(《역대기하》 17-20장), 여호사팟이 여러 건축 사업을 벌인 일이나, 그가 어떠한 형태로 사법 제도를 개혁했다는 하는 기사(《역대기하》 17:7-9, 19:5-11)는 무언가 역사적인 핵을 포함하고 있는 것으로 생각된다.

유다 왕 요람과 이스라엘 왕 아하즈야

유다 왕국의 여호사팟의 후계자 요람(재위 기원전 847-845)은 왕자였을 무렵 부왕의 동맹 정책에 의해 북왕국의 왕녀 아탈야와 정략결혼을 했지만(《열왕기하》 8:18, 26), 그 자신은 무능하고 단명한 지배자에 지나지 않았다. 이 시기 이후, 아마도 아탈야의 영향으로, 예루살렘에도 북왕국의 바알 숭배 성소가 세워지게 되었다(《열왕기하》 11:18 참조). 요람의 치세에는 남쪽에서 에돔이 다시 이반했다(《열왕기하》 8:20-22).

북왕국에서는 아합의 뒤를 그의 자식 아하즈야(재위 기원전 852-851)가 이었지만, 그는 옥상에서 떨어져, 필시 그 후유증에서 회복하지 못하고 이듬해에 죽었다(《열왕기하》 1:2-17). 그를 대신해 왕이 된 것은 아하즈야의 동생 요람이었다. 또한 이 시기에는 남북 양 왕국에서 몇 명의 이름이 같은 왕이 등장하고, 게다가 정략결혼에 의해 두 왕조가 맺어져 있었기 때문에 자못 그 계보가 복잡하다.

제3절 **예후의 난과 아탈야의 왕위 찬탈**

이스라엘 왕 요람

　북왕국의 요람(재위 기원전851-845) 시대에는 아시리아의 위협이 일시적으로 멀어졌기 때문에 다마스쿠스의 아람인 왕 벤하닷(하다드에젤?)이 남진을 개시했다. 이것은 명백히 메소포타미아와의 교역로에 대한 지배권을 확보하기 위해서였다. 일시적으로는 사마리아까지도 포위되었던 것 같다(〈열왕기하〉 6:24-25). 앞에서 보았듯이 〈열왕기상〉 20, 22장의 대 아람 전쟁에 대한 기술은 원래는 이 시대와 관계있었을지 모른다.

　이러한 혼란과 이스라엘의 약체화를 비집고서, 요르단 강 동안에서는 일찍이 오므리가 정복했던 모압인이 메사의 지도 하에 반기를 들었다(〈열왕기하〉 3:4-5). 이 반란과 관계된 사료로는 모압 왕 메사 자신의 비문이 남아 있다(루브르 미술관 소

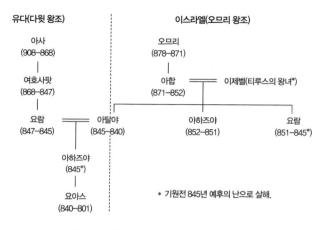

유다(다윗 왕조)

아사
(908-868)
|
여호사팟
(868-847)
|
요람 ══ 아탈야
(847-845)　(845-840)
|
아하즈야
(845*)
|
요아스
(840-801)

이스라엘(오므리 왕조)

오므리
(878-871)
|
아합 ══ 이제벨(티루스의 왕녀*)
(871-852)
|
아하즈야　　　　　요람
(852-851)　　　　(851-845*)

* 기원전 845년 예후의 난으로 살해.

[계보도3] 오므리 왕조와 유다 왕국의 관계

장). 요람은(앞에서 말했듯이 유다 왕 여호사팟의 원조를 받아?) 이 반란을 진압하려 했지만 진압에 실패했다(〈열왕기하〉 3장).

예후의 반란과 오므리 왕조의 멸망

아합의 죽음과 아람인의 공격에 의한 이스라엘의 약체화는 국내에도 커다란 혼란을 불러왔다. 기원전 845년에 북왕국의 요람은 벤 하닷에 이어 아람인의 왕이 된 하자엘과의 라모트 길앗을 두고 벌어진 전투에서 부상을 입고 이즈레엘에서 정양을 하고 있었는데(〈열왕기하〉 8:28-29), 이 기회를 노려 군의 지휘관이었던 예후가 쿠데타를 일으킨 것이었다. 예언자 엘리야가 예후를 왕으로 지명해 이 반란을 교사했다고 하는 전승(〈열왕기하〉 9:1-10)이나, 보수적인 야훼주의자인 레캅인(〈예레미야〉 35:1-19 참조)이 반란군에 가담했다고 하는 기사(〈열왕기하〉 10:15-16), 나아가 예후가 실권을 장악한 뒤, 바알 숭배자들을 대량 학살했다고 하는 기사(〈열왕기하〉 10:18-28)에는, 이 반란이 동시에 오므리 왕조의 바알 숭배 허용에 반발한 야훼주의자의 종교 혁명이기도 하며, 가나안계 주민과 이스라엘계 주민 간에 균형을 유지하려 했던 오므리 왕조의 정책에 대해 순수 이스라엘계 주민이 거둔 승리이기도 했다는 게 시사되어 있다.

쿠데타에 성공한 예후는, 이즈레엘에 있던 요람과 왕의 어머니로서 당시 아직 영향력을 지니고 있던 이제벨을 죽이고 (〈열왕기하〉 9:17-37), 나아가 오므리 가의 일족을 모두 죽였다 (〈열왕기하〉 10:1-17). 그때에, 아마도 아람인에 맞서는 동맹자로서 요람과 함께 있던 유다의 왕 아하즈야도 휘말려 살해당했다(〈열왕기하〉 9:27-29). 유다의 다윗 왕가로 시집 간 아탈야의 자식이었던 아하즈야는, 오므리 왕가의 피를 이은 인물이기도 했기 때문일 것이다. 이렇게 해서 북왕국 최초의 본격적인 왕조인 오므리 왕조의 지배는 약 30년 만에 끝났다.

텔단 비문

또한 오므리 왕조의 종언과 예후의 반란과 연관해서, 최근 지극히 흥미로운 발견이 있어 학계를 뜨거운 토론의 장이 되게 했으므로 덧붙여 놓는다.

1993년과 1994년에 이스라엘 북부의 텔단 발굴에서, 아람어로 쓰인 석비의 조각이 두 개 발견되었다. 이 석비는 파괴된 후에 재이용된 것으로서 보존 상태가 안 좋았지만 판독 가능한 몇 줄에는 다음과 같이 쓰여 있었다.

[나는] 이스라엘의 왕[아합의] 아들 [요]람을 죽이고, 또한 다윗 가의 왕[요람의]자 [아하즈]야를 죽였다. 그리고 나는[그들의 마을들을 폐허로 만들고] 그들의 국토를 황폐하게 했다.

서체학적으로 기원전 9세기 후반의 것으로 판정된 이 석비의 건립자의 이름은 유감스럽게도 남아 있지 않지만, 이스라엘과 유다를 공격했던 아람 왕이라는 것은 명백하고, 하자엘이었을 가능성이 높다. 그러나 여기에서 그는 이스라엘 왕 요람과 유다 왕 아하즈야의 살해를 자기 자신의 공적으로서 자랑하고 있다. 이것은 무엇을 의미하는 걸까. 한 가지 가능성은, 비문이 하자엘의 공적을 과장하고 있다는 것이다. 즉, 이스라엘의 요람은 하자엘과의 전투에서 죽지 않고 〈열왕기〉에 있는 대로 부상을 당했을 뿐이지만, 그 뒤 그와 유다 왕 아하즈야가 예후의 반란 때 죽은 것을 하자엘이 멋대로 자신의 무훈으로 자랑하고 있다는 것이다.

두 번째 가능성으로는, 하자엘이 배후에서 예후의 반란을 지원해, 여기에서 예후를 자신의 대행자로 간주하고 있었다고 생각할 수 있다. 구약성서에서 하자엘과 예후 쌍방의 권력 장악에 예언자 엘리야 내지 엘리사가 관여했다고 되어 있는 것은 어떠한 형태로든 이 사실과 관련되어 있을지도 모른다(〈열왕기상〉 19:15-17, 〈열왕기하〉 8:7-13 참조). 이 경우에는 예후는 요람 측으로부터 하자엘 쪽으로 배신한 게 될 것이다.

세 번째 가능성은 요람과 아하즈야는 비문에 쓰인 대로 하자엘과의 전투에서 죽었고, 그때의 혼란을 틈타서 일개 장군에 지나지 않는 예후가 왕위를 잡았지만, 그것을 정당화하기 위해 현재 〈열왕기〉에 전해지는 것 같은 이야기가 만들어졌다는 것이다. 그 경우에는 이른바 '예후의 반란'은 역사적 사실이 아니라 픽션이 된다. 그 밖에도 여러 다양한 설이 제기되고 있지만, 진상은 지금도 수수께끼에 싸여 있다고 말할 수밖에 없다. 또한 이 비문이 '다윗의 집안'이라는 표현을 통해 유다 왕국의 왕조 창시자로서 다윗의 실재를 처음으로 뒷받침하는 것으로서 주목을 모은 것은, 통일왕국에 관해 기술할 때 살펴본 대로이다.

제4절 북왕국의 예후 왕조와 동시대의 유다 왕국

이스라엘 왕 예후

예후가 창시한 왕조는 오므리 왕조보다도 더 오랫동안 존속했지만(기원전 845-747), 그 치세는 적어도 전반기에는 결코 평온하지 않았다. 이스라엘 왕으로서의 예후(재위 기원전 845-818)가 어떠한 방식으로 통치했는지에 관해서는 거의 사료가 남아 있지 않다. 당연하게도, 오므리 왕조 시대의 남왕국 및 티루스와의 동맹관계는 단절되었고, 북왕국은 고립되지 않을 수 없었을 것이다. 이것은 북왕국으로서는 경제적으로 큰 타격이 되었을 게 틀림없다.

한편으로 아람인의 위협은, 아시리아의 샬마네세르 3세가 기원전 841년경에 재차(그로서는 네 번째의) 시리아 원정을 해 다마스쿠스를 공격했기 때문에 일시적으로 중단되었다. 이번

[사진1] 샬마네세르 3세 앞에 엎드려 있는 예후

에는 시리아·팔레스티나 제국諸國은 앞에서 말한 카르카르 전투 때처럼 견고한 동맹을 조직할 수 없었던 것 같다. 적어도 이스라엘과 아람은 명백히 대립 관계에 있었다. 샬마네세르는 그 연대기에, 아람인의 중심 국가였던 다마스쿠스의 왕 하자엘을 격파해 '1만 6천 명의 병사를 죽이고, 1121대의 전차와 470마리의 말을 빼앗았다'고 기록하고 있다. 이때 티루스, 시돈, 이스라엘의 예후 등은 자진하여 샬마네세르에게 복종하고 공물을 바쳤다. 칼후에서 발견된 샬마네세르 3세의 이른바 '검은 오벨리스크'(대영박물관 소장)의 부조에는, 예후가 샬마네세르 앞에 엎드려 있는 장면이 그려져 있는데, 이것은 이스라엘 왕의 모습을 그린 최초의 성서 외 도화圖畵 자료이다.

그러나 아시리아의 관심이 그 뒤 아시아 방면으로 향하자

하자엘은 태세를 정비해 주로 요르단 강 동안의 이스라엘 영토에 침입했다. 예후와 그 자식 여호아하즈(재위 기원전 818-802)의 시대에 북왕국은 바산부터 아르논 강까지의 영토를 잃었다(〈열왕기하〉 10:32-33). 여호아하즈의 시대에 북왕국은 아람인에 의해 무장 해제되어, 거의 아람의 속국과 같은 지위를 감수할 수밖에 없었던 것 같다(〈열왕기하〉 13:3, 7).

유다에서의 아탈야의 왕위 찬탈과 사제 여호야다의 반란

남왕국에서는 요람의 자식 아하즈야(재위 기원전 845)가 북왕국의 예후의 쿠데타에 휘말려 살해된 뒤에 그 어머니 아탈야가 왕위를 찬탈해 다윗 왕가의 남자를 전부 죽이려 했다. 아하즈야의 자식(아탈야 자신에게는 손자?)으로, 태어난 지 얼마 안 된 요아스만이 가까스로 목숨을 건져 사제들에 의해 신전 내에 숨어 지냈다(〈열왕기하〉 11:1-3). 원래 북왕국 오므리 가의 왕녀이고, 예후에 의해 오므리 가의 왕족 전부가 학살된 뒤에, 아마도 단 한 명의 생존자였을 아탈야는, 이제는 남왕국에 오므리 가의 왕권을 확립하려 했을 것이다. 실제로 그녀는 6년간 예루살렘에서 여왕으로 군림했는데(기원전 845-840), 이 6년간은 남왕국에서 다윗 왕조의 지배가 중단된 유일한 예외적 기간이었다.

요아스가 7세가 되었을 때, 대사제 여호야다를 중심으로 하는 신전의 사제들과 근위병들은, 이 다윗 왕조의 혈통을 이은 유일한 생존자인 소년을 앞세워 아탈야에 대한 쿠데타를 일으켜 그녀를 처형하고 요아스를 즉위시켰다. 동시에 예루살렘의 바알 성소도 파괴되었다(〈열왕기하〉 11:4-20). 이 사건은, 아마도 다윗, 솔로몬 시대 이래 다윗 왕권 이데올로기가 남왕국 사람들 속에 깊이 뿌리 내리고 있어서, 다윗 왕가 이외의 지배자 따위는 생각할 수도 없었을 정도였다는 것을 나타내고 있다(〈열왕기하〉 11:20 참조).

북왕국에서 빈발했던 왕조 교체를 위한 쿠데타와는 정반대로, 여호야다의 반란은 왕조를 지키기 위한 쿠데타였다. 동시에 주목할 만한 것은, 이 쿠데타와 다윗 왕조의 부흥과 연관해 '땅의 백성(암 하 아레츠)'이라고 불린 집단이 처음으로 등장해 일정한 역할을 맡은 것이다(〈열왕기하〉 11:18, 20). 그들은 아마도 예루살렘 이외의 유다 땅에 살던 자영농민으로, 남왕국 역사 후반에 중요한 역할을 맡게 된다.

유다 왕 요아스

유다 왕 요아스(재위 기원전 840-801)는 성인이 될 때까지 여호야다 사제의 영향하에 있었다. 여호야다는 아마도 섭정攝政 역할을 맡았을 것이다. 요아스가 널리 모금을 해 신전 개수改修 사업을 벌였다(〈열왕기하〉 12:5-17)고 하는 것도 그러한 사제층의 감화에 의한 신전 존중의 태도였을 것이다.

또한 최근(1996년 발표), 요아스('아슈야후') 왕에 의한 신전을 위한 헌금 호소가 기록된 도편陶片이 발견되어 이 사업의 사실성을 뒷받침하고 있다. 다만 기원전 814년경에는 다마스 쿠스의 하자엘이 유다에도 침입해, 필리스티아인의 도시 갓 을 빼앗고 예루살렘을 위협했기 때문에, 요아스는 신전의 보물 에서 막대한 공물을 바치지 않을 수 없었다고 한다(〈열왕기하〉 12:18-20). 〈역대기하〉 24:20-22에는, 요아스와 사제들의 대립 이 시사되어 있는데, 그것은 신전의 보물을 공물로 바친 것에 원인이 있을지도 모른다. 다만 요아스가 다시 이교異敎의 숭배 를 부흥시키고 이것에 항의한 사제를 학살했다고 하는 〈역대 기〉의 기술(〈역대기하〉 24:17-26)은 아마도 이 왕의 암살을 웅 보주의적으로 설명하려 한 〈역대기〉 저자의 창작일 것이고 역 사적 신빙성은 희박하다.

아람인의 쇠퇴와 이스라엘 왕 요아스

한편, 북왕국은 앞에서 살펴보았듯이, 오므리 왕조 말기부터 예후 왕조 전반에 걸쳐, 다마스쿠스에 수도를 둔 아람인 국가 의 침입이나 공격으로 고통을 받아왔는데, 기원전 9세기 말에 예상치 못한 사태로 인해 이 압박으로부터 해방되었다. 살마네 세르 3세의 손자인 아시리아의 왕 아다드니라리 3세(재위 기원 전 810-783)가 기원전 806년부터 802년에 걸쳐, 그리고 기원 전 796년에 두 번에 걸쳐 시리아 방면으로 원정을 벌여 다마 스쿠스를 정복했기 때문이었다. 북왕국에서 요아하즈의 뒤를 이은 요아스(재위 기원전 802-787)는 곧바로 아다드니라리 3세에게 조공하고 아시리아의 보호 밑으로 들어갔다.

이 기간의 사정은 구약성서에는 나와 있지 않은데, 1967년에 텔 엘 리마에서 출토된 아다드니라리 3세의 비문으로 확인할 수 있다. 또한 〈열왕기하〉 13:5에는, 요아하즈 시대에 이스라엘을 아람인의 위협으로부터 구했다고 하는 익명의 '한 사람의 구원자'에 관한 수수께끼 같은 언급이 있는데, 이것을 아다드니라리 3세를 시사하는 것으로 보는 연구자도 많다(한편 이것을 요아스 왕 자신, 내지 예언자 엘리사를 가리키는 것으로 보는 설도 있다). 요아스는 다마스쿠스가 아시리아에 패배한 것을 기화奇貨로, 세 번에 걸쳐 다마스쿠스를 공격해(〈열왕기하〉 13:18-19), 부왕 요아하즈가 잃은 영토의 대부분을 아람인으로부터 되찾았다(〈열왕기하〉 13:25). 이 전투는 엘리사를 비롯한 예언자들의 지지를 받았다(〈열왕기하〉 13:14-19). 그러나 그것은 동시에, 이스라엘을 속국으로 간주하고 있던 아시리아의 지지를 배경으로, 아람인을 약체화시키려던 아시리아의 정책의 일환으로서 벌어졌을 것이다.

유다 왕 아마츠야

북왕국의 요아스 즉위와 거의 같은 시기에, 남왕국에서는 동명의 요아스 왕이 신하에 의해 암살되고, 자식인 아마츠야(재위 기원전 801-787, 773년에 사망)가 왕위를 이었다(〈열왕기하〉 12:21-22). 애초에 아탈야의 타도 후에 민중의 지지에 의해 다윗의 왕좌에 오른 요아스가 왜 암살되었는지는 명확하지 않다. 덧붙이자면 그의 뒤를 이은 아마츠야 또한 나중에 암살당하는데(〈열왕기하〉 14:19-22), 북왕국에서는 암살이 반드시 왕조 교체로 이어진 데 비해, 두 경우 모두 남왕국에서는 다윗 왕조 지배 자체는 부동의 것이었고, 어디까지나 왕조 내부에서 다음 왕이 옹립되었다.

아마츠야는 아버지의 암살자들을 처형한 뒤(〈열왕기하〉 14:5-6), 남쪽의 에돔인을 공격하여 그 수도 셸라를 정복했다(〈열왕기하〉 14:7). 이것은 예전에 솔로몬이나 여호사팟이 그랬듯이, 홍해와 접한 에일랏과 에치온·게베르의 항구로 가는 길을 확보하기 위해서였다고 생각되는데, 아마츠야 자신의 시대에는 이 최종 목표는 달성할 수 없었던 것으로 보인다.

아마츠야는 에돔인에 대한 승리의 여세를 몰아 북왕국의 왕 요아스에게 도전했다. 〈역대기하〉 25:6-13에 의하면, 그 동기는 에돔 원정 참가를 아마츠야로부터 거부당한 북왕국의 용병들이 유다의 마을들을 황폐화시킨 것에 기인하는 듯하다. 그러나 〈열왕기하〉 14:9의 기묘한 말에 의하면, 아마츠야가 요청한 군사동맹(정략결혼 요구!)을 아시리아의 충실한 신하였던 요아스가 거부한 것과 연관된 것으로도 생각할 수 있다. 벳 세메스에서의 양군의 전투는 북왕국 측의 압도적인 승리로 끝났다. 아마츠야는 포로가 되었고, 예루살렘 성벽은 파괴되고, 신전의 보물은 전리품으로 빼앗겼다(〈열왕기하〉 14:8-14). 또한 이 사건은 남북 양 왕국의 전투에서 한쪽의 수도가 다른 한쪽에 의해 점령된 유일한 경우이다.

아마츠야가 언제 포로의 몸에서 풀려났는지는 확실치 않지만, 〈열왕기하〉 14:17에 의하면 아마츠야는 북왕국의 왕 요아스의 사후 15년이나 '오래 살았다(다만 '통치했다'고 쓰여 있지 않은 것에 주의)'. 아마도 아마츠야의 연행 뒤에 그 자식 아자르야가 유다의 백성에 의해 왕위에 앉혀졌을 것이다(〈열왕기하〉 14:21). 그 뒤 아마츠야는 유다로 귀환했지만, 기원전 773년에 라키슈(라기스)에서 부왕 요아스와 마찬가지로 암살되었다(〈열왕기하〉 14:19-20). 이것은 그가 왕위를 회복하려고 획책했기 때문인지도 모른다.

이스라엘 왕 예로보암 2세

기원전 787년에는 북왕국에서 예로보암 2세(재위 기원전 787-747, 예로보암 1세와 혈통 관계는 아님)가, 남왕국에서는 아자르야(재위 기원전 787-736)가 거의 동시에 즉위했다. 이 시대에는 다마스쿠스의 아람인 세력은 거의 해체되어 위협이 되지 않았고, 아시리아 자체도 국내의 분열로 인해 일시적으로 쇠퇴해 있었기 때문에, 왕국 분열 이후 남북 왕국으로서는 드문 평화의 시대를 맞이하게 되었다.

북왕국의 예로보암 2세는 부왕 요아스의 영토 회복 정책

을 더욱 강력히 추진해 '하맛 어귀에서 아라바의 바다(사해)에
이르기까지' 이스라엘의 영토를 되찾았다고 한다(〈열왕기하〉
14:25). 이것은 그가, 그때까지 아람인, 암몬인, 모압인에 의해
지배되고 있던 영토를 되찾았다는 것을 의미한다. 나아가 〈열
왕기하〉 14:28에는 그가 다마스쿠스나 하맛도 지배하기에 이
르렀다고 시사되어 있지만, 이 부분의 텍스트는 극히 모호하
다. 어찌됐든 이 시기의 이스라엘이 요르단 강 동안 지방으로
가는 루트('왕의 길')나 페니키아 여러 도시에서 내륙으로 향하
는 루트 등의 주요한 통상로를 지배했다는 것은 의심의 여지
가 없다. 이것은 교역이나 통행세를 통해 북왕국에 막대한 부
를 가져다주었다.

경제적 번영과 사회적 문제의 증대

예로보암 2세 치하의 이스라엘이 솔로몬 시대에 뒤지지 않
는 경제적 번영을 누렸다는 것은 사마리아에서 발굴된 이 시
대의 호화로운 궁전 터나, 왕실령으로부터 궁정으로 운반된
물품(주로 올리브유나 포도주)을 기록한 63점의 사마리아 오스
트라카(도편), 사마리아 상층 계급 사람들의 사치스러운 생활
상을 묘사한 예언자들의 말(〈아모스〉 4:1, 6:4-6, 〈호세아〉 8:14,
10:1-2 등)에서 추측할 수 있다. 그러나 이러한 경제적 번영으
로부터 이익을 얻는 것은 어차피 소수의 특권계급에 속한 사
람들뿐이다. 그리고 소수에 대한 부의 집중은, 왕국 시대 초기

이래 시작된 계급과 사회계층의 분리에 박차를 가해, 국민들 간에 빈부의 격차를 확대시켰다.

이것은, 예를 들어 한때 북왕국의 수도이기도 했던 티르차의 유적 등에서 육안으로 확인할 수 있는 형태로 입증되고 있다. 즉 거기에는, 다듬은 돌로 지어진 당당한 저택(〈아모스〉 5:11 등 참조)이 줄지어 서 있는 '고급 주택지'와 조악하고 작은 서민의 집이 밀집한 '빈민가'라고 부를 수밖에 없는 지역이 뚜렷이 구별되어 있다. 관리, 고위 군인, 대상인 등을 중심으로 하는 부유 계급 사람들은 그 경제력을 배경으로 대토지 소유를 추진했고, 농민의 다수는 몰락해서 농노화되었다.

주목할 것은, 이러한 외양의 번영과 사회적 모순의 증대 속에서, 이스라엘의 최초의 기술記述 예언자, 아모스와 호세아가 등장했다는 것이다. 그들은 한편으로는 강자에 의한 약자의 억압이나 부정이 횡행하는 세태를 고발했고, 다른 한편으로는 형해화形骸化한 예배나 이교적 요소의 만연을 규탄하면서, 신의 피하기 어려운 심판을 알렸다(〈아모스〉 4-5, 8장, 9:1-4, 〈호세아〉 4-5장, 7-8장, 10:1-8 등).

유다 왕 아자르야(우찌야)

남왕국의 왕 아자르야 역시 영토의 회복과 경제 발전에 온 힘을 쏟았다. 그는 엘랏을 요새화해서 유다에 복귀시켰다고 전하는데(〈열왕기하〉 14:22), 이것은 아자르야가 부왕 아마츠야가 이루지 못했던 에돔인 세력의 배제와 해상교역로 확보에 성공했다는 것을 나타낸다. 〈역대기〉에 의하면 아자르야는 서쪽의 필리스티아인이나 동쪽의 유목민, 아라비아인, 므운인들을 토벌했다고 하는데(〈역대기하〉 26:6-8), 이것은 말할 것도 없이 이집트 및 아라비아로 가는 통상로를 확보하기 위해서였을 것이다. 그는 또한 군사 기술이나 병제兵制를 개혁하고 방위 시설을 보강하고 농업이나 목축을 진흥했다(〈역대기하〉 26:9-15). 아자르야는 만년이 되어 제의祭儀적으로 부정 탔다고 여겨진 나병에 걸려 격리된 생활을 해야 했기 때문에 자식인 요탐(재위 기원전 759-744)이 섭정을 맡았다(〈열왕기하〉 15:5, 32-35). 엘랏 인근의 에치온·게베르에서는 요탐의 인장印章이 붙어 있는 반지가 발견되었다.

또한 아자르야의 만년은, 다음 장에서 자세히 살펴보겠지만, 아시리아가 티글라트필레세르 3세 치세에 태세를 정비해, 시리아·팔레스티나로 재진출한 시기와 겹치는데, 티글라트필레세르 3세의 원정비문에 언급되고 있는 반아시리아 세력의 한 사람 야우다Yaudaa의 왕 아즈리야우Azriyau가 유다 왕 아자르야라고 한다면, (예전 북왕국의 아합이 그러했던 것처럼) 북 시리아에서 벌어졌던 대對 아시리아 전투에 유다도 파병한 게 될 것이다. 이것은 있을 수 없는 일은 아니지만, 이것의 동정同定을 둘러싸고 연구자들 간에도 의견이 갈리고 있다.

아자르야 치하의 유다에서도, 눈부신 번영의 배후에 종교적,

사회적 퇴폐가 진행되고 있었다는 것은, 다음 시대의 예언자 이사야나 미카의 말에서 추측할 수 있다(〈이사야〉 1:10-17, 21-23, 3:16-26, 5:6-12, 〈미카〉 2:1-2, 3:1-12 등).

또한 유다 남부의 키르벳 엘 콤(헤브론 서쪽 약 14킬로미터)이나 시나이 사막의 대상隊商 중계지 쿤틸렛 아줄드(카디슈 남쪽 약 50킬로미터)에서 발견된, 서체학적으로 기원전 8세기경의 것으로 보이는 도편의 비문에는 '야훼와 그의 아셰라(여신의 이름)'에 대한 언급이 보여, 이 시대에는 적어도 서민 레벨에서는 다신교적 종교 형태가 확산되었다는 것을 입증하고 있다. 그러나 그것이 본래의 야훼 일신교적 신앙 형태로부터 '타락'을 표현한 것인지, 아니면 그러한 일신교적 관념이 확립되기 이전의 상황을 나타내는 것인지에 관해서는 종교사 연구자들 사이에서도 해석이 크게 엇갈리고 있다.

제6장 | 아시리아의 진출과 남북 양 왕국의 운명 (기원전 8세기 후반 - 7세기)

제1절 아시리아의 서방 진출

아시리아와 시리아·팔레스티나

기원전 8세기 전반에 이스라엘, 유다 두 왕국이 함께 유능한 왕 아래에서 표면상으로는 비교적 안정된 시대를 맞아, 경제적 번영까지 누리게 되었다는 것은 앞 장의 마지막 부분에서 살펴본 대로이다. 그러나 그러한 태평 시대는 오래 지속되지 않았다. 기원전 8세기 후반이 되면 메소포타미아 북방의 대국 아시리아의 서방 진출이 본격화되어, 그것이 그 뒤 두 왕국의 운명에 직접적으로 커다란 영향을 끼치게 된다.

이 시기의 북왕국에서는 왕권의 불안정이 다시 현재화하여, 또 한 번 피비린내 나는 쿠데타와 왕조 교체가 반복해서 일어나게 된다. 동시에 오리엔트 세계 전체의 권력 구조의 틀 속에서 보면, 동(북)쪽의 아시리아의 진출에 대항하려는 서(남)쪽의 이집트가 시리아·팔레스티나에 다양한 형태로 간섭을 시도해, 이스라엘과 유다는 이러한 두 초강국의 '이극 구조'의 틈에서 농락당하게 된다.

물론 아시리아의 서방에 대한 관심과 구체적인 군사 행동이 결코 이 시기에 시작된 것은 아니다. 기원전 9세기의 아슈르나시르팔 2세 이후 아시리아의 왕들은 때때로 시리아·팔레스티나 지방을 원정해, 지중해의 물로 검을 씻고 스스로를 '서방 세계의 왕'이라고 과시하기를 즐겼다. 기원전 9세기 말의 살마나세르 3세나 아다드니라리 3세의 서방 원정이 시리아(아람)나 (북)이스라엘 왕국에 커다란 영향을 끼쳤다는 것은 앞에서 본 대로이다.

그러나 그때까지의 아시리아 왕들이 때때로 시리아·페니키아 방면으로 원정을 했어도, 대부분의 경우 그 지역 국가들의 복종의 자세를 형식상으로 확인하고, 전리품이나 공물을 거둬 가는 것으로 만족하고 본국으로 돌아가는 것이 보통이었다. 이에 비해 티글라트필레세르 3세(재위 기원전 745-727)는 보다 '제국주의적'인 정책으로 전환해, 아시리아 국경 그 자체를 넓히는 것에 힘을 쏟았다. 즉 그는 복종한 국가는 속국으로서 지배하고, 저항하거나 반항을 되풀이하는 국가는 가차 없이 멸망시켜 속주로서 아시리아 본토에 편입시켜, 직접 아시리아인 총독이 통치하게 했다. 이스라엘이 걷게 된 길이 바로 후자의 운명이었으며, 그리고 유다가 선택한 것이 바로 전자의 길이었다.

티글라트필레세르 3세의 군제 개혁

티글라트필레세르 3세(별명 '풀', 구약성서에는 종종 이 약칭으로 언급된다. 〈열왕기하〉 15:19 등을 참조)는 아시리아의 군제를 크게 개혁해, 그때까지 주로 자유농민이나 노예에 의해 편성되어 있던 군대를 속주나 속국으로부터 모집해 훈련시킨 직업 군인에 의한 상비군으로 바꾸고, 종래 2인승의 여섯 개 바퀴를 지닌 전차에서 8개의 바퀴를 지닌 3인승 대형 전차로 바꾸었다. 또한 보병의 전투 장비와 공성 장비도 개량해서 이로 인해 아시리아는 강력한 군사력을 획득했다.

한편 티글라트필레세르 3세는 이전부터 아시리아가 때때로 행해왔던 반항적인 민족의 집단 이주 정책을 철저하게 시행해, 정복한 민족들을 사실상 서로 혼합시켜서 피정복민의 민족적 동일성을 해체시켜 반란의 가능성을 차단했다. 최근의 연구에 의하면 티글라트필레세르의 20년에 못 미치는 치세 동안 총 약 40회에 걸친 강제 이주가 이루어져, 각지에서 50만 명 이상의 인구가 이동했다고 한다. 다마스쿠스의 아람 왕국과 이스라엘 북왕국은 바로 이러한 정책의 희생이 되었다.

티글라트필레세르 3세의 서방 원정과
북왕국에서의 왕조 교체의 재발

티글라트필레세르는 우선, 당시 내란 상태였던 바빌로니아의 아람계 제 부족을 평정하고 남부와 동부의 국경을 확고히 했다. 이어서 눈을 서방으로 돌려, 기원전 743년부터 738년에 걸쳐 시리아 방면으로 여러 차례 원정을 해 아르파드, 하마, 사말 등의 아람계 국가들을 정복했다.

한편 북왕국의 태평성대는, 기원전 747년 예로보암 2세의 죽음과 함께 이미 종말을 고했다. 예로보암의 사후 그 자식인 즈카르야가 왕이 되지만, 그는 즉위 6개월 뒤 길앗 출신의 살룸이라는 자의 쿠데타로 쓰러진다. 이렇게 해서 약 백 년에 걸쳐 북왕국을 다스린 예후 왕조가 무너지고, 이스라엘에는 또 다시 피비린내 나는 왕위 찬탈극이 빈발하게 된다. 즉, 그 살룸 자신도 불과 1개월 후에 옛 수도 티르차를 거점으로 세력을 확대하던 므나헴에 의해 타도된다(〈열왕기하〉 15:8-15).

이 므나헴(재위 기원전 747-738)의 치세 말기에, 티글라트필레세르 3세가 이끄는 아시리아 군이 시리아·팔레스티나 지방으로 원정을 한다. 므나헴은 기원전 738년에 티글라트필레세르한테 공물을 바쳤는데, 므나헴은 그것을 위해 은을 토지 소유자들로부터 인두세人頭稅로 거뒀다고 전해진다(〈열왕기하〉 15:19-20). 이 조공은 티글라트필레세르의 비문에 의해서도 확인된다. 같은 시기에 주변 국가들, 즉 다마스쿠스의 르친, 티루스의 히람, 뷔블로스, 카르케미슈의 왕들, 아라비아의 여왕 자비베 등도 자진하여 티글라트필레세르에게 공손한 자세를 보이고 공납을 바쳤다.

므나헴의 뒤를 이은 자식인 프카흐야(재위 기원전 737-736)는 재위 2년째에 암살당하고, 암살자 페카가 왕위에 올랐다(〈열왕기하〉15:23-25). 이 왕권 교체는 이스라엘의 대 아시리아 정책에 결정적인 전환을 가져오게 된다.

또한 티글라트필레세르는 그 뒤 734년에도 페니키아와 필리스티아로 원정해(뒤에 서술할 아람 왕 르친을 중심으로 하는 반아시리아 동맹 결성과 관련이 있을까?), 가자를 정복하고 이집트, 아라비아 방면으로의 중요한 통상로를 확보했다. 이때 그는, 또 한 번 이집트의 입구인 와디 엘 알리슈에 석비를 세웠다. 이로써 아시리아의 지배 영역은, 명목상이긴 하지만 이집트와 직접 경계선을 맞닿게 되었다.

제2절 **시리아·에프라임 전쟁에서 북왕국의 멸망까지**

시리아·에프라임 전쟁과 그 결과

그런데 앞에서 언급한 페카(재위 기원전 735-732)의 쿠데타
가 므나헴 왕조의 친아시리아 정책에 대한 반발을 주요한 동
기로 해서 일어났다는 것은, 페카가 곧바로 다마스쿠스를 수도
로 하는 아람 왕 르친과 손을 잡고 반아시리아 동맹의 결성을
시도했다는 사실에서 엿볼 수 있다. 페카의 쿠데타가 애초에
르친의 지원을 받았을 가능성도 충분히 있을 수 있다. 페카와
르친은 남왕국 유다도 이 동맹에 참가시키려고 움직였다.

당시 남왕국의 왕은 요탐의 자식 아하즈(재위 기원전 744-
729)였다. 아하즈는 병상에 누워 있던 조부 아자르야의 생존
중에, 일찍 죽은 아버지 요탐의 뒤를 이어 기원전 744년부터
섭정을 맡고, 기원전 736년 아자르야의 죽음과 함께 정식으로

왕위에 올랐던 것으로 보인다. 아하즈가 반아시리아 동맹 가입을 거부 내지는 주저했기 때문에, 기원전 734년에 르친과 페카는 아하즈를 폐위하고 벤 타브알이란 인물을 꼭두각시 왕으로 앉히려고(〈이사야〉 7:6 참조) 남왕국을 공격해서 아하즈를 예루살렘에서 포위했다(〈열왕기하〉 16:5). 이것이 이른바 시리아·에프라임 전쟁이다.

이 혼란을 틈타, 아마츠야, 아자르야 시대 이래 유다의 지배를 받고 있던 에돔인이 봉기해서, 홍해 북안의 항구 도시 엘랏을 유다로부터 되찾았다(〈열왕기하〉 16:6). 동시에 서쪽에서는 필리스티아인이 네게브나 셰펠라(유다의 서쪽 구릉지대)를 침략했던 것 같다(〈역대기하〉 28:18). 이렇게 해서 유다 왕국은 사면초가의 궁지에 몰렸다.

이때 예언자 이사야는 아하즈와 면회해, 야훼의 도움을 신뢰하라고 설득하고, 경거망동하지 말 것을 경고했지만(이른바 '임마누엘 예언', 〈이사야〉 7:3-16), 아하즈는 이것을 무시하고 티글라트필레세르한테 사자를 보내 공물을 바치고 보호를 요청했다(〈열왕기하〉 16:7-8). 아하즈는 말하자면 국가의 독립을 사실상 아시리아에 팔아넘김으로써, 국가의 연명을 꾀했던 것이다. 티글라트필레세르는 이것을 받아들였다고 한다(〈열왕기하〉 16:9a). 다만, 일개 소국에 지나지 않는 유다의 의향이 대제국 아시리아의 국제 전략에 직접 영향을 주었다고는 생각할 수 없다. 한번 복종을 맹세했지만(기원전 738), 반항적인 자세를 보인 아람과 이스라엘에 징벌을 내리는 것은 티글라트필레세르로서는 이미 정해진 방침이었을 것이다.

또한 티글라트필레세르의 비문으로부터, 기원전 734년 유다 왕 아하즈(야후하지)의 조공을 확인할 수 있다. 덧붙이자면 같은 해에, 에돔, 모압, 암몬의 왕들도 아시리아에 복종을 선서하고 공물을 바치고 있다. 그리고 이러한 요르단 강 동안의 국가들은, 유다와 마찬가지로 아시리아의 점령을 면할 수 있었다.

어찌됐든 티글라트필레세르는 우선 기원전 733년에 이스라엘을 공격해 요르단 강 동안 지방, 갈릴래아 및 해안평야를 점령했고, 그것을 병합해 길앗, 메기도, 도르 세 개의 속주로 재편했다(〈열왕기하〉 15:29). 이스라엘은 이제 국토의 3분의 2를 잃고, 사실상 수도 사마리아를 중심으로 하는 작은 도시국가에 지나지 않게 되었다.

이때 이스라엘 국내에서 또다시 쿠데타가 일어나 호세아가 페카를 암살하고 티글라트필레세르한테 항복하고 공물을 바쳤다(〈열왕기하〉 15:30). 티글라트필레세르는 호세아의 이스라엘 왕위를 승인했다(필레세르 비문). 이렇게 해서 이스라엘 북왕국과 남왕국은 둘 다 아시리아의 속국으로 전락하게 되었다. 티글라트필레세르는 또한 이듬해인 기원전 732년에 다마스쿠스를 공격해 르친을 처형하고 주민들을 포로로 잡아갔다(〈열왕기하〉 16:9b).

아시리아의 속국 유다

유다 왕국의 아하즈는 평생 아시리아의 충실한 신하로 남았다. 그는 복종과 공손의 뜻을 표하기 위해 다마스쿠스에 있던 티글라트필레세르를 방문했는데, 거기에서 본 제단과 똑같은 것을 예루살렘 신전에 만들어 놓게 했다고 한다. 종래의 야훼를 위한 제단은 성소의 한쪽 구석으로 치워졌다(〈열왕기하〉 16:10-18).

이 조치는 일반적으로 유다에 의한 아시리아 국가 제의祭儀의 도입을 의미하는 것으로 해석되고 있다. 이것이 이제 종주국이 된 아시리아 왕의 강제에 의한 것이었는지, 아니면 아하즈의 자발적인 의지로 인한 것이었는지에 관해서는 의견이 갈리지만, 어찌됐든 이로 인해 남왕국의 국가 성소에 아시리아의 제의가 침투한 것은 확실하다. 이것은 유다에서 일반적인 종교 혼합에 박차를 가하는 것이었다. 기원전 729년 아하즈가 죽고 자식인 히즈키야가 아시리아의 속국으로서의 유다 왕국의 왕이 되었다.

그 뒤의 티글라트필레세르 3세

또한 그 뒤 티글라트필레세르에 관해 덧붙이자면, 그는 시리아·팔레스티나 지방의 지배를 확고히 한 뒤, 동쪽으로 옮겨가 메디아인, 만나이인 등을 쳐부수고 동부 산악지대를 정리한 뒤, 기원전 729년에 바빌로니아를 정복했다. 티글라트필레세르는 아시리아 왕으로서 처음으로 바빌로니아를 직접 지배했고, 스스로 바빌로니아 왕(재위 기원전729-727)으로 즉위했다. 이렇게 해서 티글라트필레세르 이후 아시리아와 바빌로니아는 동군연합국가personal union를 이루게 된다 유프라테스 하구 지대에 있던 '바다의 나라' 왕 메로다크발라단 2세도 자진하여 조공해, 여기에서 메소포타미아는 명실공히 통일을 이루게 된다.

호세아의 반란과 북왕국의 멸망

북왕국 최후의 왕인 이스라엘의 호세아(재위 기원전 731-723)는 티글라트필레세르가 살아 있을 때는 일단은 충성스러운 모습을 보였지만, 대왕이 죽자 '이집트 왕 소Sais'와 손잡고 아시리아에 대한 공납을 중지하고 아시리아로부터의 독립을 꾀했다(〈열왕기하〉 17:3-4). 이 소라는 왕이 이집트의 어느 왕에 해당하는지에 대해 의견이 분분한데, 최근에는 이것을 왕명이 아니라, 제24왕조의 수도 사이스로 보는 견해가 유력하다. 만약 그렇다고 한다면, 연합의 상대는 당시 제24조의 왕 테프나크트였을 것이다. 어찌됐든 당시 국내에서 네 개의 왕조가 난립해 내전 상태였던 이집트가 이스라엘에 대해 실효성 있는 원조를 제공할 수 없었다는 것은 명백하다.

호세아는 티글라트필레세르의 뒤를 이은 살마네세르 5세(재위 기원전 726-722/1)에 의해 격파되어 포로로 잡혀 아시리아

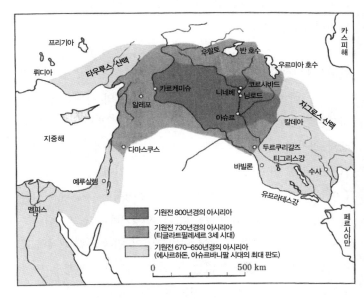

지도 내 지명:

프리기아

뤼디아

타우루스 산맥

우랄토　반 호수

카스피해

우르미아 호수

카르케미슈

니네베　코르사바드

님로드

알레포

자그로스 산맥

지중해

아슈르

칼데아

다마스쿠스

두르쿠리갈즈

티그리스강

바빌론

수사

예루살렘

유프라테스강

멤피스

페르시아만

범례:

■ 기원전 800년경의 아시리아

■ 기원전 730년경의 아시리아
(티글라트필레세르 3세 시대)

□ 기원전 670~650년경의 아시리아
(에사르하돈, 아슈르바니팔 시대의 최대 판도)

0　　　　500 km

[지도7] 아시리아의 영토 확대(기원전 8-7세기)

로 보내졌다. 왕을 잃은 수도 사마리아는 그 뒤에도 2년 이상에 걸쳐 저항을 계속했지만, 기원전 722년 내지 721년에 아시리아군에 의해 결국 정복되어, 사마리아 지방은 아시리아의 새로운 속주(사메리나)가 되었다. 이것은 살마네세르 치세 말기에 있었던 일로 생각된다.

북왕국의 해체와 이른바 '잃어버린 10부족'

그 뒤, 아마도 쿠데타에 의해 살마네세르의 왕위를 빼앗은 사르곤 2세(재위 기원전 721-705)는 티글라트필레세르 3세 이래의 철저한 피정복민 교환 정책을 사마리아에 적용해, 강제 이주에 의해 사마리아의 지도자층을 아시리아 영내의 각지에 흩어놓고, 대신에 역시 아시리아에 의해 정복된 복수의 이민족을 사마리아 지방에 입식入植시켰다(〈열왕기하〉 17:5-6, 24).

이러한 점령, 이주 정책이 피정복민의 민족성을 해체하고, 주체성도 개성도 없는 힘없는 혼합체로서의 피지배층을 만들어 내는 데 얼마나 유효했는지는, 이렇게 해서 흩어진 옛 이스라엘 국민이 결국은 이주지에 살던 사람들 속에 흡수되어 버리고, 더 이상 '신의 백성'으로서의 자기동일성을 유지할 수 없었다는 사실에 나타나 있다. 그로 인해 북왕국을 구성하고 있던 열 개의 부족은 그 뒤 '잃어버린 10부족'이라고 불리게 된다. 다만 아시리아의 문서에 의하면, 그 뒤 얼마 동안은 구舊 이스라엘 전차부대가 아시리아군에 편입되어, 독자의 부대로서 나름대로 상당히 활약을 했다는 것을 알 수 있다.

'사마리아인'의 기원

한편 사마리아에 이주해온 사람들은, 잔류해 있던 이스라엘계 주민과 섞였다. 이렇게 해서 태어난 '사마리아인'들은 야훼와 신참자들이 가져온 이교의 신들을 나란히 숭배하는 종교 혼합적 제의를 만들었다(《열왕기하》 17:24-41). 이것이 훗날 유대인과 사마리아인의 대립(에즈라 4:1-5, 루카 9:52-53, 10:25-37, 요한 4:9 등 참조)의 원인遠因이 된다.

또한 북왕국의 멸망에 이르는 혼란 속에서 상당한 수의 사람들이 난민으로서 남왕국 유다로 도망갔을 것으로 생각된다. 이것은 고고학적으로도, 기원전 8세기 말 이후 예루살렘에서도 유다의 지방부에서도 인구가 대폭 증가해 거주지의 범위가 넓어졌다는 사실로 뒷받침된다. 아마도 이러한 북쪽으로부터의 이주자에 의해 북이스라엘계의 전승(야곱이나 요셉 이야기, 엘리야나 엘리사 이야기, 예언자 아모스나 호세아의 말 등)이 유다로 전해져, 후에 가필되거나 증보增補되어 최종적으로 구약성서 안에 편입되었을 것이다.

제3절 **히즈키야의 치세**

유다 왕 히즈키야

　기원전 722/1년의 사마리아 함락, 북왕국의 멸망에 의해
'이스라엘'의 역사는 남겨진 남(유다)왕국만의 단독왕국 시대
로 접어든다. 유다 왕 히즈키야(재위 기원전 728-697)는 처음에
는 부왕 아하즈의 정책을 이어받아, 표면상으로는 아시리아에
대한 충성을 유지했다. 그러나 히즈키야는 다른 시리아·팔레
스티나의 많은 국가들처럼 명백히 아시리아의 영향력으로부
터 독립할 기회를 엿보고 있었다.

　최초의 기회는 기원전 713년경 필리스티아의 아스돗에서
반아시리아파 사람들이 친아시리아적인 왕을 끌어내리고 야
마니라는 인물을 왕으로 추대해 아시리아에 반란을 일으킨 것
에 의해 주어졌다. 이러한 움직임의 배후에는 아시리아의 시리

아·팔레스티나 진출을 두려워한 이집트의 원조가 있었던 것으로 보인다(〈이사야〉 18:1-6 참조). 사르곤 2세의 비문에 의하면, 처음에는 유다(즉 히즈키야), 에돔, 모압 및 아마도 키프로스의 왕들도 이 반란에 가담했다. 이 반란은 약 2년 만에 진압되었다. 그러나 사르곤의 보복이 오로지 아스돗으로 향해진 것을 볼 때, 다른 나라들은 늦기 전에 반란에서 손을 뗀 것 같다. 아스돗은 쉽게 정복되었고, 이집트로 망명한 아스돗의 왕은 이집트 왕 샤바카에 의해 사르곤에게 넘겨지고 말았다(〈이사야〉 20:1-6).

히즈키야의 개혁

이러한 실패에도 아랑곳 않고 히즈키야는 결코 포기하지 않았다. 그는 철저하게 준비를 하면서 다음 기회를 기다렸다. 즉 히즈키야는 공성전攻城戰에 대비해 기혼 샘의 물을 예루살렘 성내로 끌어들이기 위해 길이 500미터 이상이나 되는 실로아의 지하수로를 팠다(〈열왕기하〉 20:20, 〈역대기하〉 32:30, 〈이사야〉 22:9). 이 수로의 터널 내부로부터, 공사의 모양을 기록한 실로아 비문이 1880년에 발견되었는데, 이것은 히브리 서체사의 귀중한 자료로 남아 있다.

히즈키야는 또한 예언자 이사야의 반대에도 불구하고, 당시 제25왕조(에티오피아계)의 통치하에 국가 재통일을 이룩한 이집트에 지원을 요청했고(〈이사야〉 30:1-5, 31:1-3), 나아가 동방에서 반아시리아 운동의 급선봉이 되어 있던 바빌로니아의 메로다크발라단 2세와도 제휴했다(〈열왕기하〉 20:12-19, 〈이사야〉 39:1-8). 또한 〈열왕기〉는 히즈키야가 신전에 있던 뱀의 상 느후스탄을 비롯해 이교적인 요소를 제거했다고 전해지는데(〈열왕기하〉 18:4-5), 그때 부왕 아하즈가 도입했던 아시리아의 제의도 배제되었던 것으로 보인다. 만약 그렇다고 한다면, 히즈키야의 이러한 제의 개혁적 행동에는, 아시리아에 대한 정치적 종속의 거부라는 상징적 의미가 들어 있었을 것으로 생각된다.

다만 〈열왕기〉의 편집자인 신명기 사가는 종교사적 문제에 거의 관심을 보이고 있지 않기 때문에 이 개혁의 구체적인 모습은 유감스럽게도 불명인 채로 남아 있다. 히즈키야가 북왕국의 잔류민을 포함해 예루살렘에서 오랫동안 중단되었던 유월제逾越際를 실시했다고 하는 〈역대기〉의 기술(〈역대기하〉 30-31장)이 역사적 기반을 가지는지에 대해서는 연구자들 사이에서도 다양한 의견으로 나뉘고 있다.

히즈키야의 반란과 센나케리브의 예루살렘 원정

히즈키야는 기원전 705년 사르곤의 죽음이 가져온 아시리아 국내의 혼란을 틈타 행동에 나섰다. 이번의 반란에서는 히즈키야가 명백히 주모자의 한 명이었다. 앞서의 반란으로 지독한 보복을 받은 아스돗과 가자는 이번에는 반란에 가담하지 않았지만, 시돈의 왕과 아슈켈론의 왕은 히즈키야와 행동을 같이했다. 사르곤의 뒤를 이은 센나케리브(산헤립)의 비문에 의하면, 에크론에서는 반아시리아파 사람들이 친아시리아파의 왕 파디를 붙잡아 히즈키야에게 넘기고 반란군에 가담했다(〈열왕기하〉 18:8 참조).

이와 거의 같은 시기에 바빌로니아에서는 메로다크발라단이 반란을 일으켰다. 센나케리브는 우선 바빌로니아의 반란을 진압한 후, 기원전 701년에 시리아·팔레스티나를 원정해 시돈, 아슈켈론, 에크론을 정복했다. 이집트는 원군을 보냈지만 센나케리브에 의해 엘테케 부근에게 격퇴되었다(〈열왕기하〉 19:9 참조). 히즈키야는 예루살렘에 '새장 속의 새처럼'(센나케리브의 비문 중의 표현) 갇히고, 라키슈를 비롯해 유다 측의 거점 대부분이 센나케리브에게 정복되었다. 또한 아시리아군에 의한 라키슈 공략의 모습은 니네베의 왕궁에서 발견된 훌륭한 부조에 상세하게 기록되어 있다.

히즈키야는 결국 센나케리브에게 항복하고 막대한 공물을 바치지 않을 수 없었다(〈열왕기하〉 18:14-16). 예루살렘 이외의 유다 여러 지역은, 반란에 가담하지 않은 필리스티아인의 국가들, 즉 아스돗, 가자 및 히즈키야의 치하에서 해방되어 센나케리브에 의해 복위된 파디의 에크론으로 분할되었다.

순리대로라면, 이때 예루살렘이 점령되거나 파괴되었어도 전혀 이상하지 않았다(센나케리브는 나중에 바빌론이 다시 일으킨 반란을 진압한 뒤에 이 고대 도시를 철저하게 파괴했다). 그러나 본

[사진2] 라키슈를 공략하는 아시리아군(니네베 출토 부조 일부).
왼쪽 아래에 최신 병기인 공성거가 보인다.(대영박물관 소장)

국으로부터 뭔가 이변을 알리는 통보를 받았던 건지(〈열왕기하〉 19:7), 혹은 군대 안에 질병이 발생했는지(〈열왕기하〉 19:35) 센나케리브는 예루살렘을 최종적으로 정복하지 않고 철수했다.

센나케리브의 두 번째 예루살렘 원정?

또한 일부 연구자들은 히즈키야의 항복을 전하는 〈열왕기하〉 18:14-16과 센나케리브의 예루살렘 정복 실패를 전하는 〈열왕기하〉 19:35-36, 〈이사야서〉 36-37장과의 모순이나, 〈열왕기하〉 19:9에 이집트 왕 티르하가(타하르카, 재위 기원전 690-664)의 이름이 기록되어 있는 것에서, 히즈키야의 항복으로 끝난 기원전 701년의 원정과는 별도로 기원전 690년 이후에 히즈키야가 세 번째 반란을 시도해 센나케리브가 두 번째로 팔레스티나 원정을 했으나 예루살렘을 정복할 수 없었다고 상정한다. 그러나 이러한 상정은 일반적으로 받아들여지고 있는 히즈키야의 치세 연대와 맞지 않고, 그러한 원정에 관해 아시리아 측의 사료에 전혀 언급되지 않기 때문에 대다수의 연구자는 두 번에 걸친 센나케리브의 원정을 상정하는 것에 회의적이다.

어찌됐든 이러한 위기 상황 속에서, 무슨 이유였든 간에 예루살렘이 정복을 면한 것은 예루살렘에 대한 신의 가호를 설파한 이사야의 말(〈이사야〉 17:12-14, 29:5-8)과도 호응해, 신의

도시 예루살렘의 불락不落의 신념을 더욱 높이게 되었다(〈시
편〉 46:5-11, 48:5-12 등 참조).

제4절 **마나세부터 요시야까지**

유다 왕 마나세

히즈키야의 자식 마나세(므나쎄)(재위 기원전 696-642)는 조부 아하즈와 마찬가지로 아시리아의 충실한 신하였다. 〈열왕기〉(신명시 사가)는 그를 이교 숭배에 몰두했던 극악무도한 왕으로 묘사하고(〈열왕기하〉 21:2-9), 약 백 년 후의 유다 왕국 멸망과 포로 생활이라는 파국의 원인을 궁극적으로는 마나세의 악업으로 돌리고 있다(〈열왕기하〉 21:11-15, 23:26-27, 24:3-4). 이 사실은 마나세가 부왕 히즈키야와는 달리, 조부 아하즈를 따라서 아시리아의 속왕屬王으로서 아시리아의 제의祭儀를 적극적으로 예루살렘 신전에 도입한 것과 관련이 있다고 생각된다.

〈열왕기하〉 21:3, 23:5의 '해와 달과 별자리들과 하늘의 모든 군대'나 〈열왕기하〉 23:11의 '태양신의 말'에 관한 언급은 예루살렘에서 메소포타미아 기원의 별자리 숭배가 이뤄졌다는 것을 시사하고 있다. 이 시기에 야훼 종교가 후퇴해 이교적 요소가 만연한 것은 예언자 스바니야의 말에서도 엿볼 수 있다(〈스바니야〉 1:4-9). 그것은 야훼 종교로서는 명백히 겨울의 시대였다.

그러나 객관적으로 보면, 마나세가 아시리아에 계속적으로 복종한 것은 당시의 국제 정세로 보면 현명한 정책이었다고 할 수 있을 것이다. 왜냐하면 이 시기의 아시리아는 센나케리브 이후 에사르하돈(재위 기원전 681-669), 아슈르바니팔(재위 기원전 669-627)로 이어지는 이른바 '사르곤 왕조'의 유능한 왕들의 치세하에서 강성이 극에 달해, 동쪽으로는 이란 고원부터 서쪽으로는 아나톨리아까지 영토로 소유했고, 기원전 671년 이후에는 드디어 이집트까지 지배하는 진정한 세계제국의 실현을 달성했기 때문이다. 그것은 아시리아가 압도적인 힘을 가지고 오리엔트 세계 전체를 지배해, 누구도 이에 저항할 수 없었기 때문에 이룩된 평온pax assyriaca한 시대였다. 예를 들어, 이 시기에 반란을 꾀한 페니키아의 시돈은 철저하게 파괴되어 그 영토는 아시리아의 속주에 편입되고 말았다.

마나세가 아시리아의 충실한 신하였던 것은 아시리아 측의 자료를 살펴봐도 명백하다. 에사르하돈은 그의 궁전 건설을 위해 건축 자재를 공출한 서방의 22명의 왕 중에 마나세의 이름을 들고 있고, 또 아슈르바니팔은 기원전 667년의 이집트 원정 때 협력한 12명의 왕 중에 역시 마나세의 이름을 들고 있다. 마나세는 아시리아의 속왕屬王으로서 당연히 이 원정에 병사를 파견했을 것이다. 어쩌면 마나세 자신도 거기에 참가했을지 모른다. 어찌됐든 마나세가 50년 이상이나 왕으로서 유다에 군림한 것이나, 그 기간에 유다가 적어도 정치적으로는 '평화로웠다'는 사실은, 이 지독히 증오의 대상이 된 왕이 상당히 유능한 통치자였다는 것을 짐작할 수 있게 해준다.

이것은, 마나세의 시대에 유다가 일찍이 히즈키야 시대에 필리스티아인의 도시들에 병합된 영토의 대부분을 회복했다는 사실(그 경과는 명확하지 않지만)에서도 드러난다. 또한 고고학적으로도 센나케리브에 의한 파괴 뒤에 마나세 시대의 유다 각지에 견고한 요새 도시가 건축 내지는 재건되었다는 사실이 확인되고 있다. 또한 〈역대기하〉 33:11-17에는 마나세가 바빌론(!)에 연행되었을 때, 야훼 신앙으로 회심해 귀국 후 스스로 이교 숭배를 배제했다는 것이 전해지고 있다. 그러나 이 에피소드는 이 가장 사악한 왕이 가장 기나긴 평화로운 치세를 완수했다고 하는 불합리를 응보주의적 관점에서 합리화한 것으로 생각되며 역사적 기반을 가졌다고는 생각할 수 없다. 또한 훗날의 유대교에서는 이 에피소드에서 외경外經 〈마나세의 기도〉가 태어났다(이른바 〈구약성서 속편〉에 수록).

야훼 종교를 지키기 위한 전투 ― 〈원신명기〉의 성립

마나세 시대의 이교의 만연과 야훼 종교의 후퇴 분위기 속에서 전통적인 야훼 종교를 고집하고, 그것의 부흥을 목표로 싸움을 계속한 사람들도 결코 없지 않았다. 이러한 사람들에 의해 구약성서 중 〈신명기〉의 중핵 부분(편의상 〈원原신명기〉라고 부른다)이 형성되었던 것으로 생각된다. 그들은 오랜 종교적, 사회적 법 전통을 새로운 시대에 적합하게 해, 하나의 신, 하나의 백성, 하나의 성소라는 이념을 기반으로(〈신명기〉 6:4-5, 12:11 등을 참조) 해서, 모세 시대의 야훼 종교로 정신적으로 회귀하는 것을 목표로 했고, 또한 신과의 계약의 현재적 의미를 강조했다(〈신명기〉 5:3, 29:13-14 등 참조).

이 운동을 이끈 사람들의 주력은, 오랜 율법적 전통의 관리자였던 레위인 사제들이었던 것으로 생각되는데(〈신명기〉 17:18-20 등 참조), 예언자와 공통된 정신이 보이는 것에서 예언자적 서클의 사람들이나, 혹은 〈신명기〉의 형식, 내용에 아시리아의 조약 문서와 공통되는 요소가 보이는 점에서 국제 조약에 정통해 있던 궁정의 서기들을 이들의 주력으로 상정하는 견해도 있다. 이 〈원신명기〉는 후에 요시야 왕의 종교 개혁과 관련해 큰 역할을 맡게 된다.

유다 왕 아몬

마나세의 오랜 치세 뒤에 왕위에 오른 자식인 아몬(재위 기원전 641-640)은 즉위 이듬해에 신하의 음모로 인해 암살되었다(〈열왕기하〉 21:19-23). 주목할 만한 것은 이러한 혼란에 대해 요아스의 즉위 때와 마찬가지로 '땅의 백성'들이 개입했다는 것이다. 그들은 암살자를 처형하고, 아몬의 자식으로 당시 8세였던 요시야를 즉위시켜 다윗 왕조의 계속성을 지켰다(〈열왕기하〉 21:24).

유다 왕 요시야의 개혁과 〈율법서〉

요시야(재위 기원전 639-609)는 유다 왕국에서 최후의 위대한 왕이 되었다(〈열왕기하〉 23:25 참조). 이 왕의 나중의 행동에서는, 즉위 때는 아직 소년이었던 이 왕에게 신명기 사상의 담당자들이 커다란 영향을 끼쳤다는 것을 추측할 수 있다. 〈열왕기〉에 의하면 그의 치세 18년이 되는 해(기원전 622년경)에 개수 중이던 예루살렘 신전에서 한 권의 〈율법서〉가 발견되어(〈열왕기하〉 22:3-13), 요시야는 이것에 기반해 국민과 계약을 맺고 대대적인 종교 개혁에 착수했다고 한다(〈열왕기하〉 23:1-3). 이 〈율법서〉가 오늘날의 〈신명기〉의 원형이라는 것은, 뒤에 서술하듯이 요시야의 구체적인 행동과 〈신명기〉의 내용이 부합하는 것을 볼 때 거의 확실하다(다만 이 〈원신명기〉의 범위에 관해서는 의견이 백출하는 상황이다).

물론 〈열왕기〉의 기술을 전부 문자 그대로 받아들일 필요는 없다. '발견'의 기술에 관해서도 그 배경이나 자세한 사정에 관해서는 명확하지 않은 채로 있다. 또한 개혁 그 자체에 관한 기술(〈열왕기하〉 23:4-24)에 관해서도 매우 단순화, 이상화되었을 가능성이 있다. 그러나 적어도 〈신명기〉의 사상과 전통의 담당자들이 어떠한 형태로든 요시야 왕에게 강하게 영향을 주었고, 그것이 국가의 재건을 도모하던 왕의 관심과 합치해서, 개혁 사업의 착수로 연결되었다는 것은 충분히 가능한 이야기라 할 수 있다.

요시야의 업적은 거의 세 가지로 요약할 수 있을 것이다. 즉 요시야는 우선, (1) 예루살렘 신전에서 모든 이교적 요소를 배제하고, 제의를 야훼 종교적으로 순화했다(〈열왕기하〉 23:4-7, 10-14, 또한 〈신명기〉 7:5, 12:2-3 등 참조). (2) 요시야는 또한 예루살렘 이외의 야훼의 지방 성소를 전부 폐지하고 제의를 예루살렘 신전으로 한정했다(이른바 제의 집중, 〈열왕기하〉 23:8-9, 또한 〈신명기〉 12:5-14 참조). (3) 요시야는 이러한 개혁을 유다 국내에 국한하지 않고, 당시 아시리아 령이었던 베텔이나 사마리아까지 확대했는데(〈열왕기하〉 23:15-20), 이것은 요시야가 구 북왕국 영토의 병합에 착수했다는 사실을 보여준다. 아마도 요시야는 다윗, 솔로몬 시대의 남북 통일왕국의 재건을 목표로 했을 것이다.

개혁의 전제 조건 — 아시리아의 쇠퇴

고대 이스라엘에서 정치와 종교는 불가분의 관계였다. 요시야의 야훼주의적 종교 개혁은, 동시에 아시리아의 영향력으로 부터의 이탈과 민족국가의 재생을 표현하는 것이었다. 또한 제의 집중은 왕을 중심으로 하는 중앙집권 질서의 강화를 노린 정치, 행정 개혁의 한 측면이었다.

이러한 시도가 실현된 배경에는 아슈르바니팔 사후(기원전 627년경) 아시리아의 급속한 쇠퇴가 있었다. 요시야가 그 개혁을 추진하던 시대에, 아시리아는 왕위 다툼이나 각지에서 지배하에 있던 민족의 반란 등 내우외환의 곤란한 상황에 처해 국가로서의 존속조차 불확실한 궁지에 빠져 있었다. 즉, 남쪽으로는 나보폴라사르(바빌로니아 왕, 재위 기원전 625-605) 밑에서 아람계의 칼데아인이 바빌로니아를 다시 독립시켰고, 동쪽에서는 프라오르테스(메디아 왕, 재위 기원전 675-653) 아래서 국민적 통일을 달성한 메디아 왕국이, 쿠아크살레스 왕(재위 기원전 625-585)이 이끄는 아시리아에 때때로 공격을 가했다.

이집트에서는 프사메티코스 1세(재위 기원전 664-610)가 뤼디아인이나 이오니아인의 지원을 얻어 아시리아를 몰아내고 이집트인의 제26왕조를 재건했다. 북쪽에서는 스키타이인이나 킴메리아인들이 종종 아시리아 본토를 침입했다. 따라서 아시리아는 더 이상 서방 지역의 속국에 유효한 영향력을 행사할 수 없는 상태였다. 성서에는 이에 관한 별다른 기술이 없지만, 이러한 정세의 전개 속에서 요시야가 사실상 아시리아로부터 독립했다는 것은 확실해 보인다.

요시야의 죽음과 개혁의 좌절

요시야는 다윗 시대의 통일왕국 부흥을 목표로 했지만 그는 결국 제2의 다윗이 되지 못했다. 주변의 여러 대국이 하나같이 몰락해 시리아·팔레스티나 지방에 일종의 권력의 진공 상태가 생겼던 다윗 시대와는 명백히 국제 정세가 달라졌기 때문이었다. 앞에서 보았듯이 당시 남쪽에서는 이집트의 제26왕조가 프사메티코스 1세 및 네코 2세 치하에서 국력을 회복해 시리아·팔레스티나 진출의 기회를 노리고 있었고, 동쪽에서는 나보폴라사르, 네부카드네자르(느부갓네살) 2세의 신바빌로니아 제국이 아시리아를 대신해 메소포타미아의 패자로 떠오르고 있었다. 이 양대국의 입장에서, 육교 지대인 시리아·팔레스티나를 세력 밑에 두는 것이 커다란 관심사였다는 것은 말할 필요도 없다.

파국은 실로 어이없는 형태로 찾아왔다. 기원전 609년 여름에 이집트의 네코(느코) 2세(재위 609-594)는 신바빌로니아와 메디아의 연합군에 격파되어 수도 니네베에서 쫓겨나, 시리아의 하란에 틀어박혀 아슈르우바리트 2세(재위 기원전 612-609)의 지도하에 바빌로니아와 절망적인 전투를 계속하고 있던 아시리아의 잔당을 지원하기 위해 팔레스티나의 해안평야를 북상해 왔다. 이집트 왕 네코로서는 아시리아를 대신해 신바빌로니아가 강대한 세력이 되는 것을 두려워했을 것이다. 북상 도중에 네코는 메기도에서 요시야와 마주쳐 그를 죽였다. 그러나

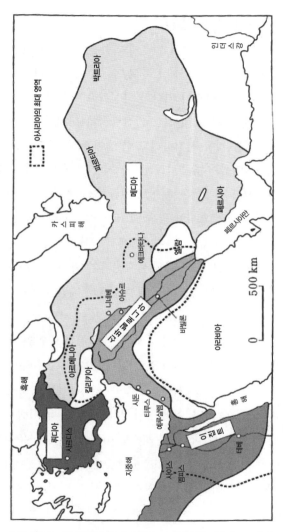

[지도8] 아시리아 멸망 후의 오리엔트 4대 강국(기원전 600년경)

그 경위는 명확하지는 않다.

〈역대기하〉 35:20-24의 기술에 의하면, 요시야는 군대를 이끌고 메기도에서 네코한테 도전했으나 오히려 반격을 당한 것으로 되어 있다. 이것이 역사적 사실이라고 한다면, 반아시리아적 입장에 섰던 요시야는, 이집트군이 시리아에서 아시리아와 합류하는 것을 저지하려고 한 셈이 될 것이다. 그러나 좀 더 오래된 〈열왕기하〉 23:29-30의 기술은 더욱 모호해서, 군대에 관해서도 전투에 관해서도 언급하지 않는다. 〈열왕기〉의 원문을 직역하면 '요시야 왕은 그(네코) 쪽으로(혹은 '그를 만나러') 갔다. 그는 그를 보고, 메기도에서 그를 죽였다'고 되어 있다. 그 때문에 일부 연구자들은 요시야의 죽음은 군사 충돌에 의한 전사가 아니라, 해안평야에 이집트의 패권을 확립하려 한 네코가 요시야를 메기도로 불러들여 신하로서의 충성을 맹세하게 하려 했지만 요시야가 끝까지 이에 응하지 않았던 게 원인이었을 것으로 본다. 진상은 알 길이 없다고 할 수밖에 없다.

어찌됐든 요시야의 죽음과 함께 유다의 사실상의 독립은 짧은 에피소드로 끝났다. 이제는 아시리아를 대신해 이집트가 유다의 지배자가 되었다. 종교 개혁도 좌절해, 이윽고 유다 각지에는 다시 지방 성소가 열리고(〈에제키엘〉 6:1-6 참조), 예루살렘 신전에도 다시 이교적인 제의가 행해지게 되었다(〈에제키엘〉 8:7-16 참조). 그러나 요시야의 개혁과 〈신명기〉의 정신은 일부의 사람들에 의해 포로 생활 시대에까지 계승되기에 이른다.

제7장 | 유다 왕국의 멸망과 바빌론 포로 생활(기원전 6세기 전반)

1절 유다 왕국의 멸망까지

질풍노도의 시대

이스라엘·유대 민족에게 기원전 6세기의 백 년간은, 다른 오리엔트 민족들 이상으로 파란만장한 질풍노도의 시대였다. 그들은 이 시기에 국가 멸망, 이른바 바빌론 포로 생활, 그리고 팔레스티나 귀환을 체험하게 된다. 지배자도, 아시리아로부터 이집트 제26왕조, 신바빌로니아 제국(마찬가지로 바빌론을 수도로 한 함무라비 시대(기원전 1792-1750년경)의 '고古바빌로니아 왕국'과 구별하기 위해 이 시대의 칼데아인의 제국을 이렇게 부른다), 아케메네스조朝 페르시아로 어지럽게 바뀐다.

이집트와 바빌로니아의 틈새에서

기원전 609년에 아시리아가 최종적으로 멸망하자, 권력의

요시야
(639–609)

여호아하즈
(609)

여호야킴(엘야킴)
(609–598)

치드키야
(597–587)

여호야킨
(598–597)

[계보도4] 유다 왕국 최후의 왕들(연대는 재위, 기원전)

진공 지대가 된 시리아·팔레스티나 지방의 패권을 다툰 것은 나보폴라사르-네부카드네자르 부자의 신바빌로니아 제국과, 네코 2세의 이집트 제26왕조였다. 또한 신바빌로니아 제국의 개조開祖 나보폴라사르는 기원전 609년에 아시리아의 최후의 거점 하란을 함락시킨 후에는, 건강상의 이유에서인지 내정에 전념하고, 대외 원정을 왕자인 네부카드네자르(〈예레미야〉 21:2, 39:1 등)의 손에 맡겼다. 신바빌로니아가 메소포타미아의 지배권을 굳건히 하는 동안에 이집트의 네코 2세는 시리아·팔레스티나를 우선은 이집트의 지배하에 두었다. 이것은 즉각 유다의 왕위 계승에 대한 네코의 간섭이라는 형태로 나타났다.

기원전 609년에 요시야가 메기도에서 네코에 의해 살해된 뒤, '땅의 백성'은 그의 자식으로, 에루야킴(나중의 여호야킴)의 어머니가 다른 동생 여호아하즈(재위 기원전 609년, 3개월간)를 왕위에 앉혔다(〈열왕기하〉 23:30). 그가 형을 제치고 왕으로 발탁된 것은, 형보다 유능해 부왕 요시야의 정책을 이어받아 추진할 수 있을 것으로 기대되었기 때문일 것이다(나이 차에 관해서는 〈열왕기하〉 23:31과 36을 비교할 것).

팔레스티나에서의 패권을 확고히 하기를 바랐던 이집트 왕 네코로서는 당연히 친親바빌론파로 보인 요시야의 정책을 이어받으려는 왕은 적합하지 않았다. 그래서 네코는 체재하고 있던 하맛 지방의 리브라에서 유다에 개입해, 여호아하즈를 붙잡아 이집트로 보내 버렸다(〈열왕기하〉 23:33-35, 또한 〈예레미야〉 22:10-12 참조). 괄시를 받고 있던 에르야킴은 국민에게 과세해서 모은 공물을 바쳐 네코의 비위를 맞추고, 그의 꼭두각시로서 왕위에 올랐다(〈열왕기하〉 23:35-36). 네코는 이 속왕屬王에 대한 지배권을 과시하기 위해 그의 이름을 여호야킴(재위 기원전 609-598)으로 개명하게 했다. 여호야킴은 얼마 동안 이집트에 충성을 유지하고, 국민에 대해서는 폭군으로 군림했던 것 같다(〈열왕기하〉 23:37, 〈예레미야〉 22:13-17).

그러나 네코는 시리아·팔레스티나의 지배를 길게 유지하지는 못했다. 기원전 605년, 이집트군은 신바빌로니아의 네부카드네자르에게 유프라테스 강변의 카르크미스와 오론테스 강변의 하맛에서 철저하게 격파되었고(〈예레미야〉 46:2-6), 네코는 시리아·팔레스티나를 포기하지 않을 수 없었다(〈열왕기하〉 24:7). 이렇게 해서 팔레스티나는 신바빌로니아의 지배를 받게 된다. 기원전 605년에 부왕의 사후 바빌로니아의 왕이 된 네부카드네자르 2세(재위 기원전 605-562)가 필리스티아의 아슈켈론을 정복했을 때(〈예레미야〉 47:5-7 참조), 유다에 대해 전혀 개입하지 않은 것을 보면, 여호야킴은 일찌감치 이 바빌론의 새로운 왕 쪽으로 붙은 듯하다(〈열왕기하〉 24:1).

여호야킴의 반란과 제1차 바빌론 유배

그러나 기원전 601년경, 여호야킴은 바빌로니아에 반기를 들어 공납을 중지했다. 이것이 거의 같은 시기에 네부카드네자르가 이집트 침입을 시도해 상당한 피해를 입고 네코에게 격퇴당한 것과 연관이 있다는 것은 명백하다. 아마도 여호야킴은 네부카드네자르의 힘을 얕보고, 바빌로니아와 이집트의 역학 관계가 다시 역전될 거라고 내다보았을 것이다. 또한 이집트로부터의 부추김도 있었을 것이다. 실제로 네부카드네자르는 이집트와의 전투 후 태세를 정비하는 데 손발이 묶여서 곧바로 정규군을 출동시킬 수가 없어서, 바빌로니아인 분대나 영향권 내에 있던 아람인, 모압인, 암몬인 게릴라 부대를 파견해 시간을 벌지 않을 수 없었다(〈열왕기하〉 24:1-2).

네부카드네자르는 기원전 598년 겨울이 되어 간신히 팔레스티나에 도착했다. 그것을 전후해 여호야킴은 죽었는데, 아마도 전사했거나 국내의 친親바빌론파에게 암살되었을 것이다(〈예레미야〉 22:18-19, 36:30 참조). 여호야킴의 자식 여호야킨(재위 기원전 598-597, 별명 여콘야, 〈역대기상〉 3:16, 〈예레미야〉 4:1 참조, 혹은 콘야, 〈예레미야〉 22:24-30 참조)의 치세는 바빌로니아군에 포위되었던 3개월뿐이었다. 그에게는, 성서에 쓰인 것처럼 '악한 짓을 저지를'(〈열왕기하〉 24:9) 정도의 시간도 없었을 것이다. 기대했던 이집트로부터의 원조도 얻지 못했던 것 같다(〈열왕기하〉 24:7). 얼마 못 가 예루살렘 성문이 열리고, 이 18세의 왕은 많은 지도계층의 사람들과 관리, 군인, 그리고 무기나 요새를 만드는 기술자 및 신전의 재물과 함께 바빌론으로 끌려갔다(〈열왕기하〉 24:8-16). 그중에는 훗날의 예언자 에제키엘도 있었다(〈에제키엘〉 1:1-3 참조). 이것이 이른바 제1차 바빌론 유수幽囚이다. 또한 〈예레미야서〉 52:28에 의하면 8천 명으로 되어 있지만, 이 숫자는 아마도 가장만을 가리키는 것이고 실제로는 가족을 포함해 그 몇 배는 되었을 것이다. 여호야킨이 오랫동안 바빌론에 구류拘留되어 있었던 것은 '야후드 국의 왕 야우킨'(바빌로니아 문서에서의 표기)에 대해 기름을 배급한 사실을 기록한 바빌로니아 문서에서도 확인되고 있다.

유다의 마지막 왕 치드키야

네부카드네자르는 유다가 이집트와의 완충국 역할을 맡기를 기대했던 것인지, 유다를 당장은 국가로서 해체하고 바빌로니아의 속주로 편입시키지는 않고 예루살렘도 파괴하지 않았다. 네부카드네자르는 요시야의 다른 자식으로 여호아하즈의 친동생(〈열왕기하〉 23:31과 24:18을 비교할 것)인 마탄야를 속왕으로 삼고 이름을 치드키야(재위 기원전 597-587)로 고치게 했다(〈열왕기하〉 24:17).

그 치드키야는 빈번하게 바빌론으로 사자를 보낸다거나(〈예레미야〉 29:3), 혹은 그 자신이 바빌론을 방문함으로써(〈예레미야〉 51:59), 네부카드네자르에 대한 충성심을 보이려고 노력했다. 그러나 이 시대의 유다에는, 바빌로니아의 지배를 국가와 민족의 죄에 대한 신의 벌로 받아들이도록 설교한 예레미야 같은 사람들과, 어디까지고 바빌로니아에 대한 반란을 주장하는 국수주의적 호전파가 대립하고 있었던 것 같다(〈예레미야〉 8장 등 참조). 그러나 점차로 호전파가 우위를 점해 치드키야한테 압력을 가하게 되었다(〈예레미야〉 38:4-5). 또한, 마찬가지로 바빌로니아의 지배로부터 독립을 모색하던 에돔, 암몬, 모압, 티루스, 시돈 등과의 모의도 있었던 듯하다(〈예레미야〉 27:3).

이번에도 역시 당시의 이집트 왕 프사메티코스 2세나 아프리에스(〈예레미야〉 44:30의 '호프라')가 원조를 약속했던 것은 거의 확실하다(〈에제키엘〉 17:15). 거기에서 치드키야는 결국 기원전 588년경 바빌로니아에 대해 반란을 일으켰다(〈열왕기하〉 24:20).

유다 왕국의 멸망과 제2차 바빌론 유배

이번 반란에 대한 네부카드네자르의 반응은 신속했다. 그는 늦어도 기원전 587년 초까지는, 예루살렘, 아제카, 라키슈의 세 요새를 제외한 유다 전 국토를 정복했다. 예루살렘을 제외한 두 개의 요새도 얼마 못 버티고 함락되었다. 라키슈에서는, 이 시기의 절망적인 상황을 보고하는 긴박한 문체의 통신문(이른바 라키슈 오스트라카)이 출토되었다. 이집트는 약속대로 원군을 파견했지만 그것은 예루살렘 포위를 일시적으로 느슨하게 만들 힘밖에는 갖고 있지 않았다(〈예레미야〉 37:5-11)

예루살렘은 바빌로니아군에 포위되었고, 기원전 587년 여름경(기원전 586년이라는 설도 있다), 결국 성벽의 일부가 파괴되면서 함락되었다. 도망을 시도한 치드키야는 예리코 부근에서 사로잡혀, 시리아의 리블라에 있던 네부카드네자르 앞에서 반란의 보복으로 눈이 도려내어져 바빌로니아로 끌려갔다(〈열왕기하〉 25:1-7). 반란에서 중요한 역할을 했다고 인정된 유력자 약 70명이 처형되고(〈열왕기하〉 25:18-21), 그 외에 정치적, 행정적, 종교적 지도층 사람들은 바빌론으로 끌려가고(제2차 유수), 가난한 농민들만이 남겨졌다(〈열왕기하〉 25:12). 또한 이때 유수의 규모에 관해서는 여러 가지 설이 있는데, 〈예레미야서〉 52:29의 '팔백삼십이 명'이라는 숫자는 가장들만을 가리킨다고 해도 너무 작다. 이것은 아마도 '예루살렘에서' 끌려간 가장만을 가리키고, 유다 전체에서는 좀 더 많은 사람들이 포로로 끌려갔을 거라고 생각된다. 나중에 귀환하는 사람의 규모를 봐도, 수천 명에서 수만 명 규모의 사람들이 바빌론으로 끌려갔을 것으로 생각된다.

바빌로니아군은 이번에는 예루살렘을 철저하게 파괴했고, 예루살렘에 대한 신의 가호의 상징이었던 신전도 불태웠다(〈열왕기하〉 29:9-10). 이렇게 해서 영화를 구가했던 '신의 도시'(〈시편〉 46, 48 등)는 폐허로 변하고(〈애가〉 1-12장), 단독 왕조로서 오리엔트 세계에서 달리 비슷한 예가 보이지 않는 500년 가까운 단일 혈통의 지배를 자랑하던 다윗 왕조는 드디어 단절되었다.

총독 그달야의 암살과 이집트로의 도망

네부카드네자르는 유다를 바빌로니아의 속주로 편입하고 친바빌로니아파였던 인사들 중에서 그달야를 총독으로 임명했다(〈열왕기하〉 25:22). 그러나 잠복해 있던 반바빌로니아파 사람들은 절망적인 저항을 시도했다. 그들은 이스마엘이라는 인물을 지도자로 해서 미츠파에서 그달야와 주재하고 있던 바빌로니아인 관리들을 암살했다. 이것을 본 많은 사람들은 바빌로니아의 보복을 두려워해, 유다 땅에 머물라고 훈계한 예언자 예레미야를 함께 데리고 이집트로 도망쳤다(〈열왕기하〉 25:25-26, 〈예레미야〉 40:13-43:7).

예루살렘 함락을 전후해서 상당히 많은 사람들이 이집트로 망명했던 것 같다. 그들 중 일부는 나중에 이집트를 섬기는 용병이 되어, 나일 강 중류의 모래톱을 이룬 엘레판티네 섬에 누비아 방면에 대한 전초 기지로서 군사 식민지를 형성해, 뒤에서 보듯이 흥미로운 파피루스를 남기게 된다.

〈예레미야서〉 52:30에 의하면 기원전 582년경에는 제3차 유수가 벌어져, 다시 745명이 바빌론으로 끌려갔다고 한다. 자세한 것은 알 수 없지만 이것은 그 뒤에도 산발적으로 덧없는 저항이나 반란이 계속해서 일어났음을 시사하고 있다.

또한 시리아·팔레스티나 지방에서 반란을 일으킨 것은 유다만이 아니었다. 치드키야의 반란과 거의 같은 시기에 페니키아의 티루스도 바빌로니아에 등을 돌렸다. 티루스는 이집트의 지속적인 지원을 받으며, 무려 13년 동안이나 공성전을 버티며 저항을 계속했지만 결국 기원전 573년에 정복되었다(〈에제키엘〉 29:18-20 참조).

제2절 **바빌론 유수**

아시리아와 바빌로니아의 정복 정책의 차이

그런데 아시리아에 의해 멸망한 북왕국과 신바빌로니아에 의해 멸망한 남왕국은, 정복자 측의 점령 정책의 미묘한 차이가 그 뒤 민족의 운명에 결정적인 차이를 가져왔다. 아시리아도 바빌로니아도 정복한 민족에게 강제 이주 정책을 시행했지만, 아시리아가 옛 북왕국 주민을 아시리아 영토 내 각지로 분산시키고 또 옛 북왕국 땅에 다른 지역의 주민을 이주시키는 쌍방향 이주 정책을 취해 결과적으로 피정복민을 섞이게 한데 비해, 바빌로니아는 구 유다 왕국의 주민을 비교적 하나로 뭉친 형태로 바빌론 근교에 살게 하고, 게다가 일방향 이주 정책에 만족하고 구 유다 왕국 영토를 방치해 거기에 이민족의 식민을 실시하지 않았다. 그로 인해 유다 사람들은 바빌론에서도 본토에서도 민족적 동일성을 가까스로 유지할 수 있었고, 게다가 바빌론 유수 종료 후에는 고향에서 민족의 재건을 꾀할 수 있었다.

따라서 이스라엘 12부족 중에 왕국 멸망을 넘어 살아남은 것은 유다 부족(및 사제 부족인 레위인과 남왕국의 주민이었던 일부 벤야민인)을 중심으로 하는 구 유다 왕국 사람들뿐이었다. 이 사실에서 이윽고 그들은 유대인(그리스어로 '이우다이오이')으로 불리게 된다. 이후로는 우리도 이 호칭을 사용하기로 하겠다.

국가 멸망과 유수 생활의 타격

유수 시대에 사람들이 바빌론이나 본토에서 어떠한 생활을 했는지 직접 서술한 문서는 없다. 그 때문에 이 시대의 상황에 관해서는 예언자나 〈시편〉 중의 부수적인 언급으로부터 추측할 수밖에 없다. 팔레스티나 본토에 관해서 보면, 왕국의 멸망을 틈타 남부의 에돔인들이 침입해 헤브론 부근까지 점거했다 (〈예레미야〉 49:7-22, 〈오바드야〉 1-11, 〈시편〉 137:7, 〈애가〉 4:21-22). 그들은 후에 이두매아인의 선조가 된다.

예루살렘과 그 주변에 남은 것은 주로 하층 농민들이었다. 그들은 숫자상으로는 포로로 끌려간 사람들보다 다수였겠지만, 지도자를 잃어서 정복자에 대해 유효하고 조직적인 저항을 할 수 없었다. 그들은 바빌로니아 관리, 혹은 그들의 꼭두각시인 총독의 치하에서 농경에 종사했지만(〈열왕기하〉 25:12, 예레미야 39:10, 40:9-12), 그 생활은 비참한 것이었다(〈애가〉 5:2-18). 〈애가〉나 몇 개의 '시편'(〈시편〉 74, 79 등)에서는, 폐허가 된 성소의 유적에서 자신들의 죄를 회개하고 신의 자비를 구하는 탄식의 의식이 거행되었다는 사실을 알 수 있다. 아마도 정기적인 단식도 행해졌을 것이다(〈즈카르야〉 7:5, 8:19). 〈예레미야서〉 41:5로부터는, 또한 각지에서 예루살렘으로 순례가 계속되었다는 것을 알 수 있다. 아마도 성소 유적지에 제단이 설치되어 하잘것없는 희생 제물도 계속해서 바쳐졌을 것이다.

국가의 멸망은 정치적, 사회적인 대변동을 가져왔을 뿐 아니라, 종교적으로도 커다란 문제를 제기했다. 고대 세계의 상식에 따르면, 민족 간, 국가 간의 전투는 동시에 신과 신의 전투였다. 따라서 유다 왕국의 멸망과 다윗 왕조의 단절은 이스라엘의 신 야훼가 바빌로니아의 신 마르두크에 패했다는 것을 의미하지 않을 수 없었다.

일찍이 야훼는 신의 도시 예루살렘의 불멸과(〈시편〉 46:5-10, 48:5-12 등) 다윗 왕조의 영원한 존속을 약속했다(〈사무엘하〉 7:12-16, 〈시편〉 89:20-38). 그럼에도 불구하고 예루살렘 신전이 잿더미로 돌아가고, 다윗 왕가 최후의 왕이 비참한 꼴로 포로가 되어 끌려갔다는 엄연한 사실은, 야훼의 약속과 힘에 대해 깊은 의심을 불러일으켰다(〈시편〉 89:39-52 참조). 그로 인해 왕국의 멸망과 유수라는 사태는 심각한 신앙의 위기를 가져온 것이다(〈예레미야〉 44:16-19 참조).

신명기 사서의 성립

이러한 도전을 받아들이고, 그것을 극복하기 위해 진력했던 사람들의 일부는 역사가들이었다. 그들은 필시 유다 궁정에서 공적 기록의 편찬에 관련되었던 관리(서기)들로, 요시야 왕 시대의 개혁에서 커다란 영향을 받은 사람들이었다. 그들은 예루살렘의 몰락 후 자신들의 수중에 있던 풍부한 사료를 가지고 미츠파로 도망쳤고(〈열왕기하〉 25:23 참조), 아마도 거기에서 이스라엘의 가나안 정착부터 왕국 멸망에 이르는 하나의 장대한 역사서(〈여호수아기〉, 〈판관기〉, 〈사무엘기〉, 〈열왕기〉)를 편집했다. 이 사서는 용어적, 사상적으로 〈신명기〉와 뚜렷한 공통성을 나타내기 때문에 독일의 구약학자 마르틴 노트 이래 일반적으로 〈신명기 사서史書〉라고 불리고 있다.

그들이 이 사서를 편집한 것은 단순히 과거의 사실을 기록으로 남기기 위한 것이 아니라, 무엇보다도 우선, 앞에서 말했듯이 왕국 멸망과 바빌론 유수가 불러온 야훼의 힘에 대한 회의懷疑에 응답하고 사태를 신의론神義論적으로 해명하기 위해서였다. 즉 그들은 이스라엘의 역사를 백성 측의 죄와 계약 위반의 역사로 그려냄으로써(〈여호수아〉 23:12-16, 〈판관기〉 2:11-22, 〈사무엘상〉 12:12-25, 〈열왕기하〉 17:7-18, 21:1-5 등), 왕국의 멸망과 바빌론 유수라는 파국이 신으로부터의 정당한 벌이고,

그 책임은 오로지 백성 측에 있음을 보이고, 이 사태가 결코 야훼의 패배나 무력함을 나타내는 게 아니라 오히려 진실로 야훼의 뜻과 역사에서의 힘을 보여준 것이라는 사실을 논증하려고 한 것이다. 한편으로 그들은 등장인물들의 말이나 행동을 빌려, 죄의 회개와 야훼로의 복귀를 설파하고(〈열왕기상〉 8:33-40, 46-50, 〈열왕기하〉 23:24-25 등), 민족 부흥의 희망을 주려 했다(〈신명기〉 4:29-31, 30:1-10 등).

또한 최근에는 신명기 사서의 기본 부분은 요시야 왕의 개혁과 연관해 이미 왕국 시대 말기에 성립했고, 그것이 왕국 멸망 후에 증보, 개정이 가해져 앞에서 본 오늘날의 형태가 되었다고 하는 견해가 영어권 연구자들 사이에서 점점 더 유력해지고 있다. 한편 독일어권에서는 이러한 신명기 사서들은 유수 시대부터 유수 후의 시대에 걸쳐 몇 번의 단계를 거쳐 점진적으로 형성되었다고 보는 연구자가 많다.

예언서의 편집

야훼 종교의 입장에서 이 신앙의 위기를 극복하려 했던 사람들 중에는 또한 예언자의 말을 전승한 사람들도 있었다. 그들은 이 시대의 파국을 이미 발언되었던 예언자들의 재앙의 예언의 성취로 간주하고, 그러한 입장에서 예언자의 말을 편집하고 동시에 예언자들의 구제救濟 예언을 강조(내지는 확장)해서, 절망적인 상황 속에 있는 사람들에게 희망의 빛을 주려 했다. 유수幽囚 시대 이전의 예언자의 말은 전부 이 시대에 책의 형태로 편집된 것으로 생각된다(〈아모스서〉, 〈호세아서〉, 〈이사야서〉 전반, 〈미카서〉, 〈예레미야서〉, 그리고 또 아마도 〈스바니야서〉, 〈하바쿡서〉). 특히 〈예레미야서〉의 편집자와 신명기 사서의 편집자는 동일인이거나 상당히 가까운 서클의 사람들이었을 것으로 생각되고 있다.

유수의 땅에서의 생활

바빌론으로 잡혀간 사람들도 그들 독자의 방식으로 이 종교적 위기를 극복하려 했다. 보통 사용되는 '유수幽囚'라는 말은 오해를 낳기 쉽다. 바빌론에서 유대인들은 결코 구금된 것도, (이집트 탈출 시대의 이스라엘인처럼) 노예로서 학대받았던 것도 아니기 때문이다. 본래의 의미에서 '유수'가 된 것은 기원전 597년에 연행된 유다의 왕 여호야킨(및 그의 측근 몇 명)뿐이었다. 그러나 그도 기원전 561년에는 에윌 므로닥(아멜-마르두크)에 의해 유폐 생활에서 해방되었다(〈열왕기하〉 25:27-30).

일반 유대인들은 니푸르 부근의 크바르 강(아마도 관개용 운하의 하나) 부근의 텔 아비브(〈에제키엘〉 1:1, 3:15)나 그 밖의 땅(〈에즈라〉 2:59, 〈느헤미야〉 7:61 참조)에 자신들의 집락을 설치하고, 물론 바빌로니아인의 감시를 받는 생활이었을 테지만, 장로들(〈에제키엘〉 8:1, 14:1, 20:1, 3)을 중심으로 어느 정도 자치적인 생활을 영위할 수 있었던 듯하다. 특히 기술자 등은 바빌론의 건축 사업에 참가하는 것이 의무였을지도 모르지만, 일반인은 자신들의 손으로 집을 짓고 농사를 짓고 아내를 얻어 가족을 늘릴 수도 있었다(〈예레미야〉 29:5-6). 그들은 자신들만의 집회를 열 수도 있었다(〈에제키엘〉 33:30-33). 그런 자리에서 예언자들이 상당히 자유로이 발언할 수 있었다는 것은 뒤에 서술할 에제키엘의 이른바 '제2이사야'의 활동에서 알 수 있다.

유수된 유대 백성에게는 어느 정도의 이동이나 직업 선택의 자유도 부여되었던 것 같다. 나중에는 유대인 중에서 상업에 종사해 엄청난 부를 축적한 자도 나왔다. 바빌론 시대나 페르시아 시대의 경제 문서에서는, 바빌론에서 유대인이 다양한 직업을 가지고 그중에는 상당한 경제력을 가진 사람도 있었다는 것이 확인된다. 바빌론 '유수'가 결코 가혹한 것이 아니었다는 사실은, 페르시아에 의한 해방 후에도 상당한 수의 유대인이 자발적으로 바빌론에 남았다는 사실에서도 보인다.

망향의 정과 회복의 희망

그로 인해 바빌론의 유대인들에게 보다 중요한 문제는 종교적, 정신적인 것이었다. 무엇보다도 우선 그들에게는 성지로부터 떨어지게 되었다는 것이 커다란 괴로움이었고, 예루살렘에 대한 그들의 망향의 정은 커지기만 할 뿐이었다(〈시편〉 137:1-6). 본토에 남은 사람들과 마찬가지로, 바빌론으로 옮겨야 했던 유대인에게도 왕국의 멸망과 유수라는 사태는 야훼의 힘과 구원의 의지에 대한 숨기기 어려운 의구심을 불러일으켰다 (〈에제키엘〉 18:25, 37:11, 〈이사야〉 40:27, 49:14, 50:2 참조). 특히 승리자인 바빌론의 신들의 본거지로 옮겨진 그들에게는 이교의 유혹이 심각한 문제가 되었다(〈이사야〉 44:9-17, 46:1-13).

이에 대해 유수 시대 초기의 예언자 에제키엘은 구약성서에서 최초로 사자死者의 부활의 비유를 빌려 빈사의 상태에 있던 민족의 재생을 예언했고(〈에제키엘〉 37:1-10), 또한 유수 시대 말기의 익명의 예언자 '제2이사야'(그 말이 〈이사야서〉 40-55장에 정리되어 있기 때문에 일반적으로 이렇게 부른다)는 우주에서의 신의 유일성(〈이사야〉 44:6-8, 45:5-7, 46:9-13)과 태고의 구제의 위업을 능가하는 '제2의 이집트 탈출'이라 할 바빌론으로부터의 해방(〈이사야〉 43:16-20, 51:9-11)을 고지告知하는 것으로서 제각각 절망감에 빠져 있던 백성에게 희망을 부여하려 했다. 또한 '제2이사야'는 이 희망을 당시 대두하고 있던 페르시아의 퀴로스 대왕에 연결시키게 된다(〈이사야〉 44:28, 45:1-7, 다음 장 참조).

민족의 자기동일성

바빌론으로 옮겨진 유대인들로서 무엇보다 절박한 문제였던 것은 이민족의 땅에서 이스라엘=유대인으로서의 민족적 동일성을 유지하는 것이었다. 국가와 국토를 잃은 그들로서는, 민족으로서의 동일성을 유지하기 위한 유일한 버팀목은 그들의 종교였다 그러나 요시야의 개혁 이후 전통적 예배의 유일한 장소가 되었던 예루살렘 성소에서 떨어져 부정한 이교의 땅으로 옮겨온 그들로서는 순례나 제례나 희생물이라는 종래의 방식으로 종교 생활을 준수하는 것이 불가능하게 되었다. 그로 인해 유대인들은 장로나 지식인을 중심으로 모인 집회에서, 종교적 문서의 낭독이나 설교, 기도를 중심으로 한 언어의 예배를 행하게 되었을 것이다. 그리고 이러한 전통은 이윽고 훗날 시나고그에서의 유대교 예배의 원형이 되었다.

유대적 생활 관습과 사제 문서의 성립

이러한 상황 속에서 종래의 야훼 종교의 요소들 중에 특정한 성소와 연결되지 않고, 또한 이민족으로부터 유대인을 구별하는 지표가 되는 요소들이 특히 중요한 의미를 가지게 되었다. 그 전형적인 것이 안식일, 할례, 음식물에 대한 규정이다.

안식일의 기원은 명확하지 않지만, 그것은 십계(〈탈출기〉 20:8-10)나 초기의 예언자(〈이사야〉 1:13, 〈호세아〉 2:13, 〈아모스〉 8:5)에 의해서도 언급된 오랜 관습으로, 아마도 원시적인 터부의 관념에서 유래한 것으로 생각되는데, 그것이 이 시대에는 한편으로는 천지창조와 연결되고(〈창세기〉 1:1-2:4$_a$, 〈탈출기〉 31:17), 다른 한편으로는 그것을 어기는 것이 생명과도 관련되는 것으로 여겨지게 되었다(〈탈출기〉 31:14-15, 〈에제키엘〉 20:12-25).

할례 또한 원래는 성에 관한 원시적, 주술적인 관념과 연결된 관습이었던 것으로 보이는데, 바빌로니아에는 이 관습이 없었으므로 이 시대에는 계약의 백성에 속하는 '표징'으로 재해석되기에 이르렀다(〈창세기〉 17:9-14).

음식물 규정(〈레위기〉 11:1-23, 〈신명기〉 14:3-20)도 식생활을 통해 유대인을 주변 세계로부터 문화적으로 차단하는 데 중요한 기능을 수행했다. 아울러 모세 오경의 마지막 층을 이루는 사제 문서(이른바 'P자료', 사제를 의미하는 독일어 Priester에서 유래)가 편집된 것도 분명히 이 시기이다. 사제들은 한편으로 안식일이나 할례에 신학적으로 의미를 부여하고(〈창세기〉 1:1-2:4a, 17:9-14, 〈탈출기〉 31:13-17), 다른 한편으로는 중단된 신전 제의가 재개되는 날이 올 것을 믿고 자신들에게 전해진 제의적 전통을 문서화함으로써 정확히 했다(〈레위기〉 등의 제의 율법).

안식일, 할례, 음식물 규정을 중심으로 한 율법의 체계는 그 뒤 여러 이민족에 의해 지배받으면서, 어디에 있더라도 유대인이 유대인으로 계속해서 존재할 수 있는 기반이 되었다. 이러한 관습의 비합리성을 좀 더 보편주의적 입장에서 비판하는 것은 쉬운 일이다. 그러나 그것들은 동시에, 기원후 70년 이후 유대인이 민족적 이산diaspora 속에서 여러 민족 사이를 전전하면서 실로 2천 년에 걸쳐 한 민족의 자기동일성을 계속해서 유지했다는 기적의 가장 큰 근거가 된 것이다. 또한 종교사적으로는 바빌론 유수 이후의 율법을 중심으로 한 종교를 '유대교'라고 부르고, 그 이전의 '고대 이스라엘 종교' 내지 '야훼 종교'와 구별해서 다루는 것이 일반적이다(막스 베버 등의 '고대 유대교'라고 하는 용법은 오히려 예외적이라 할 수 있다).

제3절 **바빌로니아의 성쇠**

바빌로니아 왕 네부카드네자르

마지막으로 승리자, 지배자였던 신바빌로니아 제국 쪽도 한 번 더 살펴보자. 베르디의 오페라 〈나부코〉의 주인공으로도 널리 알려진 네부카드네자르는 국내에서는 경제 활동을 진흥했다. 시리아, 페니키아의 상권을 억누른 것은 바빌로니아에 막대한 부를 가져다주었다. 이 시대의 바빌로니아는 문자 그대로 세계 상업의 중심으로서 함무라비 시대를 능가하는 번영을 누렸다.

네부카드네자르는 또한 수도 바빌론을 대규모로 확장했다. 그는 바빌론 시 전부를 전장全長 18킬로미터나 되는 이중의 성벽으로 두르고, 그중 몇 군데에 '이슈타르 문'(베를린의 페르가몬 박물관 소장)을 비롯한 거대하고 호화로운 성문을 달고, 바빌론을 남북으로 횡단하는 대행렬 도로를 건설했다. 그는 또한 신전과 신관단(團)을 존중해, 부왕 나보폴라사르가 착수한 성탑(지구라트) '에테멘안키('하늘과 땅의 기초가 되는 신전'이란 의미)'('바벨탑' 이야기의 원형?)의 재건을 완성했고, 에사기라를 비롯한 유서 깊은 신전을 수복하고 또한 많은 신전을 새로 지었다. 네부카드네자르의 시대에는 바빌론 시내에 마르두크 신전만도 55개를 헤아렸고, 총 수천 개 이상의 크고 작은 신전이 있었다고 한다. 또한 지구라트와 나란히 세계 7대 불가사의의 하나인 '공중정원'(일종의 옥상정원)은 메디아에서 시집온 왕비 아뮈티스의 향수를 달래기 위해 건설된 것이다.

바빌로니아의 몰락

그러나 신바빌로니아 제국의 진정한 의미에서의 절정기는 네부카드네자르의 치세 약 40년간뿐이었다. 네부카드네자르 시대의 말기가 되면, 우대받았던 마르두크의 신관단과 상업을 통해 경제적 실력을 얻은 상인이나 금융업자들의 대립이 표면화하기 시작한다.

네부카드네자르의 사후, 자식인 아멜-마르두크(재위 기원전 562-560, 구약성서의 에윌 므로닥, 〈열왕기하〉 25:27-30 참조)는 신관단의 힘을 제한하려 했지만 오히려 신관단의 반발에 밀리고, 그들의 지원을 받은 자신의 자형姊兄 네리글리사르(재위 기원전 560-556, 구약성서의 네르갈 사르에체르(?), 〈예레미야〉 39:3 참조)에게 살해당했다. 신관단은 이 꼭두각시 왕의 사후에 왕위를 이은 어린 왕 라바시-마르두크(재위 기원전 556)가 자신들의 뜻대로 움직이지 않는다는 것을 알고 즉위 불과 3개월 만에 어린 왕을 암살하고 자신들의 뜻에 좀 더 맞는 자를 왕위에 앉히려 했다. 이렇게 해서 즉위한 것이 하란 출신의 나보니두스였다. 그러나 이 신왕은 마르두크 신관단이 기대했던 왕과는 거리가 먼 인물이었다.

바빌로니아 왕 나보니두스

신바빌로니아 최후의 왕이 된 나보니두스(재위 기원전 556-539)는 하란의 달의 신 신Sin의 여신관의 자식으로 순수한 바빌로니아인(칼데아인)이 아니었다. 즉위 초에는 마르두크의 여러 신전을 개수하거나 신축해서 바빌로니아 왕으로서의 의무를 다했지만, 어머니로부터 감화를 받은 것인지 점차로 하란이나 우르의 신Sin 제의에 점차 무게를 두었기 때문에 마르두크 신관단과 불화하게 되었다. 그 때문인지 나보니두스는 기원전 552년경부터는 국정을 왕자 벨사차르한테 완전히 넘기고, 바빌론의 연례행사인 신년제도 참석하지 않고 베두인족처럼 아라비아 사막을 방랑하더니 나중에는 먼 훗날 무함마드(마호메트)의 거점이 되는 메디나(야스리브)까지 갔다고 전한다. 그 뒤 나보니두스는 기원전 551년에는 북 아라비아 사막의 요새 도시 테마를 점거하고 그곳에서 10년 가까이나 은거 생활을 보냈다(기원전 551-543). 이러한 나보니두스의 '기행奇行'은 구약 성서에도(네부카드네자르의 이야기로서!) 반영되어 있다(〈다니엘〉 4:25-30).

기원전 543년경 바빌론으로 귀환한 뒤에도, 나보니두스는 페르시아의 퀴로스가 대두해 메디아와 뤼디아를 멸망시키고, 바빌론에 대한 포위망을 강력하게 해오고 있는 국제 정세는 거의 아랑곳도 않고 광신적인 달의 신 숭배에 계속해서 열중했다. 이 때문에 페르시아 왕 퀴로스가 드디어 바빌론으로 진군했을 때, 나보니두스한테 이미 정나미가 떨어진 신관단이나 민중은 오히려 이를 환영해, 기원전 539년 바빌론은 피 한 방울 흘리지 않고 페르시아에 성문을 열었다. 이렇게 해서 신바빌로니아 제국은 아시리아의 지배로부터 독립한 지 100년도 못 되어 종말을 맞이하고, 바빌로니아는 페르시아 제국의 일개 속주가 된다. 그것은 동시에, 유대인에게도 바빌론 유수 시대가 끝났음을 의미했다.

제8장 | 페르시아의 지배
(기원전 6세기 후반–4세기 중엽)

제1절 유수 생활의 끝과 팔레스티나 귀환

페르시아 왕 퀴로스의 대두

세계사 안에는, 그때까지 변경의 군소 민족의 하나에 지나지 않았지만, 단지 한 사람의 뛰어난 정치적, 군사적 지도자의 출현에 의해 불과 몇 년 사이에 일대 제국으로 성장하는 현상이 되풀이해서 나타난다. 오리엔트 세계에는 일찍이 함무라비의 바빌론 왕국이나 다윗의 이스라엘 왕국, 네부카드네자르의 신바빌로니아 제국, 그리고 나중의 알렉산드로스 대왕의 마케도니아 제국이 그 좋은 예이다.

페르시아 제국의 건설자인 아케메네스 가문의 퀴로스 2세 (대왕, 재위 기원전 559–530)도 그러한 천재적인 영웅의 한 사람이다. 페르시아인은 기원전 6세기 중반 무렵까지는 메디아인의 지배를 받았고, 퀴로스의 아버지 캄뷔세스 1세도 메디아 왕국을 섬긴 파르사 지방('페르시아'의 어원)의 일개 영주에 지나지 않았다. 이 캄뷔세스는 메디아 왕 아스튀아게스의 딸 만다네를 아내로 얻어 퀴로스를 얻었다고 전해진다.

그 퀴로스는 우선 기원전 559년에 안샨(구 엘람 지역)의 영주가 되었고, 혈통으로 보자면 조부에 해당하는 메디아 왕 아스튀아게스를 섬겼지만, 메디아와 바빌로니아의 불화 가운데, 아스튀아게스로부터 바빌로니아와 내통하는 게 아닌가 하는 의심을 산 것을 계기로 반란을 일으켰다. 퀴로스의 군대는 열세였지만, 메디아의 유력한 장군 중 일부가 퀴로스 측으로 넘어왔기 때문에, 파사르가다이에서 아스튀아게스를 격파하고 기원전 552년에는 메디아의 수도 에크바타나를 정복해 이 대국을 멸망시켰다.

메디아의 우수한 병력을 자신의 군대에 편입시킨 퀴로스는 이어서 소아시아의 뤼디아 왕 크로이소스의 도전을 하뤼스 강 동쪽의 프테리아에서 격퇴했다. 크로이소스는 수도 사르디스로 철퇴했지만 퀴로스는 눈이 깊이 쌓여 있는 아나톨리아 산중을 단시간에 돌파해 기원전 547년에 사르디스를 정복하고 뤼디아를 속주로서 병합했다. 이로써 크로이소스가 지배하고 있던 소아시아 서안의 그리스 여러 도시도 페르시아의 지배하에 들어왔다. 기원전 545년부터 540년경까지 퀴로스는 동방으로 눈을 돌려 카스피해 동남쪽의 히르카니아를 비롯해 오늘날의 이란, 아프가니스탄에 해당하는 마르기아나(메르브), 박트리아(바르푸), 소그디아나(사마르칸트) 지방 등을 제압하고 인더스 강 부근까지 지배하에 두었다.

퀴로스의 바빌론 정복과 페르시아의 관용 정책

기원전 539년, 퀴로스는 드디어 남아 있는 오리엔트 세계의 최대 도시 바빌론 공략에 착수했다. 그때, 앞에서 본 대로 역량이 없고 정상적이지 않은 바빌로니아의 왕 나보니두스를 포기하고 있던 바빌론의 신관들이나 민중은 퀴로스를 적극적으로 맞아들였다. 또한 유수 생활을 하던 유대인들 가운데 있던 익명의 예언자(제2이사야)는 퀴로스를 '메시아(기름 부음을 받은 자)'라고까지 부르면서, 그의 등장을 이스라엘의 해방자의 도래로서 열광적으로 환영했다(〈이사야〉 44:28, 45:1-7).

퀴로스는 관용의 정복자였다. 헤로도토스가 전하는 바에 의하면, 퀴로스는 아스튀아게스를 사로잡은 뒤에도 경의를 갖고 우대했으며, 또한 화형에 처했어야 할 크로이소스를 구해주었다(『역사』 제1권 86-90, 130). 바빌론을 정복할 때도 성 안에서 최후의 저항을 하고 있던 왕자 베르사차르는 전사했지만(〈다니엘〉 5:30 참조), 나보니두스는 사로잡힌 뒤에도 이전의 왕으로서 극진하게 대우받았고, 그 사후에는 성대한 국장까지 치러주었다고 한다.

퀴로스는 특히 정복한 민족의 종교적, 문화적 관습을 존중했다. 그는 바빌론에서 '벨(주主) 마르두크의 손을 잡고' 바빌

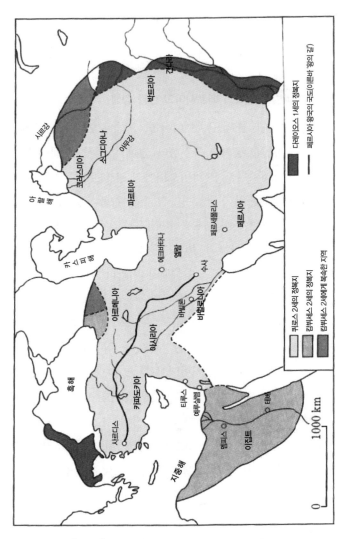

[지도9] 아케메네스조 페르시아 제국의 영토 확대

범례:
- 다레이오스 1세의 정복지
- 페르시아 왕국의 국도(이른바 '왕의 길')
- 퀴로스 2세의 정복지
- 캄뷔세스 2세의 정복지
- 캄뷔세스 2세에게 복속한 지역

0 ─────── 1000 km

지명:
시르강, 박트리아, 페르시아, 스키디아나, 아무강, 아랄해, 파르티아, 초라스미아, 페르세폴리스, 카르마니아, 엑바타나, 수사, 카스피해, 바빌론, 아르메니아, 메디아, 바빌로니아, 흑해, 카파도키아, 사르디스, 티로스, 예루살렘, 멤피스, 테베, 이집트, 지중해

론의 왕으로 즉위했고, 마르두크 신이나 신관단을 존중해, 마치 바빌론인의 왕처럼 행동했다. 그는 또한 뒤에 나오듯이 바빌론 유수 생활을 하던 유대인을 해방하고 팔레스티나 귀환과 신전 재건을 허가했는데, 〈에즈라기〉가 전하듯이 퀴로스가 유대인에 대해 '하늘의 신 야훼'의 이름으로 그 해방의 칙령을 발포했다는 것조차도 역사적 사실일 가능성이 없지 않다(〈에즈라〉 1:2-4). 퀴로스의 이러한 조치는 유대인에 국한된 것이 아니었다. 퀴로스의 원통 비문에는, 퀴로스가 전리품으로서 바빌론에 모아 놓았던 각지의 신상을 반환하고, 각지의 신전을 재건하고, 이주해 있던 여러 민족을 고향으로 귀환시켰다는 사실이 자화자찬되고 있다.

이러한 피지배민에 대한 관용적인 정책은 그 뒤 페르시아의 지배자들한테도 기본적으로 계승되었다. 징세나 부역에 관해서는 가혹하다고 할 수 있는 면도 없지 않았다 해도(〈에즈라〉 4:13, 〈느헤미야〉 5:4 등 참조), 페르시아인은 억압해야 할 것은 억압하면서도 지배하고 있던 민족이 반란을 기도하지 않는 한 그들의 문화적, 종교적 전통을 존중하고 그들이 고유의 민족성을 발전시키는 것을 방해하지 않았다. 그들은 그러한 정책을 통해, 이른바 '존경과 사랑을 받는 지배자'가 되는 것을 목표로 한 것이다. 이것은 정복지의 신전을 파괴하고, 신상을 포로처럼 데려가고, 피정복자들의 민족성을 해체하기 위해 강제 이주를 시행했던 아시리아, 바빌로니아의 강권 정책과는 완전히 대조적인 것이었다.

그리고 이러한 관용 정책이 실제로 지극히 효과적이었다는 것은, 적어도 유대에 관해서는 그 뒤의 역사에 의해 실증되었다. 유대인은 그 뒤 페르시아가 알렉산드로스 대왕에 의해 멸망할 때까지 반란다운 반란은 일으키지 않았고, 유수 생활을 마친 뒤 유대인 공동체 부흥의 지도자였던 즈루빠벨, 느헤미야, 에즈라도 페르시아 대왕의 충실한 신하였다. 구약성서에는 〈에스테르기〉도 포함해, 페르시아 지배 그 자체를 비판적으로 말한 부분은 거의 없다(예외는 훨씬 후대에 쓰인 〈다니엘〉 8:3-4). 페르시아 제국이 그 광대한 영토를 2백 년 이상에 걸쳐 유지할 수 있었던 커다란 요인의 하나가 여기에 있었다고 말할 수 있을 것이다.

퀴로스의 칙령 — 바빌론 유수 생활의 끝

바빌론 유수 생활 약 60년간은 세계사의 흐름에서 보자면 극히 짧은 기간에 지나지 않지만, 한 사람 한 사람의 인생에서 보자면 충분하고도 남을 정도로 긴 시간이었을 것이다. 페르시아 왕 퀴로스가 기원전 539년에 바빌론을 정복하고 유대의 유수민들을 해방했을 때 예루살렘에서 붙잡혀왔던 제1세대로서 생존해 있던 사람은 소수였을 게 틀림없다(〈에즈라〉 3:12 참조). 이 구제가 주어질 수 있었던 사람들 대부분은 바빌론에서 태어난 새로운 세대였을 것이다.

퀴로스는 바빌론 정복 직후인 538년에 칙령을 발포해 유대인의 예루살렘으로의 귀환과 신전 재건을 허가하고, 나아가 전리품으로서 바빌론에 몰수되었던 신전의 기물을 반환하고, 신전 재건을 위한 재정 원조를 약속했다(〈에즈라〉 1:2-4, 6:3-5).

얼마 안 있어 세스바차르가 이끈 귀환민 제1진이 예루살렘을 향해 출발했다(〈에즈라〉 1:5-11). 이 세스바차르는 〈역대기 상〉 3:18의 '셴아차르'와 동일 인물이라고 많은 연구자들이 간주하는데, 만약 그렇다고 한다면 다윗 왕조의 피를 이은 인물이 되는 셈이다. 또한 페르시아 제국이 귀순한 지역의 기존의 지배자의 가계家系의 일원에게 계속해서 같은 지역의 실질적인 통치를 맡긴 것은 드문 일이 아니었다. 나중에 다윗의 가계에 속하는 즈루빠벨이 '총독'이 된 것도, 필시 이것과 관련이 있을 것이다.

이때 어느 정도의 인원이 세스바차르와 함께 예루살렘으로 돌아왔는지는 명확하지 않지만(〈에즈라〉 2:1-67, 〈느헤미야〉 7:6-68의 표는 아마도 장기간에 걸친 총인원 내지 어느 시점에서의 예루살렘 주민 전체를 가리키는 것 같다), 그다지 많은 인원은 아니었을 것으로 생각된다. 귀환민의 물결은 느헤미야나 에즈라의 시대에 이르기까지 수많은 대소 집단을 이루어 지속적으로 예루살렘으로 흘러 들어왔다. 한편 스스로의 의사로 바빌론에 머물기로 한 사람도 적지 않았다는 것은 앞 장에서 말한 대로이다.

제2절 **예루살렘 신전 재건**

신전 재건 사업과 그것의 중단

세스바차르는 귀환 후 곧바로 예루살렘의 성소 유적에 새로
운 신전의 기반을 닦았다(〈에즈라〉 5:14-16). 또한 신전의 폐허
에는 사제들이 원래의 장소에 제단을 쌓고, 오랫동안 중단되었
던 희생제물이 야훼 신에게 바쳐지게 되었다(〈에즈라〉 3:2-5).
그러나 결국 신전 재건 사업은 중단될 수밖에 없게 된다. 세스
바차르는 어느새 자취를 감추고, 이스라엘 땅에 극심한 기근이
덮쳐서(〈하까이〉 1:6, 9-11, 2:15-17), 사람들이 자신들의 하루하
루 삶을 확보하기도 만만치 않아져 신전 재건을 향한 사기가
완전히 꺾여 버렸다(〈하까이〉 1:2, 9). 성소는 그 뒤 20년간 폐허
로 방치되었다.

그사이, 퀴로스의 뒤를 이은 페르시아 왕 캄뷔세스 2세(재위

기원전 530-522)는 기원전 525년에 이집트를 원정해 멤피스를 중심으로 하던 하ĸ이집트를 정복했지만 원정 중에 사고로 죽어, 페르시아 본국은 일시 왕위를 둘러싼 내전 상태에 빠졌지만 그것을 평정하고 페르시아 왕의 자리에 오른 것이 다레이오스 1세였다.

신전 재건 사업의 재개

이 다레이오스 1세(재위 기원전 522-486)의 치세인 기원전 520년에 예루살렘에서는 드디어 신전 재건 공사가 재개되었다. 이때 백성을 독려한 것이 예언자 하까이와 즈카르야이고(〈에즈라〉 5:1, 6:14, 〈하까이서〉, 〈즈카르야〉 1-6장), 실제 공사를 지휘, 감독한 것은 '총독' 즈루빠벨과 여호차닥 집안의 대사제 예수아였다(〈에즈라〉 5:2, 〈하까이〉 1: 1, 12-14, 2:2-4).

또한 이 재건 작업에는 사마리아의 주민이 협력과 참가를 신청했지만 즈루빠벨과 예수아는 그들의 신청을 거절하고 자신들만으로 신전을 재건하겠다고 고집했다(〈에즈라〉 4:1-3). 이것은 사마리아 주민의 다수가 예전에 아시리아에 의해 이 땅에 이주되어 온 이교도 내지 이방인의 자손이었기 때문일 것이다. 이러한 배타적인 태도는 사마리아 주민에게 반감을 품게 해 그들은 신전 재건 사업을 방해하게 되었다고 한다(〈에즈라〉 4:4-5). 이러한 대립은 결국은 예루살렘의 유대교도와 게리짐산의 성소를 중심으로 한 사마리아 교도의 대립으로까지 발전하게 된다.

즈루빠벨과 예수아에 대한 메시아적 기대와 제2신전의 완성

예언자 하까이와 즈카르야는 즈루빠벨과 예수아(여호수아)의 활약에, 단순히 신전 재건 사업의 지도자의 역할을 넘어서 메시아적인 기대를 연결시키려 한 것 같다(〈하까이〉 2:21-23, 〈즈카르야〉 3:8-10, 4:6-14, 6:9-14). 특히 즈루빠벨의 경우, 계보도에 의하면 다윗 왕가의 피를 이은 후예이고(〈역대기상〉 3:19), 그에게 다윗 왕조 부흥의 희망이 결집되었다고 해도 이상할 게 없다. 이러한 희망은 캄뷔세스 2세 사망 후의 페르시아 국내의 왕위 계승권을 둘러싼 혼란과 일시적 분열에 의해 보다 현실적인 감이 늘어났을지도 모른다. 어찌됐든 이것은 구약성서 시대사에서 메시아적 구원자 대망이 구체적인 역사적 개인과 결합된 거의 유일한 사례이다.

또한 신전 재건 사업은 다레이오스 1세의 직접 승인을 받아(〈에즈라〉 5:6-6:12), 약 5년간에 걸친 공사 끝에 기원전 515년에 드디어 완성되었다. 네부카드네자르에 의한 파괴(기원전 587)로부터 실로 72년 만의 일이었다. 새로운 성소의 낙성落成은 성대한 봉헌식과 유월제로 축하되었다(〈에즈라〉 6:16-22). 초대 대사제로 예수아가 취임했고(〈즈카르야〉 3:8, 6:11-13), 이스라엘·유대의 역사는 그 이후 이른바 제2신전 시대(기원후 70년 로마군에 의한 신전 파괴까지)로 들어간다.

그렇다고 해도 유대의 '총독'으로 여겨진 세스바차르(《에즈라》 5:14)와 즈루빠벨(《하까이》 1:1, 14 등)이 각각 직무 도중에 홀연히 자취가 사라진 것은 기묘하다. 단순히 정기적인 인사이동으로 본국으로 소환되었을 수도 있지만, 그들이 둘 다 다윗 왕가의 가계에 속했다는 점이나, 특히 즈루빠벨이 앞에서 말한 대로 메시아적 대망을 한 몸에 모으고 있었다는 것을 생각하면, 단순히 종교적 자율을 넘어선 유대인의 정치적 독립을 요구하는 운동과 결부되어서 그들이 페르시아 당국에 의해 어떠한 형태로 '죽은 사람'처럼 되었다고 추측하는 연구자도 있다. 하지만 진상은 어둠 속에 있다고 할 수밖에 없다.

어찌됐든 그 이후 유대는 정치적으로는 페르시아의 지배를 받으면서도 신전과 대사제를 중심으로 민족적 자기동일성을 유지해 나가는 종교공동체(교단민족)로 계속해서 머물게 된다.

제3절 **페르시아 지배하의 유대인**

페르시아 시대 초기 유대의 지위

이 시대의 페르시아 제국 내에서 유대의 법적 지위에 관해서는 분명치 않은 점이 많고, 연구자의 견해도 나뉘고 있다. 하지만 거의 확실한 것은 이 시대의 유대가 사마리아와 함께, 페르시아 측에서는 '강 저쪽'(아바르 나하라)이라고 불린 유프라테스 이서以西 지방 주의 태수(사트랍)의 관할하에 있었다는 사실이다(〈에즈라〉 5:3, 6, 6:6, 13, 〈느헤미야〉 2:7, 9). 많은 연구자는 이 주(사트라피) 안에서 유대는 독립성을 갖지 못하고 바빌로니아 시대와 마찬가지로 사마리아 지방 총독의 지배하에 놓여 있었던 것으로 본다. 이 견해에 따르면 세스바차르나 즈루빠벨이 '총독'(페하)이라고 불렸다는 사실(〈에즈라〉 5:14, 〈하까이〉 1:1, 14 등)은 시대착오이거나, 이 경우의 '페하'는 '총독'이나 '장관'이라는 의미를 갖지 않고 특임사절이라든가 유대인 공동체의 지도자 정도의 의미였다는 게 된다. 이 입장의 연구 자들은 유대는 느헤미야 시대 이후 처음으로 독립한 주로 격 상되었다고 생각한다. 이 전제에서 보면 뒤의 느헤미야의 활동 에 사마리아 총독들이 강한 반발을 보인 것(〈느헤미야〉 2:10 등 참조)도 잘 이해할 수 있다.

이에 대해 다른 연구자들은 느헤미야 스스로 자신의 전임 자에 대해 언급한 일이나(〈느헤미야〉 5:15), 이 시대의 유대에 서 '페하'(〈말라키〉 1:8도 참조) 직위를 가진 인물의 인장이나 봉 니封泥(불라)가 발견된 것에서, 유대는 페르시아 시대 초기부터 사마리아와는 독립한 주를 이루었다고 본다. 이 견해는 유대가 이미 느헤미야 이전에 '주'(메디나/메딘타)로 불렸다는 사실(〈에 즈라〉 5:8, 〈느헤미야〉 1:3)과도 부합된다.

또한 〈에즈라기〉 4:7-23에 의하면, 이미 느헤미야 시대 이 전에 유대에서 예루살렘 시가나 성벽을 재건하려는 운동이 일 어났는데, 이것은 '강 저쪽'(아바르 나하라) 관리들의 간섭과 방 해에 의해 당시의 페르시아 왕 아르타크세르크세스(1세)의 명 령으로 중지할 수밖에 없었던 것 같다.

페르시아 제국에 대한 복종

페르시아 시대를 통해 제국 각지(특히 이집트와 바빌론)에서 때때로 반란이 일어났지만, 유대인들은 일관해서 ―기원전

368-358년의 유프라테스 강 서부의 사트랍들의 대반란이 일어났을 때조차도— 페르시아 제국의 충실하고 온화한 신민으로 남았다.

이것의 한 가지 이유는 앞에서 말했듯이 페르시아가 원칙적으로 종교적 관용 정책을 펼쳐 대폭적인 신앙의 자유를 부여한 것에 있다고 생각된다. 예루살렘 귀환 후의 교단민족으로서의 유대 민족 재편이 뒤에서 보듯이 유대인이면서 페르시아 왕의 충실한 신하인 느헤미야나 에즈라에 의해 이루어진 것도 이러한 유대인의 순종적인 자세와 연관되었을 것이다. 귀환 직후에는 다윗 왕국 재건의 메시아적 기대가 즈루빠벨 등에 모아졌지만, 그러한 희망은 사실상 아무 일도 일어나지 않음으로써 점차로 시들해져 갔다. 유대인들은 주어진 종교의 자유를 넘어서, 정치적 독립을 더 이상 요구하려 하지는 않았던 것이다.

제4절 에즈라와 느헤미야

사회적, 종교적 질서의 혼란

제2신전의 완성(기원전 515)으로부터 느헤미야, 에즈라의 등장까지의 약 70년간의 유대의 역사는 사료의 부족으로 구체적인 사실이 거의 알려져 있지 않다 그러나 거의 이 시대의 것으로 생각되는 〈말라키서〉나 나중의 〈느헤미야기〉에서는 당시의 일반적인 상황을 추측할 수 있다. 즉 신전 재건에도 불구하고 그다지 시간이 지나지 않은 사이에 예배나 제의는 형해화하고 사회적 모순은 확대되고 있었다. 국토의 태반은 폐허로 방치된 채였고(〈느헤미야〉 1:3), 사람들은 신전에 기증을 게을리 하고 (〈말라키〉 3:8-10), 상처 있는 희생 제물을 바치고(〈말라키〉 1:6-14), 신앙을 잃어버린 자들도 적지 않았다(〈말라키〉 3:13-15). 안식일은 지켜지지 않고(〈느헤미야〉 13:15-16), 성직자들도 타락해 있었다(〈느헤미야〉 13:4-11, 〈말라키〉 2:1-5). 또한 관리나 부유층 등의 강자에 의한 약자의 억압이 진전되어 가난한 자들은 몰락해서 노예 신분으로 떨어지고(〈말라키〉 3:5, 〈느헤미야〉 5:1-5), 이교도와의 결혼도 당연한 것처럼 이루어지게 되었다(〈느헤미야〉 13:23-28, 〈말라키〉 2:11-13).

바빌론으로 끌려갔던 사람들이 주로 정치적, 종교적 지도자층이었던 것에 비해, 유수를 면하고 팔레스티나에 남은 것은 '가난한 백성'(〈열왕기하〉 25:12 참조)이었기 때문에, 지도자 없이 백 년 이상을 지내는 동안에 사람들의 종교적, 사회적인 윤리가 저하되어 있었을 것이다. 바빌로니아의 이교적 환경 속에서 자각적으로 유대인으로서의 순수성을 지켜냈던 느헤미야나 에즈라 같은 귀환민에게 이러한 상황은 꺼림칙하게 여겨졌을 것이다.

또한 이 시기의 페르시아 제국은 그리스와 두 번의 이른바 페르시아 전쟁(기원전 490, 480-479)에서 패배하는 커다란 타격을 입었지만, 구약성서 중에는 이 사건에 관한 시사示唆는 없고, 페르시아의 패전이 유대에 대한 페르시아 지배에 어떠한 영향을 주었다는 흔적도 없다. 국고의 재건을 위한 증세가 유대에도 경제적인 부담을 늘게 했을 가능성이 컸을 텐데도 말이다(〈느헤미야〉 5:4 참조).

느헤미야의 예루살렘 파견과 예루살렘 성벽의 재건

느헤미야는 바빌론 유수 종료 후에도 메소포타미아에 잔류했던 유대인의 한 사람으로, 아마도 그 자신의 저술이라고 생각되는 느헤미야 회상록에 의하면, 수사Susa의 궁정에서 아르타크세르크세스 왕의 헌작관獻酌官(즉 왕의 가장 가까운 측근)으로 발탁되어 있었다(〈느헤미야〉 1:11, 2:1). 이 페르시아 왕이 아르타크세르크세스 1세(재위 기원전 465~424)였다는 것은 의심의 여지가 없다.

어느 날 느헤미야는 예루살렘이 폐허가 된 채로 있다는 참상을 전해듣고 페르시아 왕에게 탄원해 예루살렘 재건의 허가를 얻었다(느헤미야 2:3~8). 어쩌면 느헤미야의 이러한 행동은, 〈에즈라기〉 4:7~23에 기록된 예루살렘 재건 운동의 좌절을 알고 나서였는지도 모른다. 어찌됐든 느헤미야는 페르시아 왕에 의해 '유대의 총독(폐하)'(〈느헤미야〉 5:14, 12:26) 내지 '장관(티르샤타)'(〈느헤미야〉 8:9, 10:2)으로서 전권을 위임받았다. 이 사실이 페르시아 제국 내에서의 유대의 법적 지위의 커다란 변경을 의미하는 것이었는지에 대해서는 앞에서 본 대로 연구자들 사이에서 해석이 갈리고 있다. 느헤미야가 예루살렘에 도착한 것은 '아타르크세르크세스 왕의 제20년'(〈느헤미야〉 1:1, 5:14), 즉 기원전 445년의 일이었다.

예루살렘에 도착하자 느헤미야는 유대의 독립적인 입장을 강화하기 위해 우선 예루살렘 성벽 재건에 나섰다(〈느헤미야〉

2:11-18). 자신들과 인접한 지역의 세력 강화를 달가워하지 않는 사마리아 주 총독 산발랏(뒤에 서술할 엘레판티네 파피루스에 언급이 있다)이나 요르단 강 동안 지방의 유력자 토비야(경멸적으로 '암몬인'으로 취급되었지만 명백히 유대인이다), 아라비아인, 필리스티아인(아스돗 시민) 및 그들을 통한 유대인 일부(〈느헤미야〉 6:17-18)의 온갖 방해(〈느헤미야〉 2:19-20, 3:33-35, 4:1-12, 6:1-18)에도 불구하고 공사는 총동원 체제로 진행되어(〈느헤미야〉 3:1-31), 성벽은 불과 52일 만에 완성되었다(〈느헤미야〉 6:15-16, 다만 후대의 유대인 역사가 요세푸스에 의하면(『유대 고대지』 11:179) 성벽의 완성까지는 2년 4개월이 걸렸다고 한다).

느헤미야의 개혁

성벽 완성 후 느헤미야는 폐허였던 예루살렘을 재건해 도시로서 활기를 띠게 하기 위해 각지의 주민의 일부를 제비를 뽑아 성내로 이주시켰다(〈느헤미야〉 7:4-5, 11:1-47). 이러한 이른바 집주集住 정책은 동시에 수도와 각 지역의 연결을 강화하는 데도 유효한 시책이었을 것으로 생각된다.

느헤미야는 또한 총독으로서 유대 땅에 정상적인 사회질서를 회복시키기 위해 다양한 사회, 제의 개혁을 행했다. 즉 그는 몰락한 빈농을 구제하기 위해서 부채의 면제와 몰수했던 토지나 재산을 반환하게 하고(〈느헤미야〉 5:10-13), 신전의 제의 제도를 정비하고 안식일의 엄수를 명하고(〈느헤미야〉 13:10-22),

이교도와의 결혼을 금지하고, 대사제 엘야십에게 요르단 강 동안 지방의 토비야나 사마리아의 산발랏과의 관계를 끊게 했다 (〈느헤미야〉 13:4-9, 23-28).

느헤미야는 이렇게 신전을 중심으로 한 교단민족으로서의 유대의 정치적 사회적 질서를 재편하고, 그것을 야훼와 페르시아 모두에 충실한 안정된 속주로 만들었다. 또한 느헤미야는 예루살렘에서 12년에 걸쳐 활동한 뒤 일시 페르시아로 소환되었던 듯한데(〈느헤미야〉 5:14, 13:6-7), 〈느헤미야기〉의 기술이 반드시 연대순으로 된 것은 아니기 때문에 그의 활동을 편년적으로 정리하는 것은 불가능하다.

에즈라의 예루살렘 파견

느헤미야와 전후한 시기에 에즈라가 예루살렘에서 활동했다. 에즈라도 역시 유수 생활 종료 후에도 메소포타미아에 잔류했던 사람의 자손으로 대사제의 가계인 차독 가문에 속한 사제이고(〈에즈라〉 7:1-5), '하늘의 신의 율법의 서기관'(아마도 페르시아의 관직명)(〈에즈라〉 7:12)으로서 페르시아 왕에 의해 바빌론으로부터 예루살렘으로 파견되었다. 그의 사명은 페르시아 제국으로부터의 기증품을 예루살렘에 전달하고, 신전의 제의를 활발하게 하고, 또한 '(이스라엘의) 신의 율법'을 백성에게 가르쳐, 그로 인해 유대를 법적으로 질서 잡으려는 것이었다 (〈에즈라〉 7:11-26).

페르시아 왕은 명백하게, 퀴로스 이래의 관용책을 따라 피지배 민족의 전통적인 종교를 진흥하고, 또한 자율화 정책에 맞게 딱히 반페르시아적인 것이 아닌 한 각 민족의 종교적 법규를 그대로 '왕의 법'(〈에즈라〉 7:26)으로서 승인한 것이다. 마찬가지의 조치는 다레이오스 1세 시대의 이집트나 아르타크세르크세스 2세 시대의 뤼키아에 대해서도 기록되어 있다(이른바 '제국의 흠정Reichsautorisation'). 페르시아로서는 반란이 되풀이되고 있던 이집트로 가는 통로에 해당하는 유대의 질서와 안정화를 무엇보다도 바랐을 것이다.

율법 교육

에즈라는 새로운 귀환민의 일단과 함께(〈에즈라〉 8:1-20) 예루살렘에 도착한 뒤, 이민족과 이교도와의 결혼을 해소시키고(〈에즈라〉 9-10장), 또한 '율법'의 말을 백성들에게 들려주고 그 내용을 해설하고(〈느헤미야〉 8:1-12), 옛 율법에 따라 초막절을 치르게 했다(〈느헤미야〉 8:13-18). 그것은 동시에 율법의 준수를 중심으로 해서 바빌론 유수 후 교단민족의 종교 생활의 질서를 확립하는 것이었다. 이로 인해 에즈라는 때때로 율법의 종교로서의 '유대교의 아버지' 등으로도 불린다. 또한 이때 에즈라가 사람들에게 읽어주고, 그것에 기초해 유대 사회에 질서를 마련한 율법은 무엇이었을까—이른바 신성 법전(〈레위기〉 17-26장)? 사제 문서? 오늘날 '모세 오경'에 들어 있는 법문집의 일부? 혹은 모세 오경 전체? — 에 관해서는 연구자들의 의견이 다양하게 나뉘고 있다.

느헤미야와 에즈라의 역사적 관계 — 에즈라 선행설

느헤미야와 에즈라의 시간적, 내용적 상호 관계는, 구약성서 시대사 중에서도 가장 논쟁이 뜨거운 주제 중 하나이다. 성서의 기술에 의하면 에즈라가 예루살렘에 파견된 것은 '아르타크세르크세스 제7년'(〈에즈라〉 7:7)이고, 만약 이것이 아르타크세르크세스 1세를 가리킨다면 에즈라의 예루살렘 도착은 기원전 458년이 되고 에즈라와 같은 왕 제20년(〈느헤미야〉 2:1)에 파견된 느헤미야보다도 10년 이상이나 이전에 예루살렘에서 활동한 셈이 된다. 오늘날에도 이 순서를 거의 역사적 사실로 받아들이는 연구자도 적지 않다. 그러나 만약 그렇다고 한다면 에즈라는 예루살렘에 도착해 이민족과의 결혼을 해소시킨 뒤에, 본래의 사명이었을 율법의 관철을 느헤미야 시대까지 13년 이상이나 늦춘 셈이 된다(〈느헤미야〉 7-8장 참조).

오히려 에즈라와 느헤미야의 활동의 이러한 교차는, 〈에즈라기〉, 〈느헤미야기〉의 저자 내지 편집자가 의도적으로 이 두 사람을 동시대의 인물로 만들어, 마치 두 명의 위대한 개혁자가 협력해서 활동한 것처럼 보이게 하려 한(〈느헤미야〉 8:9, 12:26, 36) 작위에서 유래한 것으로 생각된다. 이때에, 신전 재건 때의 '총독' 즈루빠벨과 '사제' 예수아의 '이두二頭 체제'가 모델이 되었을지도 모른다.

느헤미야와 에즈라의 역사적 관계 — 느헤미야 선행설

한편으로 에즈라가 그 정도로 철저하게 이민족과의 결혼을 해소시키려 했는데(〈에즈라〉 9-10장), 느헤미야가 같은 조치를 강구하지 않으면 안 되었다는 사실(〈느헤미야〉 13:23-27, 다만 에즈라와 달리 느헤미야는 이혼할 것을 명하지는 않는다)은 이상하다는 생각이 들게 한다. 또한 에즈라가 벌써, 느헤미야가 재건했다고 하는 예루살렘 성벽에 관해 언급하는 것은 기묘하고(〈에즈라〉 9:9), 에즈라의 예루살렘에서의 활동에 대한 묘사는 느헤미야 이전에 예루살렘의 인구가 얼마 되지 않았다고 하는 〈느헤미야기〉 7:4과는 부합하지 않는다. 〈에즈라기〉 10:6에 언급되는 대사제 여호하난의 아버지 엘야십은 느헤미야 시대의 대사제 엘야십과 이름이 같다(〈느헤미야〉 3:1, 20-21, 13:4, 7, 28). 그 때문에 다른 연구자들은 에즈라의 등장을 느헤미야보다도 뒤에 놓으려 한다.

그렇게 보는 일부 연구자는 〈에즈라기〉 7:7의 (아르타크세르크세스 왕의) '제7년'을 '제27년' 내지 '제37년'으로 고쳐 읽어 에즈라의 파견을 아르타크세르크세스 1세 치세의 후반인 기원전 438년 내지 428년경으로 잡고, 또 다른 연구자들은 에즈라기 7:7의 '아르타크세르크세스'를 아르타크세르크세스 2세(재위 기원전 404-359)로 보고 에즈라의 파견을 기원전 398년경

으로 둔다(개인적으로는 이 견해가 가장 무리가 없는 해석으로 보인
다). 또한 에즈라라는 인물의 역사적 실재성을 부정하고, 그의
활동을 완전한 픽션이라고까지 간주하는 연구자도 있다. 물론
이러한 견해에도 상당한 반론이 있어 문제의 해결은 요원한
게 현재 상황이다.

제5절 페르시아 시대 후반 ─ 속주 예후드

페르시아의 속주로서의 예후드

느헤미야, 에즈라 시대 이후의 유대 역사에 관해서도 사료가 부족하기 때문에 구체적인 내용은 거의 알 수가 없다. 의외인 것은 이 시기는 이스라엘·유대사에서 '암흑시대'라는 것이다. 〈느헤미야기〉 12:22-23을 통해, 느헤미야와 동시대의 엘야십(〈느헤미야〉 3:1, 13:4) 이하, 여호야다, 여호하난(엘레판티네 파피루스에 언급됨, 〈에즈라〉 10:6 참조), 야두아라는 대사제가 유대인 공동체를 이끌었다는 사실이 알려져 있다.

또한 엘레판티네 파피루스를 통해서, 느헤미야 시대보다 뒤인 기원전 408년경의 예루살렘에 바고히 내지 바고아스라는 페르시아인 유대 총독이 있었다는 사실이 알려졌다. 또한 기원전 5세기부터 기원전 4세기에 걸쳐서 유대에서는 '예후드(=유

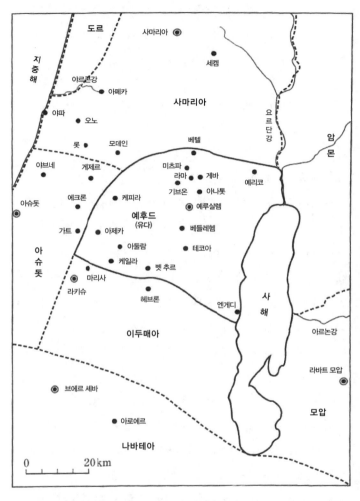

도르

지중해

사마리아 ◉

세렘 ●

야르콘강
아페카 ●

사마리아

요르단강

암몬

야파 ●
오노 ●

베텔 ●

롯 ●
모데인 ●

미츠파 ●
라마 ● 게바 ●
예리코 ●

야브네 ●
게제르 ●

기브온 ● 아나톳 ●

에크론 ●

케피라 ●

예후드
(유다)

◉ 예루살렘

아슈돗 ◉

가트 ●
아제카 ●

베들레헴 ●

아둘람 ●

테코아 ●

아슈돗

케일라 ●

벳 추르 ●

◉ 마리사
라키슈

헤브론 ●

엔게디 ●

사해

이두매아

아르논강

라바트 모압 ◉

브에르 셰바 ◉

모압

아로에르 ●

나바테아

0   20km

[지도10] 페르시아 제국의 속주로서의 유다(예후드)(기원전 400년경)

다)'라는 각인刻印이 새겨진 공납용 항아리나 동전이 다수 발견되었는데, 이것은 유대가 독자적인 화폐 체계를 갖춘 자율성이 높은 속주로서 인정받았음을 나타낸다. 또한 이 동전은 명백히 아티카의 드라크마 동전을 모방한 것으로, 이미 헬레니즘 문화의 영향이 유대에도 미치기 시작했다는 사실을 엿볼 수 있다.

속주 예후드의 범위

느헤미야 시대 이후 유대(예후드)가 독립해서 페르시아의 주州가 되었다 해도 그 범위는 어떠했을까. 이에 관해서도 상세한 것은 불명확한 점이 많지만, 〈에즈라기〉, 〈느헤미야기〉에 언급된 지명의 비판적 검토나, '예후드'라는 압인押印이 있는 항아리나 동전의 분포 상황 검토, 고고학 조사, 비문 사료의 검토 등을 통해 이 시대 유대(예후드)가 사마리아, 암몬, 이두매아, 아스돗 등의 주로 둘러싸여 있어, 그 범위는 왕국시대의 유다 영토보다 훨씬 작았다는 것을 추측할 수 있다.

즉 예루살렘을 중심으로 대략 북쪽으로는 미츠파와 베텔을 포함하고, 동쪽으로는 예리코에서 엔게디 부근까지, 남쪽은 베트추르를 포함하지만 헤브론, 라키슈, 마리사는 제외되고(이두매아령領), 서쪽은 아드람, 아제카를 포함하지만, 게젤(아스돗령), 롯(리다)(사마리아령)을 제외한 지역으로 한정되었던 것으로 생각된다. 뒤의 헬레니즘 시대(프톨레마이오스조, 셀레우코스조)가 되어서도 여기에는 기본적으로 커다란 변화가 없었던 것 같다. 유대 영토가 비약적으로 확대된 것은 기원전 2세기 후반의 하스몬 왕조 시대가 되어서의 일이다.

교단민족으로서의 유대 공동체

느헤미야와 에즈라의 활동에 의해 재편된 바빌론에서의 귀환 후의 유대인 공동체는 페르시아의 정치적 지배를 받으면서, 오로지 공통의 신앙과 종교적 전승 신전 예배와 일상생활에서의 율법 준수를 통해 스스로를 주변의 다른 민족 집단과 구별하면서 자기동일성(아이덴티티)을 유지하는 종교 공동체, 즉 민족 자체가 신앙의 원리에 의해 규정되는 교단민족으로서 존속해 나가게 된다. 이것은 계보에 대한 비상할 정도의 관심(〈에즈라〉 2:59-62=〈느헤미야〉 7:61-64, 〈역대기상〉 1-9장 등)이나 이민족과의 결혼 해소(〈에즈라〉 9-10장, 〈느헤미야〉 13:23-30), 사마리아 주민과의 대립(〈에즈라〉 4:1-3), '성스러운 종족'이란 의식의 확립(〈에즈라〉 9:2)에서 보이는 것처럼 혈통적인 의미에서의 민족적 순수성에 대한 관심이 높아지는 한편으로 불신앙자의 추방(〈에즈라〉 10:8, 〈느헤미야〉 13:28, 〈이사야〉 66:5)이나 유대적 신앙 질서를 받아들인 자의 개종(〈이사야〉 56:3-8, 〈즈카르야〉 2:15, 〈에즈라〉 6:21, 〈느헤미야〉 10:29)이 전제되어 있다는 점에도 나타나 있다.

이민족 지배를 전제로 하고서 신전 예배와 율법 준수를 통해 종교적 원리에 의해 민족의 존속을 유지해 나간다고 하는 교단민족으로서의 이러한 유대인 공동체의 입장은 뒤의 헬레니즘 시대부터 —하스몬 왕조에 의한 일시적인 정치적 독립의 회복 시기(제10장 참조)를 예외로 하면— 로마 시대에 이르기까지(혹은 견해에 따라서는 1948년의 이스라엘 독립에 이르기까지!), 기본적으로 유지된다.

이 시대에는 일상용어로서 페르시아의 공용어였던 아람어가 침투하기 시작해 문자도 아람어 계통의 방형문자(오늘날의 히브리 문자)가 쓰이게 되었다. 또한 〈에즈라기〉의 일부(〈에즈라〉 4:8-6:18, 7:12-26) 및 〈다니엘서〉의 일부(〈다니엘〉 2:4-7:28)는 아람어로 쓰였다. 문학적으로는 모세 오경의 최종 편집, 이른바 '제3이사야'(〈이사야〉 56-66장), 〈에즈라기〉, 〈느헤미야기〉, 〈하까이서〉와 이른바 '제1즈카르야'(〈즈카르야〉 1-8장), 〈다니엘서〉의 전반(1, 3-6장), 〈말라키서〉와 아마도 〈요엘기〉가 기원전 5세기 후반부터 4세기 전반에 쓰였다고 봐야 할 것이다.

사마리아인과의 대립

바빌론에서의 귀환 이후 페르시아 시대 전체를 통해 예루살렘을 중심으로 재건된 유대인 공동체와 북쪽의 세켐을 중심지로 한 사마리아인은 대립 관계에 있었다. 사마리아인도 역시 야훼 숭배자라는 걸 자각하고 있었지만(사마리아 총독 산발랏의 자식들은 델라야, 셰레미야 등 야훼계 이름을 가졌다), 앞에서 살펴봤듯이 유대인들은 그들을 정통적인 신도로 인정하지 않았다(〈에즈라〉 4:1-5 참조). 사마리아인은 일찍이 북왕국의 멸망 후 아시리아에 의해 강제 이주되어 온 이민족의 자손으로 간주되었기 때문이다(〈열왕기하〉 17:24-33 참조). 느헤미야의 지도하에 이루어진 유대의 지위 강화는 양자의 대립과 분열에 박차를 가했을 게 틀림없다. 유대인과 사마리아인의 종교적인 분열은 사마리아인들이 세켐의 게리짐 산에 예루살렘 신전에 대항하는 독자적인 신전을 세움으로써 결정적인 것이 되었다(사마리아 교단의 성립).

이러한 일이 언제 일어났는지는 확실하지 않다. 뒤에 나오겠지만, 기원후 1세기 유대인 역사가 요세푸스는 그것을 알렉산드로스 대왕의 팔레스티나 정복 시기로 잡고 있다(『유대 고대지』 11:321-4). 이에 관한 요세푸스의 기술은 많은 전설적인 요소를 담고 있어 신빙성에 의문이 있지만, 시대에 관해서는 거의 정확하다고 간주할 수 있다. 예루살렘의 신전은 페르시아 왕의 공인과 지지를 받고 있었으므로 페르시아 시대에는 예루살렘에 대항하는 신전의 건설이 불가능했을 것으로 생각되고, 한편으로 사마리아의 신전은 마카베오 시대에는 이미 전통과 권위를 인정받지 못하고 있었기 때문이다(〈마카베오하〉 6:2). 고고학적으로도 사마리아 성소의 건설은 거의 기원전 4세기 후반으로 거슬러 올라가는 것으로 확인되고 있다. 사마리아인들

은 당시 이미 정전으로서의 권위를 갖고 있던 모세 오경만을
경전으로 채택했다(사마리아 오서). 또한 사마리아 교단은 소수
라고는 해도 오늘날에도 세켐(나블스) 주변에 존속하고 있고,
게리짐 산에서 독립적으로 예배 의식을 지키고 있다.

메소포타미아에 잔류한 유대인 — 동방 디아스포라

페르시아 시대에 유대인의 활동 무대는 결코 팔레스티나에
국한되지 않았다. 니푸르에서 출토된 기원전 5세기 후반의 바
빌론 대금융업자 겸 부동산업자 무라슈 가문의 고객 리스트에
의하면, 이 지역에 야훼계 이름을 가진 유대인이 각 방면에서
활약하고 있었다. 그들 중에는 페르시아의 관리가 된 사람, 바
빌론에서 운하 관리를 맡은 사람, 사유지를 담보로 잡히고 사
업을 하는 사람도 있었다. 느헤미야나 에즈라가 그러한 사람들
가운데서 나온 것을 생각하면, 바빌론의 유대인들은 엄격하고
정통적인 야훼 종교의 전통을 유지하고 있었다고 생각된다.

바빌론에는(뒤에 나올 엘레판티네 파피루스와는 달리!) 명백하
게 야훼 신전이 없었기 때문에, 그들의 종교 생활은 유수幽囚
시대와 마찬가지로 율법의 연구와 준수, 집회와 언어에 의한
예배를 중심으로 이루어졌을 것으로 생각된다. (건물로서, 그리
고 제도로서도) 시나고그의 기원은 복잡한 문제이지만, 이러한
사람들 중에 이미 사실상, 나중에 시나고그 예배의 기초가 확
립되어 있었다고 봐도 좋을 것이다. 어떤 의미에서는 디아스포

라(유대 민족의 이산)는 바빌론 유수 생활과 함께 시작되었다.

이집트의 엘레판티네 섬의 유대인

앞 장에서 서술했던 이집트의 나일 강 중류의 엘레판티네 섬에 있었던 유대인 군사 식민지에서는, 수많은 아람어 파피루스(엘리판티네 파피루스)가 발견되었다. 이 고장의 유대인은 독자적인 신전을 세웠고, '야위' 또는 '야후'라는 이름으로 야훼를 숭배했는데, 동시에 ─무척이나 흥미롭게도─ 아샴·베텔, 아나트·베텔, 아나트·야우라는 여신들도 숭배했다. 이것은 변경의 유대인들 사이에 종교 혼합적인 경향이 상당히 진척되었다는 것을 시사하고 있다.

한편 그들은 예루살렘 신전과도 빈번하게 연락을 주고받아, 전통적인 종교적 관습의 유지에도 신경을 썼다. 기원전 419년에는 페르시아 왕 다레이오스 2세가 같은 지역 유대인의 요청을 받아들여 옛 율법에 따라 유월절을 기념하라고 엘레판티네에 통지문을 보냈다(이른바 '유월절 파피루스'). 엘레판티네의 신전은 기원전 410년에 이집트 크눔 신의 신관들에 의해 파괴되었다. 엘레판티네 사람들은 예루살렘의 대사제 여호아난(〈에즈라〉 10:6의 대사제와 동일 인물일까?), 유대 총독 바고비(바고아스), 사마리아 총독 산발랏의 자식 델라야와 셰레미아에게 편지를 보내 신전의 재건을 원조해 달라고 탄원하고 있다. 엘레판티네의 유대인 식민지는 기원전 398년경 자취를 감추는데,

이 지역의 유대인이 페르시아 왕의 신하였기 때문에 신흥 이
집트 제29왕조의 네페리테스 1세에 의해 파괴되었을 것이다.

제9장 | 헬레니즘 시대

제1절 알렉산드로스 대왕의 동방 원정과 헬레니즘의 도래

마케도니아의 대두와 그리스 세계의 통일

고대의 마케도니아는 발칸 반도 북방의, 오늘날 그리스 북부의 마케도니아, 불가리아 지방에 있던 소왕국으로 민족적으로는 그리스인과 같은 계열이지만, 아마도 발칸 반도에 그리스인 일부와 함께 침입했다가 남하하지 않고 마케도니아 지방에 머무른 일부였을 것이다(최근에는 소아시아의 프뤼기아인과의 관계를 지적하는 목소리도 있다).

일찌감치 왕정을 폐지하고, 귀족정, 민주정으로 이행했던 그리스의 여러 폴리스와는 달리, 마케도니아인은 이 시대에 이르기까지 왕을 중심으로 한 귀족 전사 집단의 국가로서 호메로스적인 세계 안에 머물러 있었다. 필리포스 2세(재위 기원전 359-336)는 장창長槍을 무기로 하는 농민 보병군단과 귀족들의 기마대를 결합해 강력한 군대를 편성했고, 기원전 338년에는 그리스의 폴리스 연합군을 격파해(카이로네아 전투), 그때까지 독립해 있던 그리스 각지의 폴리스를 코린토스 동맹(헬라스 동맹)으로 통합해 사실상 그리스 세계의 통일을 이룩했다. 그러나 그 필리포스가 기원전 336년에 마케도니아의 귀족에게 암살되자 자식인 알렉산드로스가 왕위에 올랐다.

알렉산드로스 대왕의 동방 원정과
아케메네스조 페르시아의 멸망

알렉산드로스 3세(재위 기원전 336-323)는 소년 시대에 철학자 아리스토텔레스의 지도를 받은 문무에 걸쳐 탁월한 지배자였다. 기원전 334년 알렉산드로스는 죽은 부왕을 대신해 코린토스 동맹의 맹주가 되었고, 페르시아 전쟁 때 페르시아에 의한 아테네 신전 파괴에 대한 보복을 내세우고 페르시아 원정에 나섰다. 그는 약 3만 7천의 마케도니아·그리스 연합군을 이끌고 헬레스폰투스(다다넬스) 해협을 건너, 먼저 그라니코스 강변에서 페르시아의 주둔군을 격파하고 그해가 가기 전에 소아시아 전체를 정복했다.

이듬해인 333년 가을에는 시리아의 입구인 이소스 전투에서 다레이오스 3세(코두만누스, 재위 기원전 336-331)와 직접 대결해 이를 격파하고, 시리아·팔레스티나 해안을 남하해서 이집트로 향했다. 이때 시리아, 팔레스티나 지방의 여러 도시들은 거의 아무런 저항 없이 알렉산드로스한테 정복당했지만, 티루스(7개월)와 가자(2개월)만은 농성하면서 저항한 끝에 정복되었다(〈즈카르야〉 9:1-8은 이것과 연관이 있을까?). 알렉산드로스는 내륙부의 점령을 장군 파르메니온한테 맡겼는데, 사마리아만은 저항하다가 정복당해 마케도니아의 식민지가 되었고, 나중에 주로 마케도니아의 퇴역 군인들이 그곳에 들어와 살았다. 기원전 332년, 알렉산드로스는 이집트의 멤피스에 무혈 입성했다. 이집트인에게 알렉산드로스는 페르시아의 지배로부터 그들을 벗어나게 해준 해방자였다. 그들은 알렉산드로스에게 파라오의 칭호를 부여했고 신관들은 그를 암몬 신의 아들이라고 칭송했다. 알렉산드로스는 이집트의 지중해 해안에 항만 도시 알렉산드리아의 건설을 명했는데, 이것은 오리엔트 각지에서 일련의 같은 이름의 도시 건설의 효시가 되었다.

이집트에서 겨울을 난 알렉산드로스는 이듬해인 331년에는 다시 시리아·팔레스티나 지방을 북상해서 유프라테스, 티그리스 두 강을 건너 가우가메라 전투에서 다레이오스 3세에게 결정적인 승리를 거두었다. 도망친 다레이오스는 박트리아에서 신하에게 암살되었고 아케메네스조朝 페르시아는 이로써 멸망했다. 알렉산드로스는 바빌론, 수사, 페르세폴리스, 에크바타나 등의 중요한 여러 도시를 하나하나 정복해 명실공히 '아시아의 주인'이 되었다. 또한 알렉산드로스에 의한 페르시아 제국 정복은 〈다니엘서〉 8장의 묵시론적인 환상에 반영되어 있다(〈다니엘〉 8:5-8, 11:2-3, 〈마카베오상〉 1:1-4 참조).

동방 원정의 중지와 알렉산드로스의 죽음

　페르시아 제국을 정복함으로써, 페르시아 전쟁에 대한 보복이라고 하는 코린토스 동맹의 명목상의 목적은 이루어졌다. 거기에서 알렉산드로스는 기원전 330년 봄에 에크바타나에서 코린토스 동맹군을 해산하고 그리스인 장병들을 본국으로 귀환시켰다. 그러나 알렉산드로스는 이제는 페르시아에 의한 오리엔트 세계 지배의 계승자로서 다시 동방의 옛 페르시아 영토의 병합을 시도해, 마케도니아인 장병 및 아시아인 용병을 이끌고 파르티아 지방으로 출발했다.

　알렉산드로스는 힌두쿠시 산맥을 넘어 기원전 328년까지 현지 민족의 게릴라전에 맞서면서 박트리아, 소그디아나 지방을 병합해 여러 '알렉산드리아' 시를 건설했다. 이듬해인 327년 그는 다시 힌두쿠시 산맥을 넘어 인도 서북부(현재의 파키스탄)의 간다라, 카슈미르 지방에 침입했고, 기원전 326년 드디어 인더스 강을 건넜다. 알렉산드로스는 인도 너머에 있는 세계의 끝, 즉 '동쪽 바다'에 도달해 세계 제패를 완성하는 것을 목표로 하고 있었다. 그러나 이듬해인 325년, 인더스 강의 마지막 분류分流 휴더스페스 강에 이르렀을 때, 장기간에 걸친 원정으로 피폐의 극에 달해 있던 전군의 장병들은 끝없이 펼쳐져 있는 인도의 지평선을 바라보며 사기가 꺾여, 그 이상의 전진을 거부했다. 알렉산드로스는 어쩔 수 없이 인더스 강을 내려가 철수를 개시했다. 전군은 힘든 여행을 계속하면서, 기원전 324년에 수사로 귀환했다.

기원전 323년 6월 23일 알렉산드로스는 고도古都 바빌론에서 새롭게 아라비아 원정을 준비하던 중에 열병(아마도 말라리아)에 걸렸다. 11일 뒤, 질풍처럼 세계를 내달리고 역사상 최초로 그리스, 이집트, 메소포타미아, 서북 인도까지 포괄하는 일대 제국을 불과 12년 만에 건설한 이 영웅은 다시 고향을 보지 못하고 사망했다. 32세의 젊은 나이였다(〈마카베오상〉 1:5-7 참조).

헬레니즘 문화와 유대인

광대한 영토를 지속적으로 지배하기 위해서는 영내 민족들의 융화와 통합이 불가결하다. 일찍이 아시리아와 바빌로니아는 주민의 강제 이주에 의해 그것을 이루려 했으나, 알렉산드로스는 그것을 민족 간의 결혼에 의한 피의 융합으로 이루려 했다. 그는 자신부터 소그디아나의 호족의 딸 록사나와 결혼해 모범을 보이고, 신하인 마케도니아인 장병을 페르시아인의 딸들과 집단 결혼시켜 혼혈을 장려했다. 이러한 알렉산드로스의 융합 정책은 문화면에서도 커다란 결과를 가져왔다. 알렉산드로스의 원정은 그리스 문화를 동방에 가져왔을 뿐 아니라, 그것을 오리엔트적 제諸 요소들과 결합시켜 절충적인 헬레니즘 문화의 기초를 놓았다. 그것은 동시에 세계관, 인간관에서도, 종래의 폴리스나 민족의 틀을 뛰어넘은 세계시민주의(코스모폴리타니즘)를 싹트게 했다.

오리엔트 세계를 벌벌 떨게 한 알렉산드로스의 대원정이었지만, 유대인에게는 그것도 직접적으로는 이른바 '모기장 바깥'의 일이었다. 알렉산드로스의 눈은 항상 동쪽으로 향해 있었고, 그는 유대에도 예루살렘에도 관심을 보이지 않았다. 훗날의 유대인 역사가 요세푸스가 전하는, 알렉산드로스가 예루살렘을 방문해 유대인의 신과 대사제에게 경의를 표했다고 하는 에피소드(『유대 고대지』 11:326-339)나 사마리아 총독이었던 산발랏이 알렉산드로스한테 탄원해 사마리아에 독자적인 신전 건설 허가를 얻었다는 기사는(『유대 고대지』 11:321-325) 역사적 근거가 없는 전설 이상의 것은 아니다.

알렉산드로스 대왕의 동방 원정 중, 유대나 예루살렘이 제국 내에서 어떤 위치에 있었고, 어떻게 통치되었는지는 명확하지 않다. 기본적으로는 예루살렘의 신전 공동체로서의 자치를 인정받았다는 것만은 확실하다. 또한 유대인 입장에서도 신전 배례와 일상생활에서의 율법 준수가 보장된다면 명목상의 지배권 귀속에는 그다지 관심을 가지지 않았던 듯하다. 그러나 알렉산드로스 대왕의 원정 후에 활발해진 인적, 물적 교류를 통해 그리스, 헬레니즘 세계의 문화적 영향은 착실히 유대에도 침투하기 시작했다. 팔레스티나에는 많은 그리스계 병사,

관리, 상인 및 그 가족들이 정착했고, 각지에 그리스계 주민을 위한 거주지나 군사 주둔지가 건설되었다.

제2절 **프톨레마이오스조와 셀레우코스조의 틈바구니에서**

헬레니즘 국가들의 성립과 디아도코이 전쟁

알렉산드로스의 사후 그의 대제국은 대왕의 후계자(디아도
코이)를 자임한 예전 알렉산드로스 휘하 장군들의 대립에 의해
와해되고, 대왕의 혈족도 이 투쟁에 말려들어 차례차례 살해
되어 마케도니아 왕조는 단절되었다. 마케도니아, 그리스를 거
점으로 한 안티파트로스, 카산드로스 부자父子, 프뤼기아, 시리
아를 거점으로 한 안티고노스, 데메트리오스 부자, 트라키아의
뤼시마코스, 이집트의 프톨레마이오스, 바빌론의 셀레우코스
등의 장군들은 일시적으로는 동맹을 맺고 피로 피를 씻는 전
투를 펼쳐(디아도코이 전쟁, 기원전 323-328), 기원전 4세기 말에
는 알렉산드로스의 대제국 터에, 뤼시마코스조 트라키아, 카산
드로스조 마케도니아, 셀레우코스조 시리아, 프톨레마이오스

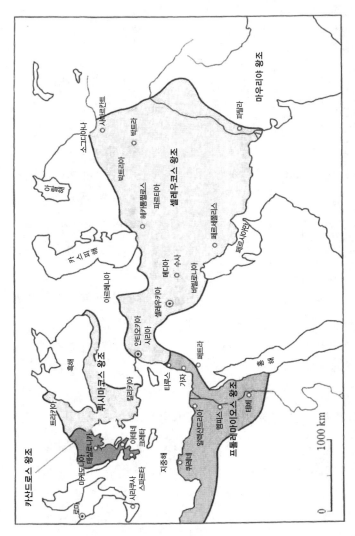

[지도11] 헬레니즘 네 왕국

지도 내 지명 및 표기:

마우리아 왕조
파탈라
셀레우코스 왕조
소그디아나
박트라
박트리아
페르세폴리스
알렉산드리아
페르시아만
헤카톰필로스
파르티아
카스피해
아르메니아
메디아
수사
셀레우키아
바빌로니아
리시마쿠스 왕조
흑해
트라키아
갈리키아
킬리키아
안티오키아
시리아
페트라
타르수스
가자
다마스쿠스
예루살렘
프톨레마이오스 왕조
테베
카시드로스 왕조
마케도니아
테살로니카
아테네
크레타
지중해
시라쿠사
스파르타
쿠레네
로마
아드리아해
홍해

1000 km

조 이집트의 헬레니즘 4대 제국이 성립한다(〈다니엘〉 8:8, 11:4, 〈마카베오상〉 1:7-9,『유대 고대지』 11:1-3 참조). 이 국가들은 기본적으로는 소수의 마케도니아인 및 그리스인이 지배 계급을 형성해 토착 민중을 지배하는 구조로, 공용어도 그리스어이고, 국내 각지에 그리스풍 도시가 세워졌다.

이집트와 시리아·메소포타미아를 연결하는 육교 지대로서 전략적으로도 경제적으로도 매우 중요한 위치에 있던 팔레스티나는 셀레우코스조 시리아와 프톨레마이오스조 이집트의 쟁탈전의 대상이 되었고, 두 나라는 이 지역을 둘러싸고 6회에 걸친 '시리아 전쟁'을 치르게 된다. 그것은 또한, 일찍이 이스라엘·유대 민족을 괴롭혔던 북쪽의 아시리아, 바빌로니아와 남쪽의 이집트의 '이극二極 구조'적 충돌의 재현이기도 했다. 이 쟁탈전의 경위에 관해서는 〈다니엘서〉 11:5-39의 묵시적 비전(실제로는 예언의 형식을 빌린 역사적 회고) 속에 상당히 자세하게 암시되어 있다.

프톨레마이오스조 이집트와 이집트의 유대인

알렉산드리아를 수도로 새로운 이집트 국가를 세운 프톨레마이오스 1세 소테르는 알렉산드로스와 소년 시절부터의 친구로, 대왕의 사후 이집트의 지배자가 되었고, 기원전 305년부터 왕으로 칭했다(재위 기원전 305-283). 요세푸스(『유대 고대지』 12:4-9)에 의하면, 프톨레마이오스는 알렉산드로스 사후 얼마

안 있어 예루살렘을 점령해 많은 유대인을 알렉산드리아로 데려갔다. 다만 이 에피소드의 진위는 그것이 사실이었다 해도 그 연대(기원전 320, 312, 302, 301 등의 여러 설이 있다)에 관해서는 불명확한 대목이 많다.

프톨레마이오스는 문화의 진흥에 힘을 쏟았는데, 알렉산드리아에 학사원(무세이온), 대도서관을 건설해 그리스인 학자나 문화인을 초청하는 등 이곳을 헬레니즘 세계의 문화적, 경제적 중심지로 만들었다. 그와 그의 자식인 프톨레마이오스 2세 필라델포스(재위 기원전 285-246, 최초의 몇 년간은 부왕과 공동 통치) 치하에서 알렉산드리아는 인구 백만을 넘는 헬레니즘 세계 최대 도시로 발전해 '눈 외에는 없는 것이 없는 도시'로 불렸다.

알렉산드리아는 또한 유대인의 최대의 디아스포라 주거지이기도 했는데, 프톨레마이오스 2세의 시대에는 여기에서 구약성서(최초는 〈모세 오경〉)의 그리스어 번역(이른바 〈70인역 성서Septuaginta〉)이 이루어졌다(구약성서 위경 중의 〈아리스테아스의 편지〉 및 요세푸스의 『유대 고대지』 12:11-118 참조). 세계 7대 불가사의 중 하나라고 하는 대등대가 세워진 것도, 헬리오폴리스의 신관 마네토가 그리스어로 『이집트사』(현재 이집트 여러 왕조의 연대와 관련된 숫자는 기본적으로 이 책에 근거한다)를 저술한 것도 이 프톨레마이오스 2세의 치세 때였다.

셀레우코스조 시리아

메소포타미아에 나라를 세운 셀레우코스 1세 니카토르는 알렉산드로스의 사후 한때 이집트 프톨레마이오스 1세를 섬긴 장군이었지만(〈다니엘〉 11:5 참조), 그 뒤 바빌로니아를 정복해 유프라테스 강변에 신도시 셀레우키아를 건설해 지배를 확고히 하고, 기원전 305년부터 왕이라 칭했다(재위 기원전 305-281).

초기 디아도코이 전쟁은 주로 그리스, 마케도니아, 소아시아에서 벌어져, 유대를 포함한 시리아·팔레스티나는 일시적으로 프톨레마이오스가 점령했지만 기원전 315년경에는 소아시아 그리스의 지배자 안티고노스 1세가 이 땅을 정복했다. 이지역의 귀속을 둘러싼 헬레니즘 여러 국가 간의 최초의 대규모 전투는 기원전 301년 프뤼기아의 입소스에서 벌어졌다. 이것은 기본적으로는 소아시아를 둘러싼 안티고노스 1세 뤼시마코스 및 셀레우코스 1세 연합군의 전쟁이었다. 이 전쟁에서 안티고노스는 전사하고 셀레우코스는 지배를 시리아 및 소아시아 동남부로 확장시켰는데, 시리아 남부(코엘레·시리아) 및 팔레스티나는 직접 전쟁에 가담하지 않았던 이집트의 프톨레마이오스 1세가 전후의 혼란을 틈타 점령해 기정사실화하는 형태로 획득했다.

시리아 지방으로 지배력을 넓힌 셀레우코스는 시리아의 오론테스 강 부근에 제2의 수도 안티오키아를 건설했다. 안티오키아는 알렉산드리아에 이은 제2의 유대인 디아스포라 거주지가 되었고, 요세푸스에 의하면 셀레우코스는 안티오키아의 유대인에게 그리스인, 마케도니아인에게처럼 시민권과 특권을 부여했다고 한다(『유대 고대지』 12:119-121). 셀레우코스는 그 뒤 기원전 281년에는 뤼디아 지방의 코르베티온 전투에서 뤼시마코스를 무찌르고 소아시아 전체를 영토에 더했는데, 나아가 마케도니아와 트라키아로 진출하려 했던 유럽 원정 중에 암살되었다.

프톨레마이오스조와 셀레우코스조의 시리아 전쟁

셀레우코스 1세의 뒤를 이은 시리아의 안티오코스 1세 소테르(재위 기원전 281-261)는 팔레스티나를 탈환하려고 프톨레마이오스 2세한테 도전했지만(제1차 시리아 전쟁, 기원전 274-271), 오히려 격퇴당해 킬리키아를 중심으로 소아시아 남부를 잃었다. 그러나 그 뒤의 안티오코스 2세 테오스(재위 기원전 261-246)는 제2차 시리아 전쟁(기원전 260-253)에서 이집트로부터 킬리키아뿐 아니라 코엘레·시리아(레바논 산맥과 안티레바논 산맥 사이의 지역)도 탈환하는 데 성공했다.

이 전쟁 기간 동안 양국은 강화講和를 위해 정략결혼을 했는데 이것은 훗날 양국 사이에 또 한 번의 충돌의 원인이 된다. 안티오코스 2세에게 시집간 프톨레마이오스 2세의 딸 베레니케가 남편의 사후 시리아의 정쟁에 말려들어 자식들과 함께 박해를 받았기 때문에(〈다니엘〉 11:6 참조), 이집트의 왕이었던 오빠인 프톨레마이오스 3세 에우에르게테스(재위 기원전 246-231)가 시리아를 원정해, 안티오코스 2세의 전처 라오디케의 아들인 새로운 왕 셀레우코스 2세 칼리니코스(재위 기원전 246-226) 치하 시리아의 주요 도시, 안티오키아나 셀레우키아 등에 큰 타격을 입힌 것이다. 그 뒤 셀레우코스는 반격을 위해 이집트 침입을 시도했으나 이것은 프톨레마이오스에 의해 격퇴되었다(제3차 시리아 전쟁, 기원전 246-241).

시리아의 안티오코스 3세

프톨레마이오스 4세 필로파토르(재위 221-204)의 시대가 되자, 시리아의 안티오코스 3세 메가스('대왕', 재위 기원전 223-204)가 선왕들의 염원이었던 팔레스티나 병합을 이루기 위해 나바테아인과 결합해 페니키아 및 요르단 강 동안 지방에 침입했다(제4차 시리아 전쟁, 기원전 219-217). 안티오코스는 처음에는 우세하게 전쟁을 이끌었지만, 기원전 217년 6월에 가자 남쪽의 라피아 전투에서 프톨레마이오스군에게 패배해 철수하지 않을 수 없었다(〈다니엘〉 11:10-12 참조). 그러나 기원전 204년에 프톨레마이오스 4세가 죽고, 프톨레마이오스 5세 에피파네스(재위 기원전 204-181)가 불과 5세의 나이로 즉위하자, 안티오코스 3세는 마케도니아의 왕 필리포스 5세와 연합해 전쟁 승리 후 이집트의 분할을 밀약하고 가자를 정복했다. 어린 왕 프톨레마이오스 5세의 장군 스코파스는 이에 응전했지만(제5차 시리아 전쟁, 기원전 202-198), 기원전 198년에 갈릴래아 북부의 파네이온(나중의 카이사리아·필리피) 전투에서 결정적인 패배를 맛보았다. 그로 인해 유대를 포함해 팔레스티나는 셀레우코스조의 지배를 받게 된다(〈다니엘〉 11:13-16 참조).

그러나 당초 예정했던 이집트 본토의 정복과, 마케도니아와의 이집트 분할은 실현되지 않았다. 당시 포에니 전쟁에서 승리한 공화정 로마가 서쪽으로부터 마케도니아, 소아시아로 세력을 확장시켰기 때문이다. 기원전 197년, 안티오코스는 소년왕 프톨레마이오스 5세에게 딸 클레오파트라 1세를 아내(!)로 보내면서 화친을 다지고(〈다니엘〉 11:17, 『유대 고대지』 12:154 참조), 소아시아에 전력을 집중시켰다.

안티오코스 3세는 그 뒤 카르타고에서 도망쳐 온 명장 한니발과 함께 그리스로 진출해 로마와 직접 전투를 벌였지만, 테르모필라이 전투(기원전 191), 마그네시아 전투(기원전 189)에서 연패해, 아파메시아 강화 회의(기원전 188)에서 타우루스 산맥 서쪽의 소아시아를 포기할 수밖에 없었고 또한 막대한 배상금을 지불해야 했다. 자식(나중의 안티오코스 4세)은 인질로 로마로 보내졌다. 안티오코스 3세는 귀국 후 패전으로 인한 재정 파탄을 재정비하기 위해 동방으로 원정해 수사Susa의 벨 신전을 약탈하려 했으나 현지인의 저항에 의해 살해당했다(〈다니엘〉 11:18-19 참조).

시리아의 셀레우코스 4세

안티오코스 3세의 왕위를 계승한 자식인 셀레우코스 4세 필로파토르(재위 기원전 187-175)는 로마에 충실했다. 그는 재정을 재건하기 위해 유대인의 예루살렘 신전의 보물에 손을 대려 했지만, 유대인의 저항에 의해 실패한 것 같다(〈다니엘〉 11:20, 〈마카베오하〉 3:4-40 참조). 그는 또한 자신의 자식 데메트리오스(나중의 데메트리오스 1세)를 교환 인질로 로마로 보내고 동생인 안티오코스를 풀려나게 했다. 이것은 나중에 유대인의 운명에 커다란 비극을 가져오게 된다. 셀레우코스 4세는 기원전 175년 신하에 의해 암살되었다.

시리아 전쟁과 유대인

알렉산드로스 대왕 사후 후계자(디아도코이)들의 항쟁이나 그 뒤 팔레스티나를 둘러싼 프톨레마이오스조 이집트와 셀레우코스조 시리아의 공방은, 국토가 때때로 군화에 짓밟혀 황폐해진 것을 제외하면(『유대 고대지』 12:130 참조), 팔레스티나에 사는 유대인의 종교 생활에는 그다지 큰 변화를 가져오지 않았다. 유대인은 페르시아 시대 이래 이민족 지배에 익숙해져 있었고, 앞서 보았듯이 자신들의 신전 예배와 율법 준수를 중심으로 한 종교 생활이 보장되는 한 반항다운 반항은 시도하지 않았던 듯하다.

그러나 헬레니즘 문화의 파도는 시간과 함께 점점 더 영향이 커졌다. 각지에 헬레니즘풍 도시가 건설되고, 유대인 중에는 헬레니즘적 생활양식이나 사고방식을 받아들이는 자도 나타나기 시작했다. 이것을 단적으로 보여주는 예가 프톨레마이오스조 지배 시대에 성립되었다고 생각되는 〈코헬렛(전도서)〉이다. 이 책에는 종래의 이스라엘 종교문학과는 이질적인, 그리스·헬레니즘적인 염세주의나 무상관無常觀의 영향이 뚜렷하다. 보편주의적 경향을 가진 〈요나서〉가 쓰인 것도 아마 이 시대일 것이다. 한편 이런 것과는 반대로 극도로 민족주의적인 〈에스테르기〉가 쓰인 것도 이것들과 거의 동시대일 것으로 생각된다. 묵시 문학적 요소를 포함한 이른바 제2, 제3 즈카르야(〈즈카르야〉 9-11장, 12-14장)나, 신전 제의와 응보 사관의 시점에서 왕국시대사를 다시 정리한 〈역대기〉가 성립된 것도 이 시대일 것으로 연구자들은 보고 있다(다만, 후자에 관해서는 페르시아 시대 말기라는 설도 있다).

프톨레마이오스조 지배하의 유대

프톨레마이오스조가 지배했던 시대(기원전 301-198)에는 팔레스티나와 그 주변에 필라델피아(구 라바트·암몬, 현재의 암만), 프톨레마이스(구 아코) 등 이집트 왕의 이름을 딴 그리스 헬레니즘풍의 여러 도시가 건설된 것 외에도, 스키트폴리스(구 베트·샨), 가자, 아슈켈론, 야파, 도르, 가다라, 말레샤 등도 헬레니즘풍 도시로 변신했다.

프톨레마이오스 3세 치하에 있었던 법률 번역 사업 장려에서 보이듯이, 프톨레마이오스조의 왕들은 유대인에게 페르시아 시대와 마찬가지로 대폭적인 자치를 인정하고, 율법에 따라 종교 생활을 계속할 수 있게 허락해주었지만, 무거운 세금을 부과했다. 팔레스티나와 남 시리아 전 지역은 징세 단위에 따라 몇 개의 구(휘파르키아)로 나뉘어져 있었다. 대표적인 구로는 유대, 사마리아, 갈릴래아, 이두매아, 카이사리아 등이 알려져 있고, 이들과 나란히 자치를 인정받은 시돈, 티루스, 프톨레마이스, 가자, 아슈켈론 등에 일종의 특별구로서 도시(폴리스)가 존재했다. 모든 구에는 프톨레마이오스조의 관리가 상주하면서 행정이나 징세에 관해 엄하게 감독을 펼쳤다.

예루살렘 신전의 대사제

유대에서 프톨레마이오스 궁정에 대해 납세와 영내 질서와 안정의 책임을 맡은 것은 예루살렘의 차독계 대사제였다. 이 시대부터는 주로 오니아스 가문에 속한 오니아스 1세(기원전 4세기 말, 『유대 고대지』 11:347, 12:43), 시메온 1세(기원전 3세기 초, 『유대 고대지』 12:43), 엘레아자르(『유대 고대지』 12:43), 마나세(『유대 고대지』 12:157), 오니아스 2세(기원전 3세기 중반, 『유대 고대지』 12:157-159), 시메온(시몬) 2세(『유대 고대지』 12:224-225) 등의 대사제의 이름이 알려져 있다.

기원전 258년경 프톨레마이오스 2세의 재무장관이었던 아폴로니우스의 가신 제논은, 팔레스티나에서의 주군의 영토 관리를 위해 팔레스티나 각지를 조사하러 여행을 다녀 수많은 보고 문서를 남겼는데('제논 파피루스'), 그 문서들을 통해 팔레스티나와 이집트 간에 활발한 경제 교류가 이루어졌다는 것을 알 수 있다. 유대인 중에는 그러한 경제 활동에 참여해 엄청난 부를 축적한 자도 나타났다(〈코헬렛〉 4:8, 5:9-14). 지방에서는 빈부의 차가 확대되어 가난한 자들의 생활은 비참했다(〈코헬렛〉 4:1-3, 5:7, 〈집회서〉 4:1-10, 13:17-24).

또한 요세푸스의 기술에서는, 시리아 전쟁의 추이에 호응해서 예루살렘의 유대인 지도층 중에는 친프톨레마이오스조적인 자세에서 친셀레우코스조적인 입장으로 전환하려 하는 움직임이 있었다는 것을 읽을 수 있다. 제3차 시리아 전쟁과 거의 같은 시기에, 당시의 대사제 오니아스 2세는 이집트에 대한 납세를 거부했다고 알려져 있는데(『유대 고대지』 12:157-159), 이것도 그러한 '노선 변경' 태세의 한 현상이었을 것이다.

토비야 가문의 대두

이 시대에 대두한 자본가의 대표가 토비야와 그의 일족이다. 이 토비야는 아마도 예전에 느헤미야의 적대자로서 암몬 지방의 유력자였다고 하는 동명의 토비야(〈느헤미야〉 2:10, 6:1 등)의 자손으로, 요르단 강 동안의 길앗 지방을 거점으로 했고, 자식인 요셉은 알렉산드리아의 궁정에 출입하면서 프톨레마이오스 3세의 총애를 얻어, 시리아 남부의 징세권을 획득한 대사제와 대항할 정도로 권세를 휘둘렀고, 또한 유대의 헬레니즘화를 진척시켰다(『유대 고대지』 12:160-224). 토비야 가의 일족 또한, 시간이 흐르면서 점차 친셀레우코스조적인 자세로 기울었던 것 같다. 율법에 충실한 대사제의 가계 오니아스 가와, 헬레니즘 지향이 강한 토비야 가는 이 시대 유대를 양분하는 세력이었고, 그들의 항쟁은 유대인 사회의 분열 경향에 박차를 가했다.

셀레우코스조 지배하의 유대

파네이온 전투에서 이집트가 안티오코스 3세에게 패해 유대가 셀레우코스조 시리아의 지배하에 들어가자(기원전 198), 유대인은 이것을 환영해 예루살렘에 주둔하고 있던 이집트군 수비대를 인도하는 등으로 거기에 응했다는 하는데(『유대 고대지』 12:131-133), 이것은 이집트의 무거운 세금이나 당시의 사회적인 불공정에 대한 불만의 표명이었던 것으로 여겨진다. 안티오코스는 새로운 유대 신민들의 호의를 얻기 위해 유대인의 종교 생활의 자유와 신전 제의에 대한 경제적 원조를 보장하고, 3년간의 면세와, 그 이후에는 성직자나 장로의회 의원의 면세 및 일반인의 세금을 3분의 1 감세하겠다고 약속했다(『유대 고대지』 12:138-144).

또한 요세푸스가 전한 이 포고에는, 예루살렘의 장로의회

(게르시아)의 존재가 처음으로 언급되어 있는데(『유대 고대지』 12:138), 이것은 아마도 사제 계급의 대표와 예루살렘 유력 문벌의 대표자로 이루어진 의회로, 나중의 최고법원(산헤드린)의 선구이다. 당시의 대사제 시메온 2세는, 아마도 이러한 셀레우코스조의 경제 원조에 기반해, 예루살렘 신전을 대폭적으로 개수해서 사람들로부터 칭송을 받았다(〈집회서〉 50:1-24).

이 시대에는 팔레스티나에 헬레니즘 문화의 침투가 점차로 진행되어, 유대인 가운데에는 그리스풍 이름을 가진 자도 적지 않았다. 지방에서는 율법의 준수를 권하는 〈벤 시라의 지혜(집회서)〉나 〈토빗기〉(모두 이른바 구약성서 속편[외경·아포크리파]에 포함된다) 등의 민족주의적 저작도 나타났다. 이러한 유대인 내부의 헬레니즘파와 전통파의 대립은, 이어지는 안티오코스 4세 에피파네스 시대에 정점에 달해 결국은 마카베오 가의 반란을 불러오게 된다.

제3절 안티오코스 4세의 유대교 박해

시리아의 안티오코스 4세 에피파네스

그런데 셀레우코스 4세가 기원전 175년에 암살당하자, 동생인 안티오코스 4세 에피파네스(재위 기원전 175-164)가 즉위했다(〈다니엘〉 11:21, 〈마카베오상〉 1:10, 〈마카베오하〉 4:7). 그는 앞에서 보았듯이 부왕 안티오코스 3세가 기원전 188년에 로마에 굴복한 이래 인질로 로마에서 생활했고, 인질에서 풀려난 뒤에도 아테네에서 체재하고 있었다는 사실로도 짐작되듯이 뼛속들이 그리스·로마 문화의 심취자가 되어 있었다. 그는 즉위와 동시에 셀레우코스 왕국의 헬레니즘화를 한층 더 강하게 추진하는 데 착수해, 각지에 수많은 헬레니즘풍 도시를 새로 건설하고, 기존의 도시를 헬레니즘풍으로 개조했다. 유대에 대해서도 안티오코스는 반강제적으로 헬레니즘화를 추진하게 만들었다. 이것은 일찍이 기원전 3세기 초부터 시작되었던 유대인 내부에서의 친헬레니즘파와 전통파의 분열을 확대, 가속시켰다.

친헬레니즘적 대사제 ― 이아손과 메넬라오스

시리아에서 안티오코스 4세의 즉위에 호응이라도 하듯이, 예루살렘에서는 기원전 175년 대사제의 가계(차독)에 속하는데도 불구하고 스스로 이아손(야손)이라는 그리스어 이름을 지었을 정도로 친헬레니즘파였던 예수아가 안티오코스에게 거액의 뇌물을 바치고 유대의 헬레니즘화를 촉진할 것을 약속했다. 보수파이자 율법에 충실한 형인 대사제 오니아스 3세(⟨마카베오하⟩ 3:1, 또한 ⟨다니엘⟩ 9:26의 '기름 부음 받은 이', ⟨다니엘⟩ 11:22의 '계약의 영도자'는 아마도 이 오니아스 3세를 가리킬 것이다)를 퇴위시키고 대사제의 자리를 손에 넣었다(⟨마카베오하⟩ 4:7-9). 그는 예루살렘을 그리스식 '폴리스'로 재편하고 젊은이들에게 적극적으로 그리스풍 의복을 입게 하고, 그리스적인 교육이나 그리스풍 생활양식의 도입을 추진해, 예루살렘에 경기장을 짓고, 사람들에게 그리스풍의 나체로 하는 경기를 시켰다. 또한 유대인 일부도, 예루살렘의 상층 계급 사람들을 중심으로 적극적으로 헬레니즘 문화를 받아들여, 율법이나 신전 제의를 가볍게 여기고, 경기장이나 그리스풍 극장으로 쇄도하게 되었다. 나체로 하는 경기에 참가하기 위해, 재수술로 할례의 흔적을 없애버린 자도 나타났다(〈마카베오〉 1:11-15, 〈마카베오하〉 4:12-20).

그 뒤 예루살렘에서는 기원전 172년에 대사제의 가계에 속하지 않는 메넬라오스라고 하는 일반 사제가 이아손보다도 거액의 뇌물을 안티오코스한테 약속하고 이아손을 몰아내게 해 대사제의 지위를 손에 넣었다. 이 뇌물을 조달하기 위해 메넬라오스는 예루살렘 신전의 보물 일부를 약탈했다고 한다. 그는 또한 유대의 헬레니즘화를 적극적으로 추진했다(〈마카베오하〉 4:23-50, 『유대 고대지』 12:237-241 참조). 요세푸스에 의하면 메넬라오스의 유력한 지지자는 앞에서 언급한 토비야 가의 사람들이었다(『유대 고대지』 12:239).

또한 이런 혼란 가운데, 전 대사제인 오니아스 3세는 메넬라오스의 음모로 살해되고(〈마카베오하〉 4:30-38), 정통적인 대사제의 후계자였던 오니아스 4세(오니아스 3세의 아들)는 이집트로 망명했고, 나중에 당시의 이집트 왕 프톨레마이오스 6세의 비호를 받아 나일 델타의 레온토폴리스에 신전을 건설해 예루살렘에 대항했다(『유대 고대지』 13:62-73).

안티오코스 4세의 이집트 원정과 예루살렘 약탈

기원전 169년, 프톨레마이오스 5세와 정략결혼을 했던 안티오코스 3세의 딸 클레오파트라 1세 사이에서 태어난 이집트 왕 프톨레마이오스 6세 필로메토르(재위 기원전 181-145)

가 (큰외삼촌에 해당하는) 안티오코스 4세에게 도전해 제6차 시리아 전쟁(기원전 169-168)이 발발하자, 안티오코스는 이집트를 공격해 프톨레마이오스를 포로로 잡았다(〈다니엘〉 11:25-26, 〈마카베오상〉 1:16-19). 알렉산드리아 시민들은 프톨레마이오스 6세의 동생 프톨레마이오스 8세 에우에르게테스를 왕으로 세웠으나, 안티오코스는 자신의 수중에 있던 6세의 후견인을 자처하며 이에 맞서 싸웠다(〈다니엘〉 11:27 참조).

그러는 동안 예루살렘에는 안티오코스 4세가 이집트 원정 중에 전사했다는 소문이 돌았다. 이를 틈타서 이아손은 대사제직의 탈환을 꾀해, 무력으로 예루살렘을 제압했다. 메넬라오스의 원조 요청을 받은 안티오코스는 이집트 원정을 중단하고 급히 예루살렘으로 가 이아손을 쫓아내고, 아마도 대사제 메넬라오스의 묵인하에 예루살렘 신전의 재물을 약탈해 갔다(〈다니엘〉 11:28, 〈마카베오상〉 1:20-24, 〈마카베오하〉 5:5-16). 이러한 강제 조치는 안티오코스 3세의 로마와의 전쟁에서의 패배 후 핍박 상태에 있던 셀레우코스조의 재정을 다시 세우기 위해, 혹은 좀 더 직접적으로는 이집트 원정의 전비戰費를 마련하기 위해서였을 것이다(안티오코스 4세는 유대 이외에도 성소 여러 곳을 약탈했다).

이듬해인 기원전 168년에도 안티오코스는 이집트를 원정해, 알렉산드리아를 함락 직전까지 몰아붙이지만, 이때 가이우스, 포필리우스, 라에나스를 대표로 하는 로마가 개입해, 안티

오코스는 철수하지 않을 수 없게 된다(〈다니엘〉 11:29-30). 이
집트에서의 철수 후 안티오코스는 이집트 정복 실패의 울분과
원한을 예루살렘에 퍼부었다. 그는 용병 사령관인 아폴로니오
스에게 예루살렘 약탈을 명했고, 이로 인해 예루살렘은 파괴되
고 수많은 유대인이 죽거나 노예로 팔려갔다. 안티오코스는 예
루살렘의 동남쪽 언덕(신전의 언덕 북서쪽으로 보는 설도 있다)에
시리아군 수비대를 두는 성새城塞를 짓게 하고, 거기에 시리아
인이나 친헬레니즘파 유대인을 살게 했다(〈마카베오상〉 1:29-
40, 〈마카베오하〉 5:24-26, 또한 『유대 고대지』 12:248-252 참조).

안티오코스 4세의 유대교 박해

이듬해인 기원전 167년, 안티오코스는 페르시아를 비롯해
오리엔트 여러 국가들의 지배자들이 취해 왔던 유대에 대한
종교적 관용 정책을 버리고 유대를 철저하게 헬레니즘화하기
로 마음먹었다. 그는 칙령을 발표해 유대에 대한 가혹한 종교
탄압을 개시해, 율법 책들을 불에 태우고, 안식일이나 할례 등
의 율법에 따르는 생활을 금지시키고, 예루살렘 신전에는 제우
스와 올림포스의 신상을 세우고(〈다니엘〉 9:27, 11:31, 12:11), 또
유대 각지에 이교의 제단을 세워 유대인에게 제우스나 디오뉘
소스 제의를 치르게 해, 여기에 참가하지 않는 자나 은밀히 율
법을 지키려고 하는 자는 처형했다(〈다니엘〉 8:10-12, 11:31-33,
〈마카베오상〉 1:41-64, 〈마카베오하〉 1-11, 『유대 고대지』 12:253-

256). 안티오코스는 또한 사마리아에 대해서도 같은 정책을 취해 게리짐 산의 사마리아 교단의 신전에 제우스·크세니오스의 신상을 세우게 했다(〈마카베오하〉 6:2, 『유대 고대지』 12:257-264).

이것은 이스라엘·유대 민족이 일찍이 체험한 적이 없는 규모의 종교적 박해였고(기원전 9세기의 아합, 이제벨의 시대나 기원전 7세기의 마나세 시대조차도 야훼 종교를 숭배하는 것 자체를 금지하지는 않았다), 유대인 하나하나에게 신앙을 지킬 것인지 목숨을 선택할 것인지 결단을 요구하는 실로 '신앙고백적 상황 status confessionis'이었다. 이로 인해 유대인은, 유대인이란 무엇인가라는 아이덴티티에 관한 문제를 새롭게 정의해야 할 상황으로 몰렸고, 동시에 자신의 신앙을 지킬 것인가 버릴 것인가라는 결단 상황에 서게 되었다. 기원전 167년에 시작되는 대반란(마카베오의 반란)은 이러한 질문과 결단 상황에 대한 유대인의 한 가지 응답이었다.

박해의 원인

또한 고대사에서 거의 비슷한 사례가 없는, 이러한 안티오코스 4세의 종교 탄압의 원인 내지 동기에 관해서는 커다란 수수께끼에 싸여 있고 연구자의 견해도 다양하게 나뉘고 있다. 왜냐하면 구약성서 속편(외경)의 〈마카베오서〉나 요세푸스의 기술을 보면, 마치 이 탄압이 헬레니즘화를 추진하려 하던 안티오코스 4세 개인의 자의적인 종교적, 문화적 지향의 표현인 것처럼 그려져 있지만, 역사적으로 보면 반드시 그렇다고 할 수는 없는 면이 있기 때문이다.

무엇보다도 우선 메소포타미아를 포함한 광대한 셀레우코스조 왕국 안에서, 이러한 종교 탄압을 받은 것이 유대 지방의 유대인뿐이었고, 같은 왕조의 지배하에 있는 다른 민족이 전통적 신앙을 금지당했다는 흔적은 없다. 시리아 왕국의 수도인 안티오키아의 유대인 공동체조차도 전통적 종교 생활의 금지 명령이나 박해를 받지 않은 것이다.

헬레니즘주의 유대인 주도설

이러한 사실에서 일부 연구자는 이 유대인 박해의 배경에는 유대인 내부의 급진적인 헬레니즘주의자(특히 메넬라오스와 토비야 가의 사람들)의 적극적인 역할을 상정하고, 그들이 자신들의 이데올로기 관철과 이익을 위해 안티오코스 왕의 권력과 무력을 이용했다고 상정한다. 그러한 측면도 분명히 결코 무시할 수 없다(〈다니엘〉 11:30b, 〈마카베오상〉 1:11, 〈마카베오하〉 13:3 등 참조). 이 입장에서 보면, 박해로부터 이어지는 뒤에 서술할 마카베오 전쟁은 유대인 내부의 전통주의자 대 헬레니즘주의자의 '내전'이라는 성격도 띠게 될 것이다.

반란 선행설

이에 대해, 탄압의 이니셔티브는 안티오코스한테 돌리긴 하지만, 〈마카베오서〉에 그려져 있는 것처럼 탄압이 반란을 낳은 게 아니라, 탄압이 이미 시작되었던 반란에 대한 회답이었다고 보는 견해가 있다. 즉 안티오코스의 신전 약탈이나, 예루살렘에 주재하던 시리아인 병사가 신전에서 자신들의 신들에게 공희供犧를 바친 것이 경건한 유대인의 반란과 저항을 불렀고, 반란의 원인을 유대인의 종교성에 있다고 본 안티오코스가 그것에 대해 금지 명령을 내렸다는 것이다. 이 견해에 의하면 안티오코스의 정책은 예상이 틀어지면서 오히려 더욱 큰 반란을 초래한 셈이 될 것이다.

역경과 부활 신앙의 맹아

그 원인이 어디에 있든 간에 안티오코스 4세가 명한 유대교 탄압 정책에 의해, 그때까지 친헬레니즘적인 유대인과 대립해, 율법을 엄격하게 따르는 전통적인 종교 생활을 따르려던 '하시딤(경건자)'이라 불린 보수파의 여러 사람들이 살해당하거나, 혹은 황야로 도망칠 수밖에 없게 되었다(〈마카베오상〉 2:42, 〈마카베오하〉 14:6). 사상적으로 매우 주목할 만한 것은, 실로 이러한 역경 속에서 아마도 이스라엘에서 처음으로 명확하게 사자死者의 부활의 관념이 생겨났다는 것이다(〈다니엘〉 12:2-3, 〈마카베오하〉 7:9, 14, 22-23, 28-29. 또한 이전의 〈에제키엘〉 37:1-

14는 민족 재생의 희망을 표현하는 비유로서 받아들여야 할 것이다).
그것은 경건한 자의 순교라는 부조리를 극복하려 한 새로운
신앙의 맹아였다.

제4절 **마카베오의 반란**

마카베오 반란의 발발과 유다 마카베오

안티오코스의 탄압에 대한 반란은 박해가 시작되었던 기원전 167년 예루살렘과 오늘날의 텔아비브 사이의 중간에 있는 작은 마을 모데인에서 시작되었다. 그 마을에서 살던 사제로 하스몬 가에 속하는 마타티아스라는 인물이 이교 제의의 희생 제물을 강요한 관리와 그에 응한 유대인을 죽인 뒤, 다섯 명의 자식들을 포함해 그 일족과 함께 유대의 황야로 달아나 탄압에 대한 저항이 시작된 것이다(〈마카베오상〉 2:1-41, 『유대 고대지』 12:268-278).

하스몬 가의 싸움에는 하시딤을 비롯한 수많은 사람들이 호응해 반란은 순식간에 유대 전 국토와 남부 사마리아까지 확산되었다. 마타티아스의 무리는 율법의 해석을 고쳐서 안식일

까지도 전투를 계속할 것을 결의하고(〈마카베오상〉 2:29-47),
철저히 항전을 계속했다. 이에 대해 시리아군은 유효한 반격을
하지 못했다. 시리아군이 장악하고 있던 곳은 예루살렘 등 몇
개의 큰 도시에 지나지 않았고, 이에 대해 하스몬 가 쪽은 지리
의 이점을 살려 신출귀몰한 게릴라전으로 대항했기 때문이다.

이 전투가 한창인 가운데 마타티아스가 죽자(기원전 166),
마타티아스의 삼남으로 마카베오('망치(와 같은)의 사람'이라는
의미)라고 불렸던 유다(유다 마카베오)가 반란군의 지휘를 이
어받았다(〈마카베오상〉 3:1-9, 〈마카베오하〉 8:1-7, 『유대 고대지』
12:279-286). 유다의 활약으로 이 전투는 마카베오 전쟁(기원전
167-164)이라고 불리게 되었다.

일 년 이상에 걸친 전투를 통해 반란군은 피폐해지기는커녕
점점 더 전력이 증강되었다. 유다는 이 시점에서 상당한 수의
병력을 동원할 수 있었던 듯하다. 그들은 사마리아나 시리아
남부에서 파견된 시리아의 원군을 잇달아 격파했다(〈마카베오
상〉 3:10-26, 『유대 고대지』 12:287-292).

안티오코스 4세의 죽음과 예루살렘 해방

이 무렵(기원전 166) 시리아 본국에서는 안티오코스 4세가
파르티아의 진출에 대항하기 위해 동방으로 원정을 가지 않을
수 없었기 때문에, 유대의 소란을 진압하는 임무를 섭정 리시
아스에게 맡기고 동쪽으로 진군했다(〈마카베오상〉 3:31-37). 덧

붙이자면 이 원정은 에크바타나나 페르세폴리스에서 일정한 성공을 거두었지만 안티오코스는 결국 두 번 다시 고국 땅을 보지 못했다. 그는 에리마이스에서 파르티아 왕 미트리다테스 1세에게 패해 본국으로 귀환하던 중에 병으로 사망했다(기원전 164, 〈마카베오상〉 6:1-16, 〈마카베오하〉 9:1-8). 또한 이 안티오코스의 마지막 모습과 〈다니엘〉 11:40-45의 기술의 모순은 〈다니엘서〉의 성립 연대를 파악하는 데 중요한 실마리가 된다.

그사이에 뒷일을 맡은 리시아스는 기원전 165년, 니카노르, 고르기아스 등의 장군을 상당한 수의 군대와 함께 시리아 본국에서 유대로 파견했는데, 유다 마카베오는 이 역시 아마우스에서 패주하게 만들었다(〈마카베오상〉 3:38-4:25, 〈마카베오하〉 8:8-33, 『유대 고대지』 12:298-312). 이에 대해 리시아스는 스스로 대군을 이끌고 유대로 진격해, 이번에는 거꾸로 이두매아를 돌아서 남쪽으로부터 유대를 치려 했으나, 유다 마카베오는 이것을 국경 부근의 벳추르(예루살렘 남방 약 30킬로미터)에서 맞이해 격퇴했다(〈마카베오상〉 4:26-35, 〈마카베오하〉 11:1-12, 『유대 고대지』 12:313-315).

이로 인해 유대 전 국토는 예루살렘을 제외하고는 거의 대부분 셀레우코스조의 지배에서 해방되었다. 유다 마카베오는 공세로 전환해 시리아군과 친헬레니즘파 유대인의 아성이었던 예루살렘으로 진군해, 신전에서 제우스의 신상과 이교의 제단을 철거하고 신전을 정화해 이전의 상태로 회복시키고 재봉

헌했다(〈마카베오상〉 4:36-54, 〈마카베오하〉 10:1-8, 『유대 고대지』 12:316-325). 기원전 164년 12월 14일에 있었던 이 사건은 유대교에서 중요한 연중행사의 하나인 하누카 축제의 기원이 되었다(〈요한〉 10:22의 '성전 봉헌 축제').

지속되는 셀레우코스조와의 전투

이제 유대의 사실상의 지배자가 된 유다 마카베오는 이두매아나 길앗, 갈릴래아 등을 원정해, 주변 이방인의 지배하에 놓여 있던 율법에 충실한 유대인 동포를 구하고 유대로 다시 데려왔다(〈마카베오상〉 5장, 〈마카베오하〉 12장, 『유대 고대지』 12:327-334). 그는 또 기원전 163년, 시리아군 최후의 거점인 예루살렘의 아크라를 공격했다(〈마카베오상〉 6:18-27, 『유대 고대지』 12:362-366).

앞에서 보았듯이 안티오코스 4세는 당시 이미 파르티아 원정 도중 사망해, 시리아에서는 섭정 리시아스가 어린 안티오코스 5세 에우파토르를 명목상의 왕(재위 기원전 164-162)으로 앉혀 놓고 실권을 쥐고 있었는데, 예루살렘에 주둔하는 시리아군 수비대로부터 원군을 파견해 달라는 요청을 받고 리시아스는 안티오코스 5세와 함께 재차 유대로 원정을 떠났다(〈마카베오상〉 6:28-54, 『유대 고대지』 12:364-374)

이번에는 시리아군 쪽이 우세해 시리아군은 한때 유다를 예루살렘에서 포위했는데(〈마카베오상〉 6:48-54), 그때 안티오코스 4세의 파르티아 원정군의 장군이었던 필리포스라는 인물이 왕의 사후 원정군을 장악해 패권을 확립하기 위해 안티오키아로 향하고 있다는 소식이 들어왔다. 그래서 리시아스와 안티오코스 5세는 어쩔 수 없이 유다와 강화講和하고, 안티오코스 5세는 부왕이 발포했던 유대교 금지 명령을 철회한 뒤 철수했다(〈마카베오상〉 6:55-63, 〈마카베오하〉 13:18-26, 『유대 고대지』 12:375-382). 이때 예루살렘 친헬레니즘파의 두목이었던 대사제 메넬라오스는 처형되었다(〈마카베오하〉 13:1-8, 『유대 고대지』 12:383-385).

대사제 알키모스와 저항 운동의 분열

기원전 162년 시리아에서는, 예전에 안티오코스 4세를 대신해 로마에 인질로 보내졌던 셀레우코스 4세의 자식 데메트리오스가 로마를 탈출해 고국으로 돌아와, 사촌형제인 안티오코스 5세 및 리시아스를 쓰러뜨리고 데메트리오스 1세 소테르로서 시리아의 왕위에 올랐다(재위 기원전 162-150, 〈마카베오상〉 7:1-4). 데메트리오스는 처형된 메넬라오스를 대신해 차독 가(단 오니아스 가문이 아니다)에 속하는 알키모스(유대명 야킴)를 유대의 대사제로 앉혔다(〈마카베오상〉 7:9).

하시딤은 이 알키모스를 새로운 대사제로 받아들였지만, 유다 마카베오를 비롯한 하스몬 가 사람들은 이를 거부했기 때문에, 알키모스는 시리아 왕 데메트리오스에게 원조를 요청했다. 그래서 데메트리오스는 장군 니카노르에게 유대 원정을 명했다(〈마카베오상〉 7:6-7, 〈마카베오하〉 14:3-10, 『유대 고대지』 12:398-401).

유다 마카베오는 격렬한 전투 끝에, 기원전 161년 3월 27일 니카노르를 예루살렘 북쪽의 하다사 전투에서 무찔렀고 니카노르는 전사했다(〈마카베오상〉 7:26-50, 〈마카베오하〉 14:11-15:35). 이 승리의 날 또한 유대교의 축일祝日이 되었다('니카노르의 날', 〈마카베오하〉 15:36 참조). 또한 이때를 전후해 유다 마카베오는 로마와 접촉해 동맹을 맺었다(〈마카베오상〉 8장, 〈마카베오하〉 11:34-38, 『유대 고대지』 12:414-419). 동방 진출을 노리던 로마로서는, 셀레우코스조의 지배를 제한하는 세력의 대두가 기쁜 일이었을 것이다. 단 로마가 유대에 원군을 파견했다는 흔적은 없다.

유다 마카베오의 전사와 요나탄

이에 대해 데메트리오스 1세는 기원전 160년 봄, 백전노장 바키데스를 유대로 파견했다. 바키데스는 엘라사 전투에서 유다군을 격파하고, 유다 마카베오는 전사했다(〈마카베오상〉 9:1-22, 『유대 고대지』 12:426-433). 유다의 사후 그 동생인 요나탄이 유대인의 지도자가 되었고, 요나탄은 유대의 황야로 철수해 힘든 싸움을 계속했다. 그 뒤 기원전 160년 말 혹은 159년 초에 대사제 알키모스가 죽고(〈마카베오상〉 9:54-66, 『유대 고대지』

12:413 참조), 바키데스는 시리아로 돌아가 유대에는 2년간의 평화가 찾아왔다(〈마카베오상〉 9:57, 『유대 고대지』 13:22).

그러나 이윽고, 요나탄의 세력 회복을 두려워한 친헬레니즘파의 유대인들이 다시 데메트리오스한테 원조를 요청해서, 기원전 158년 바키데스는 다시 유대로 쳐들어갔지만, 요나탄이 이번에는 거의 대등한 전투를 벌여 양쪽 모두 전력의 손실이 컸으므로 화의를 맺었다(〈마카베오상〉 9:58-73, 『유대 고대지』 13:23-34).

제5절 하스몬 가의 대사제직

요나탄의 영달 — 대사제직 취임

그 뒤 데메트리오스 1세 자신도, 요나탄과의 관계 개선을 원하게 되었다. 왜냐하면 기원전 153년에 시리아에서 알렉산드로스 발라스라는 인물이 용모가 닮았다는 것을 이용해서 고 안티오코스 4세의 유아遺兒라고 자칭하며 왕위를 노렸기 때문에 유대인을 자기편으로 끌어들일 필요성이 생겼기 때문이었다. 데메트리오스는 요나탄한테 포로를 반환하고, 요나탄이 독자적인 군대를 갖는 것과, 예루살렘에 돌아와 그곳을 요새화하는 것을 인정했다(〈마카베오상〉 10:1-14, 『유대 고대지』 12:37-42). 한편 알렉산드로스 발라스도 요나탄에게 접근해, 기원전 152년 '시리아 왕'으로서 요나탄에게 알키모스의 사후 공석이었던 대사제의 지위를 수여했다(〈마카베오상〉 10:15-21, 『유대 고대지』13:43-46).

요나탄은 저돌맹진형의 전사였던 형 유다보다 훨씬 더 정치적이고, 권모술수에 능했던 인물이었던 듯하다. 그는 아주 약게 행동해서, 서로 다투고 있는 두 명의 시리아 왕 양쪽으로부터 최대의 이익을 얻어낸 뒤, 최종적으로는 알렉산드로스 발라스에게 붙었다. 이것은 아마도 알렉산드로스가 이집트의 프톨레마이오스 6세나 로마 원로원의 지지를 받고 있었기 때문일 것이다. 이 선택은 결과적으로 현명했다. 즉 기원전 150년 데메트리오스는 안티오키아에서 알렉산드로스 발라스한테 패해 전사했다. 정식으로 왕위에 오른 알렉산드로스 발라스(재위 기원전 150-145)는 이집트의 프톨레마이오스 6세의 딸 클레오파트라 테아와 결혼해 정권을 확고히 했다. 그는 또 요나탄에게 여러 가지 영예를 부여했는데, 그한테 이미 부여되었던 대사제의 지위와 함께 '장군' 겸 '지방장관'의 지위를 부여했다(〈마카베오상〉 10:51-66, 『유대 고대지』 13:80-85).

하스몬 가의 대사제직에 대한 의구심과 쿰란 종단의 성립(?)

이러한 요나탄의 영달은 유대 내부에서 하스몬 가의 지위와 의의에 근본적인 변화를 가져왔다. 즉 그때까지 종교 박해에 대한 저항 운동과 유대인 해방전선의 지도자였던 하스몬 가 사람들이 이제는 시리아의 왕권과 결탁해, 사실상 시리아의 속왕屬王으로서 유대인을 지배하는 정치적, 종교적 권력자가 되었기 때문이다. 동시에 하스몬 가가 대사제의 지위를 손에 넣은 것은 커다란 문제점을 내포하고 있었다. 제2신전 시대의 대사제직은 아론 계의 차독 가가 독차지하고 있었고, 그 외의 사람들은 이 지위에 오를 수 없었기 때문이다. 따라서 일반 사제의 가계에 지나지 않는 하스몬 가의 대사제직 취임은 이러한 종교적 전통에 반하는 것이었다. 게다가 전투의 지도자로서 수많은 유혈流血과 관련이 있는 요나탄은, 죽음과 연관되어서는 안 된다고 되어 있는 대사제의 엄격한 청정 규정(〈레위〉 21:10-12)으로 보아도 대사제에 적합한 인물이 아니었다. 보수적인 유대인 중에는 이렇게 하스몬 가의 대사제직 장악에 반감을 가지는 자가 적지 않았을 것이다.

적지 않은 연구자들은 뒤에 나오는 쿰란 문서 중에 언급되는 쿰란 종단의 창설자인 '의義의 교사'에 대립되는 '악한 사제'를 하스몬 가의 대사제 중 한 명(요나탄, 시몬, 요한 히르카노스, 혹은 알렉산드로스 얀나이오스)일 것으로 보고 있다(단 좀 더 거슬러 올라가 이것을 메넬라오스 내지 알키모스로 보는 견해도 있다). 일부 연구자는 한 걸음 더 나아가, 알키모스의 사후 요나탄이 대사제로 취임할 때까지의 7년 동안 이 자리가 공석이었다는 요세푸스의 기술(『유대 고대지』 20:237, 250 참조)의 신빙성을 의심하고(역사적 사실이었다면 극히 이례적이다), 실은 이 기간에 대사제였던 정통적인 차독 가의 인물이 요나탄에 의해 실각되어, 나중에 지지자와 함께 예루살렘을 떠나 '의의 교사'

로서 쿰란 종단을 설립했다고 추리한다. 상당히 흥미로운 상정이긴 한데, 이것을 직접 뒷받침하는 증거는 유감스럽지만 아무 것도 없다.

요나탄과 시리아의 내전

그 뒤 시리아에서는 데메트리오스 1세의 유아遺兒 데메트리오스 2세가 알렉산드로스 발라스에게 복수전에 도전했는데(기원전 147), 이때도 요나탄은 알렉산드로스의 충실한 신하로 머물러, 데메트리오스가 임명한 코엘레시리아의 총독 아폴로니오스를 쳐부숴 알렉산드로스를 도왔고, 포상으로서 에크론 지역의 영유권을 획득했다(〈마카베오상〉 10:67-89, 『유대 고대지』 13:86-102).

그러나 기원전 145년, 재차 벌어진 전투에서 알렉산드로스 발라스가 데메트리오스 2세한테 패하자, 요나탄은 또 한 번 교묘하면서도 약게 처신해 그 데메트리오스 2세(니카토르, 재위 기원전145-138, 및 129-125)한테 막대한 선물을 보내 대사제의 지위를 비롯해 자신의 모든 지위를 확인받고, 나아가 사마리아 남부(아파이레마, 리다, 라마타임)의 병합과 유대 전 국토의 면세 특권을 획득했다(〈마카베오상〉 11:20-37, 『유대 고대지』 13:120-130).

그러나 시리아에서 장군 디오도토스 트뤼폰이 알렉산드로스 발라스의 자식으로 당시 불과 2세였던 안티오코스 6세 에피파네스 디오뉘소스(재위 145-142)를 옹립해 데메트리오스한테 대항하자, 요나탄은 형세를 가늠하다가 안티오코스/트뤼폰 쪽으로 돌아서서, 형인 시몬도 해안평야의 지배권을 획득했다(〈마카베오상〉 11:54-59, 『유대 고대지』 13:145-146).

요나탄과 시몬은 안티오코스/트뤼폰군의 일원으로서 데메트리오스군과 싸워 많은 공훈을 세웠지만, 어차피 안티오코스 6세를 없애고 왕위를 찬탈할 기회를 노리던 트뤼폰은, 요나탄이 유대 각지의 방비를 강화하고, 로마와의 동맹을 확인하고, 스파르타와 접촉하는(〈마카베오상〉 12:1-23, 『유대 고대지』 13:163-170) 것에 위협을 느끼고, 기원전 142년에 계략을 꾸며 프톨레마이스(아코)에서 요나탄을 사로잡아 그를 처형해 버렸다(〈마카베오상〉 12:39-53, 13:23, 『유대 고대지』 13:163-170). 또한 트뤼폰은 그 뒤에 실제로 어린 왕 안티오코스 6세도 살해하고 스스로 시리아의 왕위에 올랐다(〈마카베오상〉 13:31-32, 『유대 고대지』 13:218-222).

시몬의 대사제직 취임과 유대의 사실상의 재독립

기원전 142년, 죽은 동생 요나탄을 대신해 유대인의 지도자가 되었던 시몬은, 유대 각지에 요새를 구축함과 동시에 트뤼폰에 대항해 데메트리오스 2세와의 동맹을 부활시켜 유대에 대한 대폭적인 면세특권을 획득하고, 대사제의 지위를 승인받았다(재위 기원전 142-134). 동시에 시몬 이후로는, 대사제의 치

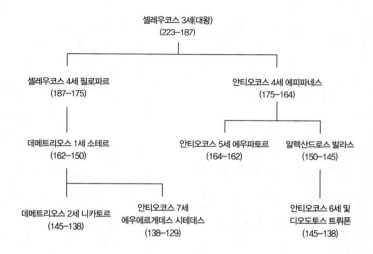

셀레우코스 3세(대왕)
(223–187)

셀레우코스 4세 필로파르
(187–175)

안티오코스 4세 에피파네스
(175–164)

데메트리오스 1세 소테르
(162–150)

안티오코스 5세 에우파토르
(164–162)

알렉산드로스 발라스
(150–145)

데메트리오스 2세 니카토르
(145–138)

안티오코스 7세
에우에르게데스 시테데스
(138–129)

안티오코스 6세 및
디오도토스 트뤼폰
(145–138)

1. 알렉산드로스 발라스는 안티오코스 4세의 자식으로 자칭.
2. 안티오코스는 6세는 어린 나이에 디오도토스 트리폰의 꼭두각시로서 즉위.
   트뤼폰은 안티오코스 6세의 이름으로 데메트리오스 2세와 내전을 치름.

[계보도5] 마카베오 = 하스몬조 시대의 셀레우코스조 시리아 왕

세에 기반해 연호를 쓰기 시작했다(〈마카베오상〉 13:36-42, 『유대 고대지』 13:213-214).

이스라엘은 이민족의 멍에에서 벗어났다. 이스라엘 백성은 모든 문서와 계약서에 '위대한 대사제이자 유대인의 총사령관이자 지도자인 시몬 대사제 제1년'이라고 쓰기 시작했다(〈마카베오상〉 13:41).

시몬은 그 뒤 기원전 141년 시리아군 최후의 거점이자, 유대에 대한 시리아 지배의 상징이기도 한 예루살렘의 아크라(성채)에서 시리아 수비대를 몰아내고, 그곳을 이방인들의 부정한 것을 치우고 정화한 뒤 자신을 위한 궁전을 지었다(〈마카베오상〉 13:49-52). 이것은 유대에 대한 셀레우코스 지배의 종언을 의미하는 것이었다. 이상의 사실은 유대가 사실상 기원전 587년의 유다 왕국 멸망 후 거의 450년 만에 독립국가로서 재생했다는 것을 의미한다.

이때 이후, 기원전 30년 로마에 의해 정복당하기까지를 '하스몬 왕조 시대'라고 부른다(단 왕의 호칭을 사용한 것은 2대 뒤의 아리스토불로스 1세부터).

제10장 | 하스몬 왕조에서 헤로데 대왕까지

제1절 하스몬 왕조와 지배의 변질

하스몬 왕조와 지배의 변질

바빌론 유수 생활 이래 약 450년에 걸친 이민족 지배 뒤에 유대인은 하스몬 왕조 밑에서 일시적이나마 사실상 재독립을 달성했다. 그러나 하스몬 왕조의 지배 역시 여러 가지 문제를 내포하고 있었다. 이미 언급했듯이 하스몬 가의 운동은 원래 셀레우코스조의 지배와 유대교 탄압에 대한 저항이자 해방 운동으로서 시작된 것이고, 하스몬 가의 리더십은 억압받던 민중의 대표라는 성격을 지닌 것이었다. 그것이 세습적 전제군주제로서 군림하게 된 것은 이 리더십의 성격의 근본적인 변질을 의미한다.

원래 하스몬 가의 운동은 한편으로는 헬레니즘 문화의 침투와 시리아 왕의 권력에 의한 강제에 대항하는 민족주의적인 문화 투쟁이라는 측면도 지니고 있었다. 그러나 왕조를 형성하자, 하스몬 가의 지배자들은 스스로 그리스풍의 이름을 짓고 헬레니즘풍 궁정에 살면서, 헬레니즘풍 동전을 주조하게 되어, 오히려 헬레니즘과 유대교의 종합자로서의 역할을 연출하게 되었다.

하스몬 가의 지배자는 대사제의 지위와 정치적 지배자(왕)의 지위를 겸했는데, 이러한 성속聖俗 권력의 일원화는 이스라엘·유대의 역사에서 일찍이 한 번도 나타난 적이 없었던, 새로운 종류의 현상이었다. 게다가 하스몬 가에는 그 두 지위에 관해서도 정통성에 관련된 문제가 있었다. 앞서 보았듯이 일반 사제의 가계인 하스몬 가는 원래대로라면 대사제의 지위에 오를 수 없었다. 게다가 그 지위는 이교도인 시리아 왕의 임명 내지 승인에 의한 것이었다. 한편으로 유대인 중에는 유대의 왕위에 오르는 것은 다윗의 후예가 아니면 안 된다는 전통적인 메시아 이념도 뿌리 깊게 남아 있었다.

그 때문에 하스몬 가의 지배자에 의한 영토 확장 등의 거듭된 대외적 성공에도 불구하고 유대 국내에는 계속해서 이 왕조의 지배에 대한 여러 가지 반대론이나 의구심이 남아 있었고, 그것이 때때로 반대 운동이라는 형태로 구체화되었다. 이것에 호응해서 하스몬 가의 지배는 시간과 함께 폭군적 성격을 강하게 띠어 간다.

시몬

사실상 셀레우코스조로부터 유대의 독립을 달성한 시몬(대사제 재위 기원전 142-134)은 그 뒤 각지로 원정을 해 유대의 영토를 서쪽은 가자라나 야파를 포함한 해안평야까지 확장했고 (〈마카베오상〉 13:43-48, 14:5-8), 또한 로마나 스파르타와의 동맹을 갱신해서 유대의 지배를 확고히 했다(〈마카베오상〉 14:16-24, 15:15-24). 한편 시리아에서는 이때 데메트리오스 2세가 파르티아 원정에서 포로로 잡혔기 때문에(〈마카베오상〉 14:1-3), 그 동생 안티오코스 7세 에우에르게데스 시데테스가 데오도토스 트뤼폰을 쳐부수고 시리아의 왕이(재위 기원전 138-129) 되어 있었다(〈마카베오상〉 15:10-14, 37-39). 그는 시몬에게 예루살렘의 아크라와 시몬이 새롭게 정복한 지역을 반환할 것을 요구해 기원전 138년경 유대에 무력 개입을 했지만, 시몬은 자식인 유다와 요한에게 이를 맞이하게 해 격퇴시켰다(〈마카베오상〉 15:25-16:10).

그러나 적은 시몬의 집안 내부에도 있었다. 그의 사위였던 프톨레마이오스가 기원전 134년에 안티오코스 7세와 손잡고 유대의 지배권을 손에 넣으려고 시몬과 그의 자식들을 전부 암살했다(〈마카베오상〉 16:11-17). 이에 대해 유대의 민중은 프톨레마이오스를 지지하지 않았고, 살아남은 시몬의 자식 요한이 요한 히르카노스 1세(재위 기원전 134-104)로서 대사제로 즉위했다(〈마카베오상〉 16:18-24, 『유대 고대지』 13:230-235).

요한 히르카노스

안티오코스 7세는 곧바로 출진出陣해서 요한 히르카노스를 예루살렘에서 포위했다. 요한은 철저하게 저항했으나, 안티오코스가 유대인의 전통적인 초막절을 존중한 것을 계기로 강화가 성립되어, 요한은 인질 제공 및 배상금 지불을 통해 유대의 지배권을 확보했다(『유대 고대지』13:236-248).

그 뒤 안티오코스 7세는 형 데메트리오스 2세의 탈환을 목표로 기원전 130년부터 파르티아 원정에 나섰으나(여기에는 요한도 동맹자로서 도중까지 동행해야 했다. 『유대 고대지』13:250-252), 도중에 전사했고, 그 뒤 셀레우코스조 내부에서 왕위 다툼이 계속되었기 때문에 요한은 이제 아무런 걸림돌도 없어져 유대의 지배권을 확장할 수 있게 되었다

그는 우선 예전에 토비야 가가 지배했던 요르단 강 동안 지방의 메데바, 사마가 등을 정복하고(『유대 고대지』13:255), 남쪽의 이두매아에 원정해서 이두매아인(에돔인의 자손)에게 강제적으로 할례를 실시하고 유대교로 개종시켰다(『유대 고대지』13:257-258). 이로 인해 이두매아인이 정치적으로뿐만 아니라 종교적으로도 유대에 편입되었다. 하지만 이것은 훗날 유대의 역사에 중요한 의미를 가지게 된다(즉 뒤에 이두매아에서 헤로데 대왕이 나온다). 요한은 또한 기원전 128년경, 북의 사마리아 지방에 침입해 세켐을 정복하고 게리짐 산에 있던 사마리아 교단의 성소를 파괴했다(『유대 고대지』13:255-256). 이것은 사마

리아 교단과 예루살렘 신전을 중심으로 한 유대교 간의 균열을 결정적으로 만들었다고 평가된다(뒤에 나오는 유대인과 사마리아인의 대립 참조).

그 뒤 요한은 만년인 기원전 108년경에도 사마리아 지방을 습격해, 이번에는 주도州都 사마리아 자체를 포위했다. 사마리아는 당시 시리아 왕 안티오코스 9세나 이집트 왕 프톨레마이오스 9세의 지원을 요청하며 저항했지만, 요한은 이듬해인 기원전 107년에 사마리아와 스키트폴리스(구 베트 산)를 정복했다(『유대 고대지』 13:275-281). 이렇게 해서 이스라엘 북왕국이 멸망한 기원전 721년 이래 약 600년 만에 구 북왕국령의 남부가 유대인의 수중으로 들어갔다. 요한은 또 사실상의 왕권을 상징하려는 듯 자신의 이름을 넣은 화폐를 주조하게 했다. 그는 또한 외국인 용병을 대규모로 채용한 최초의 유대인 지배자였다.

사두가이파

요한 히르카노스의 시대에 유대교 내부의 여러 종파의 존재가 현재화顯在化하게 된다. 역사가 요세푸스에 의하면 요한 히르카노스는 원래 바리사이파에 가까운 입장이었으나, 그들이 요한의 대사제로서의 정통성에 의구심을 나타냈기 때문에 바리사이파와 대립하던 사두가이파를 지원하게 된 것 같다(『유대 고대지』 13:171-173, 288-289). 이 요세푸스의 증언은 양파의 역사적 존재에 관한 최초의 언급이다. 물론 이들 종파의 형성은 이 시대 이전에, 아마도 마카베오 전쟁 말기에 시작되었을 것으로 생각된다.

사두가이파라는 이름은 아마도 대사제를 옹호하는 정통적인 사제의 가계인 차독 가家에서 유래하고, 사제를 중심으로 부유한 계급의 사람들로 구성되어 있었다. 그들은 신전에서의 제의를 종교 생활의 가장 중심적인 것으로 중시했고, 율법에 관해서는 성문 율법(즉 〈모세 오경〉)만을 구속력이 있는 것으로 간주했고, 바리사이파의 율법에 대한 부연적 해석이나 구전 율법의 권위를 부정했다. 사상적으로는 전통적, 보수적이었고, 당시 확산되고 있던 천사, 사자의 부활, 최후의 심판이라고 하는 '새로운' 사조를 부정했다(〈마르코〉 12:18, 〈사도행전〉 23:8 참조). 정치적으로는 현실주의적, 영합주의적이었고 유대의 헬레니즘 문화를 허용하고 마카베오 전쟁에서는 오히려 체제 측을 구성했던 사람들이다. 정통파 사제를 자임하던 사두가이파가 비非차독계임에도 불구하고 대사제의 지위에 올라 있던 하스몬 가와 결탁했다는 것은 부자연스럽게 보이기도 하지만, 그들의 정치권력에 대한 영합주의적인 자세를 통해 설명하지 못할 것도 없다. 이러한 사두가이파의 기회주의적인 태도는 훗날 로마에 의한 지배 시대까지도 이어진다.

바리사이파

바리사이파와 에세네파는 아마도 예전에 하스몬 가 사람들
과 함께 마카베오 전쟁을 이끌었던 하시딤(경건자)의 흐름을
이어받은 사람들로, 이것이 하스몬 가의 요나탄 대사제 즉위를
계기로 다시 분열한 것으로 생각된다. 하시딤은 알키모스의 대
사제 취임을 인정한 것(〈마카베오상〉 7:13-15)에서도 보이듯이,
종교적 자유의 탈환으로 인해 전쟁의 목표는 달성되었다고 보
고, 한 발 더 나아가 정치적 독립(내지는 정치적 권력 획득)을 얻
기 위해 전쟁을 속행하려 했던 하스몬 가의 사람들과 갈라섰
을 것이다.

바리사이파('분리파'라는 의미. 제의적인 부정이나 경건하지 못한
일반 대중으로부터 몸을 멀리한다는 의미일까. 원래는 대립하는 사람
들로부터의 비난이 담긴 호칭이라는 설도 있다)의 운동은 율법을
해석하고 설교하는 평신도 율법학자(랍비)들을 중심으로, 폭넓
게 일반 대중이나 일부 사제들도 끼어 전개되었던 일종의 신
앙 각성 운동이고, 신전 제의와 나란히 생활의 온갖 영역에서
율법을 엄격히 준수할 것을 요구해, 특히 원래는 사제에게만
요구되는 엄격한 제의적 청정함의 유지를 일반인에게도 요구
했다. 또한 일상생활에서의 율법 준수를 구체화하기 위해 바리
사이파는 유력한 랍비들의 율법 해석(구전 율법)을 성문 율법
과 동등한 권위를 가지는 것으로 인정했다. 이러한 구전 율법
의 전개는 그 뒤 유대 율법을 집대성한 문서인 〈탈무드〉의 중

심 부분을 이루는 〈미슈나〉로 결실을 맺는다(기원후 200년경).

사상적으로 바리사이파는 오히려 혁신적이고, 천사나 사자의 부활이나 사후의 심판 사상을 받아들였고(〈사도행전〉 23:8), 또한 디아스포라를 중심으로 이교도에 대한 개종 운동을 전개했다.

에세네파와 쿰란 종단

에세네파는 바리사이파보다도 더욱 엄격한 율법 준수와 독특한 청정 규정에 의해 결합되어 폐쇄적이고 비교祕敎적인 결사를 이루고, 재산의 공유제에 기반해 자급자족적이면서 규율을 엄격히 준수하는 공동생활을 영위했다. 에세네파 집단 중에는 세속에서의 일상생활을 완전히 포기하고 사람들의 주거지로부터 떨어진 황야에 은둔해, 외부세계와의 관계를 끊고 자신들만의 수도원적인 금욕 생활을 하는 자들도 있었다. 그러한 집단의 대표인 쿰란 종단의 문서(쿰란 문서, 이른바 〈사해 문서〉)를 통해 그들이 강렬한 이원적 색채를 지닌 묵시 사상적인 종말론을 신봉했다는 사실이 알려졌다.

쿰란 종단은 '아론의 자식들'이라 불린 사제단과 평신도로 이루어졌는데, 이것은 사제들 중에 사두가이파 정도로 현실 영합적이지 않은 사람들이, 특별히 경건한 평신도들과 결합해 이 종단을 형성했다는 것을 시사한다. 예루살렘의 신전 제의에 대한 반감('의義의 교사'와 '악한 사제'의 대립)은 앞에서 보았듯이 당시 예루살렘을 좌지우지하고 있던 '비정통적'인 하스몬 가의 대사제에 대한 반발의 표현일 것이다. 그들은 또한 태음력에 기반한 통상의 유대력과는 다른, 독특한 태양력에 따라 생활했다.

아리스토불로스 1세

기원전 104년에 요한 히르카노스가 사망하는데, 그는 생전에 아내를 후계자로 앉히라고 정해 놓았다. 그러나 그의 자식 아리스토불로스(유대명은 유다)는, 자신의 어머니를 투옥해 굶겨 죽이고, 형제들을 붙잡아 가두거나 죽여 실권을 장악한 뒤, 아리스토불로스 1세(재위 기원전 104-103)로 즉위했다(『유대 고대지』 13:302-310). 요세푸스에 의하면 그는 대사제의 지위에 더해 왕호王號를 칭한 최초의 하스몬 가 지배자이다(『유대 고대지』 13:301. 단 그가 주조하게 한 화폐에 '왕'이란 문자가 없기 때문에 이것을 의심하는 연구자도 있다). 그는 갈릴래아 북동부의 이투레아에 원정해 이투레아인 일부에게 할례를 강제하고 유대교로 개종시켰다(『유대 고대지』 13:318). 이것으로써 하스몬 왕국의 영토는 갈릴래아 지방을 포함하게 되었다.

아리스토불로스 1세는 불과 1년의 치세로 죽고, 그의 아내인 살로메 알렉산드라는 아리스토불로스가 유폐했던 그의 형제들(즉 요한 히르카노스의 자식들)을 풀어주고, 그중의 한 명인 요나탄과 결혼했다(아마도 〈신명기〉 25:5-6의 규정에 의한 형사취

수혼兄死娶嫂婚).

알렉산드로스 얀나이오스

형인 선왕의 아내와의 결혼을 통해 왕위 계승자가 된 요나탄, 즉 그리스명 알렉산드로스 얀나이오스(재위 103-76)는 하스몬 가 중에서 아마도 가장 유능하고 전투적인, 동시에 가장 잔인한 지배자였다. 그의 약 30년의 치세는 전투로 점철되었다. 그의 야망은 명백하게, 약 900년 전에 다윗이 수립했던 통일왕국의 판도를 이스라엘에 회복하는 것이었다. 그리고 그는 이 이상의 실현을 위해서는 어떠한 수단도 —민중의 생활과 마음을 짓밟는 것조차— 아끼지 않았다. 그리고 그것이 그의 생애를 파란만장하게 만들었다.

알렉산드로스의 최초의 목표는 페니키아의 중요한 항구 도시 프톨레마이스(아코)였다. 그러나 알렉산드로스의 진출에 대해, 프톨레마이스 시민들은 당시 키프로스를 지배하고 있던 이집트 출신의 프톨레마이오스 9세 소테르(라튀로스)의 지원을 요청했기 때문에, 알렉산드로스는 철수하지 않을 수 없었고, 또한 프톨레마이오스 9세와의 전투로 많은 병력을 잃었다. 거기에서 그는, 프톨레마이오스 9세와 대립하고 있던 그의 친모, 이집트의 클레오파트라 3세와 동맹을 맺어 프톨레마이오스에 대항했다(『유대 고대지』 13:324-355). 프톨레마이스 자체는 정복하지 못했지만, 알렉산드로스는 북서쪽 해안평야 지방의 도

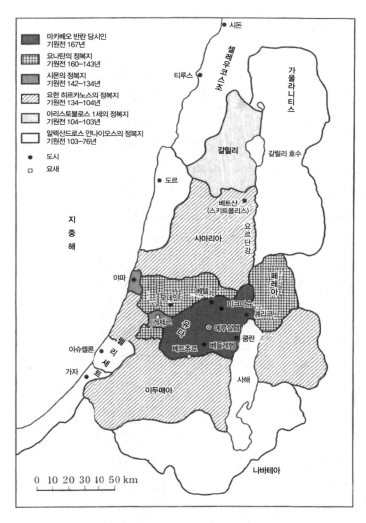

범례

- 마카베오 반란 당시인 기원전 167년
- 요나탄의 정복지 기원전 160–143년
- 시몬의 정복지 기원전 142–134년
- 요한 히르카노스의 정복지 기원전 134–104년
- 아리스토불로스 1세의 정복지 기원전 104–103년
- 알렉산드로스 얀나이오스의 정복지 기원전 103–76년
- 도시
- 요새

시돈

셀레우코스 왕조

티루스

가울라니티스

갈릴리

갈릴리 호수

도르

베트샨 (스키트폴리스)

지중해

사마리아

요르단강

페레아

야파

모데인

베텔

미크마슈

에리코

게제르

유다

예루살렘

쿰란

아슈켈론

펠

레

셋

베트추르

베들레헴

가자

사해

이두매아

나바테아

0 10 20 30 40 50 km

[지도12] 하스몬 왕국의 영토 확대

르와 스트라톤의 탑(나중의 카이사리아)을 확보했다.

알렉산드로스는 다음에는 요르단 강 동안 지방으로 공격 방향을 바꾸어 가다라와 아마투스를 정복하고, 뒤이어 해안 지방의 라피아, 가자 등도 공략했다(『유대 고대지』 13:356-364). 그것으로써 유대는, 선임자인 요한 히르카노스나 아리스토불로스가 정복했던 사마리아, 갈릴래아에 더해, 필라델피아를 제외한 요르단 강 동안 지방과, 아슈켈론 지구를 제외한 해안평야를 획득해 그 판도는 거의 다윗 시대의 통일왕국에 필적하게 되었다. 알렉산드로스는 알렉산드레이온, 히르카니아, 마케르스 등의 각지에 요새를 구축했다.

반대파의 탄압

이러한 눈부신 승리에도 불구하고, 유대 국내에는 알렉산드로스에 대한 민중의 반감이 높아져 있었다. 그것은 알렉산드로스의 전력戰力이 외국인 용병대를 주력으로 했기 때문인데, 원정도 그의 지배욕과 궁정의 재정을 윤택하게 한 것에 지나지 않았다. 또한 바리사이파를 중심으로 한 유대교 정통파의 일부는 여전히 그의 대사제직을 인정하지 않았다. 이에 대해 알렉산드로스는 반대파 6천 명 이상을 처형하는 것으로 응답했다(『유대 고대지』 13:372-373). 이러한 조치로 그는 공포정치의 독재자로서 정체를 드러낸 것이다.

그 뒤 알렉산드로스는 다시 요르단 강 동안 지방으로 원정을 했는데, 거기에서 나바테아 왕 오보다스와 충돌해 큰 패배를 맛보고 허둥지둥 예루살렘으로 도망쳤다. 이것을 계기로 반대파의 일부는 알렉산드로스에 대한 공공연한 반란에 나섰다. 이 내란은 약 6년간 이어졌는데, 그 기간 동안 알렉산드로스는 5만 명 이상의 반대파를 처형했다고 한다(『유대 고대지』 13:374-376). 그래서 바리사이파 사람들은 시리아 왕 데메트리오스 3세에게 지원을 요청했다. 기원전 88년, 알렉산드로스는 세켐 근교에서 원정을 온 데메트리오스에게 맞붙어 패했다(『유대 고대지』 13:376-377). 그러나 시리아 국내에서 내전을 치르고 있던 데메트리오스는 장기간 유대에 머무를 수가 없었다. 데메트리오스의 철수 후 알렉산드로스는 전열을 재정비해, 이번에도 역시 많은 반대파 사람들에게 복수했는데, 그때 그는 십자가형이라는 잔학한 처형법을 유대에서 처음으로 채용했다(『유대 고대지』 13:379-380).

제2절 하스몬 가의 내분과 로마의 개입

알렉산드로스 얀나이오스의 유언과 살로메 알렉산드라

그 뒤에도 알렉산드로스는 유대를 포위하는 형태로 세력을 확대하고 있던 나바테아 왕 아레타스 3세 및 이와 대립하고 있던 시리아의 안티오코스 12세 디오뉘소스와의 삼파전을 되풀이하지 않을 수 없었다(『유대 고대지』 13:387-392). 알렉산드로스는 결국 나바테아 왕의 진출을 맞아, 요르단 강 동안 지방의 영토를 골란 지방으로까지 확대했지만, 기원전 76년 요르단 강 동안 지방을 원정하던 중에 병으로 쓰러졌다. 최후가 다가왔다는 것을 깨달은 알렉산드로스는 아내 살로메 알렉산드라를 후계자로 지명하고, 그의 필생의 숙적이었던 바리사이파와 화해하라는 충고를 유언으로 남기고 죽었다(『유대 고대지』 13:403-404). 이것은 그가 그 격정적 성격에도 불구하고, 바리사이파의 세력이 이미 무시할 수 없을 정도로 성장해 있어서 그들과의 대립이 지속된다면 유대의 존속을 위협할 가능성을 냉정히 분석하고 있었다는 사실을 보여주고 있다.

또한 알렉산드로스 얀나이오스 시대의 비약적인 영토 확장의 배경에는, 이 왕의 유능함과 나란히 유대를 둘러싼 양대 강국 셀레우코스조 시리아와 프톨레마이오스조 이집트 쌍방이 왕권 다툼을 둘러싼 내전 상태에 있어, 유대·팔레스티나 정세에 개입할 수 있는 상황이 아니었다는 것도 잊어서는 안 될 것이다.

왕위를 이어받은 살로메(유대명 슐롬치온) 알렉산드라(재위 기원전 76-67)는 이스라엘·유대 역사에서 아탈야와 나란히 유이唯二한 두 명의 여왕 중 한 명이었는데, 그 칭호에 충분히 값할 만큼 유능한 군주였다. 살로메는 즉위 후 여성의 몸으로는 대사제로 취임할 수 없었기 때문에 장남인 (요한) 히르카노스 2세를 대사제로 임명했는데, 동생인 아리스토불로스 2세는 권력에서 멀찌감치 물러나 있게 했다. 형인 히르카노스는 범용하고 별 야심이 없는 성격의 인물이었지만, 동생인 아리스토불로스는 아버지의 성격을 이어받아 야심과 행동력이 풍부했기 때문에, 살로메는 그를 자신의 권력을 위협하는 존재로서 경계했을 것이다. 그녀는 죽은 남편의 유언대로 바리사이파와 화해하고, 또한 군대를 증강해서 남편이 정복한 광대한 영토를 잘 유지했다(『유대 고대지』 13:405-409). 또한 아르메니아 왕 티그라네스가 시리아를 정복하고 페니키아로 공격해 왔을 때도 그녀는 재빨리 사절을 보내서 협정을 맺어, 유대에 대한 위협을 배제하는 데 성공하는 날카로운 감각을 보여줬다(『유대 고대지』 13:419-41).

히르카노스 2세와 아리스토불로스 2세의 형제 전쟁

그러나 권력으로부터 밀려난 아리스토불로스 쪽은 불만이 커져 갔다. 그리고 살로메의 바리사이파 우대 정책에 반발하던 사두가이파를 중심으로 하는 반反바리사이파 세력은 아리스토불로스를 지지했다. 아리스토불로스는 기원전 67년에 어머니가 위독한 상태에 빠진 것을 계기로 지지자들과 함께 반기를 들었다(『유대 고대지』 13:422-432). 혼란의 와중에 살로메는 죽고, 자식인 대사제 요한 히르카노스 2세가 일단은 왕위를 계승했다. 그러나 히르카노스는 곧바로 아리스토불로스의 군에 포위되어, 왕위와 대사제직을 아리스토불로스에게 넘기지 않을 수 없었다(『유대 고대지』 14:4-7). 이렇게 해서 결국 아리스토불로스 2세(재위 기원전 67-63)가 유대 왕 겸 대사제가 되었다.

모든 권력을 박탈당한 히르카노스는 이두매아인으로 아버지 대代부터 이두매아 총독이었던 안티파트로스의 주선으로 나바테아 왕 아레타스 3세한테 망명했다. 그래서 아레타스는 예전에 알렉산드로스 얀나이우스가 정복했던 네게브나 요르

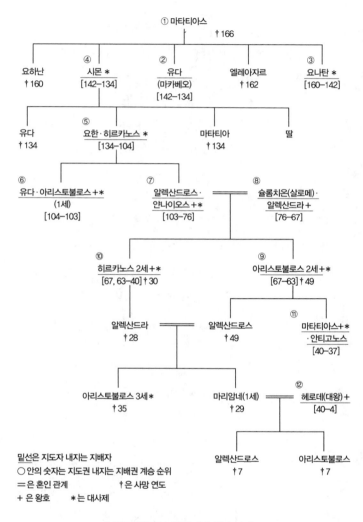

① 마타티아스
† 166

요하난
† 160

④
시몬 *
[142–134]

②
유다
(마카베오)
[142–134]

엘레아자르
† 162

③
요나탄 *
[160–142]

유다
† 134

⑤
요한·히르카노스 *
[134–104]

마타티아
† 134

딸

⑥
유다·아리스토불로스 +*
(1세)
[104–103]

⑦
알렉산드로스·
얀나이오스 +*
[103–76]

⑧
슐롬치온(살로메)·
알렉산드라 +
[76–67]

⑩
히르카노스 2세 +*
[67, 63–40] † 30

⑨
아리스토불로스 2세 +*
[67–63] † 49

알렉산드라
† 28

알렉산드로스
† 49

⑪
마타티아스 +*
·안티고노스
[40–37]

아리스토불로스 3세 *
† 35

마리암네(1세)
† 29

⑫
헤로데(대왕) +
[40–4]

알렉산드로스
† 7

아리스토불로스
† 7

밑선은 지도자 내지는 지배자
○ 안의 숫자는 지도권 내지는 지배권 계승 순위
＝은 혼인 관계   † 은 사망 연도
＋ 은 왕호   * 는 대사제

[계보도6] 하스몬(마카베오)가 가계도

단 강 동안의 도시들을 히르카노스가 나바테아한테 반환하는
것을 조건으로 히르카노스의 예루살렘 복귀를 지원하기로 약
속했다(『유대 고대지』 14:8-20). 그러나 이러한 모든 음모를 꾸
민 것은 이두매아인 안티파트로스였다. 그는 명백하게, 무능한
히르카노스를 꼭두각시로 세우고 자신이 유대의 실질적인 지
배자가 되는 것을 노렸다(『유대 전기戰記』 1:123-126).

로마의 개입

기원전 65년, 아레타스는 히르카노스를 데리고 유대를 공격
해 반아리스토불로스파의 유대인도 끌어들여 아리스토불로스
와 그를 지지하는 사제들을 예루살렘 신전에서 포위했다(『유대
고대지』 14:8-21). 신전의 언덕에서 굳게 버티며 저항하는 아리
스토불로스의 패배는 시간문제인 것으로 보였지만, 그때 아무
도 전혀 예상하지 못했던 사태가 일어나 이 형제간의 내전은
멈추게 되었다. 마침 그 무렵 시리아를 정복하고 셀레우코스조
를 멸망시킨 로마의 폼페이우스의 심복 아이밀리우스 스카우
루스가 다마스쿠스에서 유대의 내전에 관해 듣고 로마군과 함
께 돌연 예루살렘에 나타난 것이었다. 스카우루스는 아리스토
불로스의 지위를 확인시켜주고 아레타스 및 히르카노스에게
철퇴할 것을 명했다. 그 뒤 스카우루스는 시리아로 돌아갔는
데, 아리스토불로스와 그 지지자들은 히르카노스와 아레타스
를 추격했다(『유대 고대지』 14:29-33).

폼페이우스의 예루살렘 정복

　기원전 63년 봄에 폼페이우스 자신이 다마스쿠스에 도착하자, 아리스토불로스와 히르카노스는 각자 따로 폼페이우스와 회견해 서로 상대방을 비난하고는 자신에 대한 정식 지원을 호소했다(『유대 고대지』 14:42-45).

　흥미로운 것은, 요세푸스에 의하면 이때 유대의 '국민(에트노스)'으로부터 제삼의 사절단이 폼페이우스한테 파견되어, 아리스토불로스와 히르카노스 양쪽 모두에 반대하고, 왕제王制를 폐지하고 유대를 하스몬 왕조 이전의 사제 정치로 돌아가게 해달라고 호소했다는 것이다(『유대 고대지』 14:41). 그러나 나바테아 원정을 계획하고 있던 폼페이우스는 판단을 유보하고, 원정이 끝날 때까지 현상을 유지하라고 명했다. 폼페이우스로서는 로마의 괴뢰傀儡 정권으로는 호전적인 아리스토불로스보다도 무능한 히카르노스와 유능한 안티파트로스의 콤비 쪽이 이용하기 쉬울 것으로 생각한 것 같다(『유대 고대지』 14:46-47).

　아리스토불로스가 이 명령에 반발해 금지 명령을 깨고 유대로 돌아가 자력으로 정권을 강고하게 다지려 했기 때문에 폼페이우스는 분노해 나바테아를 공격하기 위한 군대를 예루살렘으로 향하게 했다 아리스토불로스는 어쩔 수 없이 예루살렘을 폼페이우스한테 넘겨주는 데 동의했지만(『유대 고대지』 14:48-57), 예루살렘 사람들 일부는 끝까지 항복을 거부하고 신전의 언덕에 틀어박혀 저항을 계속했다. 3개월의 포위 공격 끝에 폼페이우스는 결국 예루살렘 신전을 함락시키고 지성소에 발을 들여놓았다(『유대 고대지』 14:61-76). 대사제 외에는 출입이 금지된 지성소에 이교도가 들어간 것은 유대인들로서는 커다란 충격이었고, 그들에게 절망감을 안겨주었다(구약 위경 〈솔로몬의 시편〉 제2편 등 참조).

시리아 총독 스카우루스

아리스토불로스와 그의 자식 마타티아스 안티고노스는 사로잡혀(또 한 명의 자식인 알렉산드로스는 도중에 도망쳤다), 로마로 보내졌다. 그들은 기원전 61년에 폼페이우스가 로마로 개선했을 때 로마 시내에서 조리돌림을 당했다. 히르카노스 2세에게는 대사제의 지위가 다시 부여되었지만, 왕을 칭하는 것은 허용되지 않고, '민족 통치자(에트나루케스)'로 불리는 데 그쳤다(『유대 고대지』 14:73). 이렇게 해서 시몬 이래 하스몬 왕조의 유대 지배는 백 년을 못 가 사실상 종지부가 찍혔다.

폼페이우스는 유대의 영토를 대폭 축소시키고는, 전 국토를 새롭게 설치된 속주 시리아로 편입했고, 그사이에 로마 최초의 시리아 총독으로 취임한 스카우루스(재위 기원전 63-57)의 지배하에 두었는데, 유대인 거주구에는 공납을 부과하고 대사제 지도하의 자치권을 인정했다(『유대 고대지』 14:73-74, 『유대 전기』 1:145-151). 유대인에게 남겨진 땅은 해안평야를 제외한 유다와 이두매아 동부, 요르단 강 동안 지방 남부의 페레아, 그리고 갈릴래아뿐이었다. 또한 사마리아를 끼고 섬처럼 갈릴래아에 유대인의 땅이 있었던 예수 시대의 상황은 이때에 확정되었다. 세켐의 게리짐 산에서는 사마리아 교단의 제의가 재개되고, 요르단 강 서안의 스키트폴리스(구舊 베트 샨) 및 동안의 필라델피아, 게라사, 페라 등의 헬레니즘화된 도시들은, 시리아 총독에게 직속된 자유도시가 되어 데카폴리스('열 개의 도시') 도시연합을 형성했다(『유대 고대지』 14:74-76, 데카폴리스에 관해서는 〈마르코〉 5:20, 〈마태오〉 4:25 등 참조).

시리아 총독 가비니우스

기원전 57년, 아리스토불로스 2세의 자식으로 로마의 수중에서 도망쳐 유대에 잠복해 있던 알렉산드로스는 유대의 호전파를 조직화해 반란을 시도했다. 당시 시리아 총독 가비니우스(재위 기원전 57-54)는 장군 마르쿠스 안토니우스 등을 파견해 이 반란을 진압시키고, 거점이었던 알렉산드레이온, 마케루스, 히르카니아의 요새를 파괴했다(『유대 고대지』 14:82-90). 나중에 이집트의 여왕 클레오파트라 7세와 손잡고 대大 로마를 둘로 나누는 이 안토니우스는 카이사르의 심복으로 갈리아에서 크게 성장하기 전에는 변경인 시리아에서 가비니우스를 모시고 있었던 것이다. 당시 25세였다.

반란 평정 후 가비니우스는 히르카노스로부터 정치적 실권을 빼앗고 유대의 영토를 축소시킨 뒤에 예루살렘, 가자라(게제르), 예리코, 아마투스(요르단 강 동안 지방), 세폴리스(갈릴래아 지방)의 다섯 개 행정구역으로 분리했다. 훗날 유대인 역사가 요세푸스는 이에 관해 '사람들은 전제군주정에서 해방되어 귀족정 아래에서 살게 되었다'고 적었다(『유대 고대지』14:91).

아리스토불로스 부자의 저항

그러나 이러한 로마 측의 강제 조치도 유대의 반체제 운동을 억누르지 못했다. 기원전 56년경에는 로마에 붙잡혀갔던 아리스토불로스(2세)와 안티고노스 부자父子가 탈출에 성공해 유대로 돌아와 대중의 지지를 얻고서 복권을 시도했다. 가비니우스는 이것을 평정하고 아리스토불로스를 사로잡아 다시 로마로 보냈다(『유대 고대지』14:92-97). 그 뒤 가비니우스는 이집트 내전에 개입해 친로마 정책으로 인해 이집트로부터 추방되었던 프톨레마이오스 12세 네오스 디오뉘소스를 이집트에 복위시키기 위해 이집트로 갔는데(기원전 55), 그 틈을 타 아리스토불로스의 자식 알렉산드로스가 다시 반란을 시도했다. 가비니우스는 안티파트로스한테 이 반란을 진압하게 했다(『유대 고대지』14:97-102).

가비니우스는 반란이 이렇게 계속해서 일어나자 역시 유대의 대사제의 권력을 강화하는 게 득책이라고 생각해, 그 자신이 도입했던 유대를 다섯 개 구로 분할하는 것을 폐지하고 유대를 다시 대사제의 직할 밑에 두었다. 가비니우스는 나아가 동방의 파르티아의 내전에도 개입해 오로데스 2세에 대항하던 미트리다테스 3세를 지원하기도 했는데, 기원전 54년에 임기를 마치고 로마로 돌아갔다.

가비니우스를 대신해 증대해 가는 파르티아의 위협에 대항하기 위해, 로마의 이른바 삼두정치가의 한 사람인 마르쿠스 루키니우스 크라수스가 시리아 총독(재위 기원전 54-53)으로 파견되었다. 크라수스는 전비 조달을 위해 예루살렘 신전의 보물을 약탈한 뒤(『유대 고대지』 14:105-109), 파르티아로 원정을 떠났는데(제1차 파르티아 전쟁), 카라에 전투에서 수렌이 지휘하는 파르티아군에게 패해 전사했다. 크라수스를 대신해 시리아의 총독이 된(훗날 카이사르 암살자의 한 명) 카시우스 롱기누스(재위 기원전 53-51)는 갈릴래아 지방의 반란을 진압하고 3천 명의 유대인을 노예로 팔아 치웠다(『유대 고대지』 14:119-122).

제3절 **안티파트로스의 대두로부터 헤로데의 권력 확립까지**

율리우스 카이사르와 안티파트로스

기원전 49년 무렵 로마에서 현재화顯在化한 폼페이우스와 율리우스 카이사르의 대립은 유대에도 큰 영향을 끼쳤다. 카이사르는 로마에 붙잡혀 있던 아리스토불로스 2세를 풀어주고 유대로 돌려보내 반 폼페이우스 운동을 일으키게 하려 했으나, 아리스토불로스는 아직 로마에 머물러 있는 동안 폼페이우스파에 의해 독살되었다. 이와 전후해 유대 본토에서 아버지의 반란에 가담할 준비를 하고 알렉산드로스도 폼페이우스파에 붙잡혀 참수되었다(『유대 고대지』 14:123-125).

기원전 48년 파르살로스 전투에서 폼페이우스가 카이사르한테 패하자, 지금까지의 사정에서 친 폼페이우스적인 입장이었던 히르카노스 2세와 안티파트로스는 이집트에서 알렉산드리아 전쟁을 치르던 카이사르에 원군을 보내 그의 호의를 얻었다. 기원전 47년 카이사르는 히르카노스의 대사제 및 민족 통치자(에트나루케스)로서의 지위를 확인시켜 주고, 안티파트로스한테는 유대 총독으로서의 지위와 로마 시민권을 부여했다(『유대 고대지』 14:127-140). 또한 예루살렘 교단에도 종교의 자유와 독립적인 재판권, 폼페이우스에 의해 파괴된 예루살렘 성벽 재건의 허가, 면세나 징병의 면제 등의 특권을 부여했다(『유대 고대지』 14:190-216).

이로써 유대의 실질적인 지배권은 히르카노스를 꼭두각시로 세운 이두매아인 안티파트로스의 손에 쥐어지게 되었다. 안티파트로스는 장남 파사엘로스(파사엘)를 예루살렘의 지사로 임명하고, 차남 헤로데(당시 25세)를 갈릴래아의 지사로 임명해 유대 지배 체제를 확고히 했다(『유대 고대지』 14:158-159). 이 둘째가 나중의 이른바 '헤로데 대왕'이다.

안티파트로스와 그의 자식들

기원전 44년에 카이사르가 암살되고, 그 하수인의 한 명인 카시우스 롱기누스가 다시 한 번 시리아 총독(재위 기원전 43-42)이 되자, 안티파트로스와 그의 자식들은 이 새로운 총독한테 충성을 보이기 위해 유대에 무거운 세금을 거두고 세금을 못 내는 자는 노예로 팔았다. 이것이 유대인들의 반발을 사 안티파트로스는 기원전 43년에 암살되었는데, 파사엘로스와 헤로데는 카시우스와 손잡고 이 반란을 진압했다(『유대 고대지』 14:271-299).

기원전 42년, 카시우스를 포함한 카이사르 암살자들이 마케도니아의 필리피 전투에서 마르쿠스 안토니우스 및 옥타비아누스의 연합군에 패하자, 헤로데는 이른바 로마의 제2차 삼두정치로 팔레스티나를 포함한 동방의 지배자가 된 안토니우스한테 접근해서 형 파사엘로스와 자신을 유대의 4분령 태수(테트라루케스)로 인정받게 했다(『유대 고대지』 14:301-329). 이런 식으로 그때그때의 정세에 기민하고 정확하게 판단해 최고로 유력한 권력자한테 접근해 대담한 행동과 교묘한 변설로써 그 호의와 지원을 획득해 자기의 권력을 강화해 나가는 것은 안티파트로스와 헤로데 부자의 천재적인 행동 패턴이었다. 이렇게 해서 그들은 폼페이우스에서 카이사르로, 카이사르에서 카시우스로, 카시우스에서 안토니우스로, 그리고 안토니우스에서 옥타비아누스로 후원자를 교체했고, 그때마다 위기를 무사히 넘기고 착실하게 권세를 강화해 나가게 되었다.

마타티아스 안티고노스

기원전 40년 파르티아의 왕자王子 파코루스가 이끄는 파르티아군이 시리아로 침입해 시리아 전체를 거의 정복했다. 당시 안토니우스는 이집트에서 클레오파트라와의 사랑에 열중해 있어 이에 대해 유효한 반격을 하지 못했다. 아리스토불로스 2세의 자식 마타티아 안티고노스는 이 혼란을 틈타 파르티아인의 지원을 받아 예루살렘에서 히르카노스 2세와 파사엘로스를 사로잡고, 스스로 대사제이자 왕으로서 즉위를 선언했다(재위 기원전 40-37). 안티고노스는 백부에 해당하는 히르카노스가 다시 대사제로 복귀할 수 없도록 그의 두 귀를 도려냈는데(몸에 상처가 있는 자는 대사제가 될 수 없었다), 파사엘로스는 적의 계략에 빠진 것이 부끄러워 바위에 머리를 부딪쳐 스스로 목숨을 끊었다(『유대 고대지』 14:327-369).

간신히 안티고노스의 수중에서 도망친 헤로데는 일족을 마사다 요새에 대피시킨 뒤, 홀로 로마로 향해, 안토니우스와 옥타비아누스한테 지원을 요청했다. 로마의 원로원은 안토니우스와 옥타비아누스의 제안에 따라 '로마인의 친구이자 동맹자'로서 헤로데를 유대의 왕으로서 승인할 것을 결의했다(『유대 고대지』 14:381-385). 이것은 말할 것도 없이, 파르티아인의 지원에 의해 유대 왕이 된 안티고노스에게 헤로데를 이용해 대항하게 만들기 위한 것이었다. 이렇게 해서 이두매아인 헤로데는 유대의 왕이 되었다(재위 기원전 40-4).

유대 왕 헤로데

그러나 명실공히 유대의 왕이 되기 위해서 헤로데는 먼저 자신의 왕국을 정복하지 않으면 안 되었다. 기원전 39년, 로마의 장군으로 시리아의 총독(재위 기원전 40-38)이 된 푸블리우스 벤티두스 바수스가 시리아에서 파르티아인을 격퇴한 것을 계기로 헤로데는 프톨레마이스에서 유대로 상륙해 먼저 갈릴래아를 정복한 뒤, 남하해서 마사다에서 포위 공격을 받고 있던 친족들을 구출했다. 그러나 최초의 예루살렘 공격은 성공하지 못했다. 안티고노스가 바수스와 그의 부관들을 매수했기 때문에 로마군의 도움을 얻을 수 없었기 때문이었다. 헤로데가 마르쿠스 안토니우스의 새로운 지지와, 신임 시리아 총독 가이우스 소시우스(재위 기원전 38-34)의 지원을 받아 예루살렘을 점령한 것은 기원전 37년 여름의 일이었다. 안티고노스는 안티오키아로 연행되어 안토니우스의 명령으로 참수되었다(『유대 고대지』 14:468-15:10). 이것은 동시에 하스몬 왕조의 완전한 종언終焉을 의미했다.

다만 헤로데는 예루살렘을 포위 공격하던 중에, 안티고노스의 동생인 알렉산드로스의 딸로 히르카노스 2세, 아리스토불로스 2세 양쪽의 손녀에 해당하는 마리암네 1세와 결혼했다(『유대 고대지』 14:467-468). 이것은 하스몬 가의 혈통을 잇는 여성과의 결혼에 의해, 이국인이면서 유대 왕권을 계승하는 것을 정당화하기 위해서였다. 다윗이 사울의 딸 미할(미칼)과의 결합을 통해 사울 가로부터의 왕위 계승권을 확보한 것과 정확히 같은 행동이었다(〈사무엘상〉 18:27-28, 〈사무엘하〉 3:13 참조).

헤로데의 인간적 약점

덧붙이자면 이 결혼에는 헤로데의 정치적 타산과 교활함뿐 아니라, 그의 내면에 있는 어떤 콤플렉스가 표현되어 있는 것으로 보인다. 앞에서 본 요한 히르카노스에 의한 이두매아인의 강제적 유대 교화 정책을 통해 아버지 대로부터 유대교로 개종했다고는 해도, 정통파 유대인이 보기에 헤로데는 어디까지나 '반半 유대인'에 지나지 않았다. 또한 그의 유대 왕위는 로마의 승인과 지지에 의한 것으로, 유대인 중에는 그 정통성에 의구심을 품는 자도 적지 않았다.

헤로데는 신약 시대사의 문맥에서 보다 자세히 서술되겠지만, 예루살렘 신전의 대증축 등을 통해 유대인의 환심을 사는 데 이상할 정도로 신경을 씀과 동시에, 하스몬 가의 혈통을 이은 자가 정통성을 주장하며 정적이 되는 것을 극도로 두려워해 병적일 정도로 시의심에 사로잡혀, 자신의 친척을 포함해 피비린내 나는 숙청을 여러 번 되풀이하게 된다. 거기에서, 교묘한 전술가의 가면 뒤에 숨어 있는 헤로데의 인간적 약점을 볼 수 있다.

어찌됐든 이렇게 해서 로마의 후원을 배경으로 헤로데가 유대를 지배한다고 하는, 예수 탄생 때의 체제가 확립했다(〈마태오〉 2:1 참조). 왕으로서의 헤로데, 즉 '헤로데 대왕'의 치세에 관해서는 〈성서시대사 신약편〉의 기술에 맡기겠다.

구약성서사 연표(연대는 전부 기원전)

1500경	족장 시대(?) 이스라엘의 선조 유목 생활.
1450경	가나안, 이집트(제18왕조)의 지배하에 들어감.
1350경	가나안에 '하비르' 출현해 혼란을 일으킴. 가나안의 도시국가들 쇠퇴로 향함.
1250경	이집트 제19왕조, 람세스 2세의 지배. 이 무렵 이집트 탈출(?).
1207	이집트 왕 메렌프타의 가나안 원정. 원정 비문碑文에 서 '이스라엘' 언급.
1200경	가나안 산지에 동시다발적으로 새로운 거주지 출현.
1150경	부족연합으로서의 이스라엘이 거의 성립. 이른바 판관 시대. 드보라의 전투.
1100경	필리스티아인 가나안에 침입해 정착.

1010경	이스라엘에 왕권제 도입. 초대 왕 사울.
1003	다윗 즉위(-965). 애초에는 유다 부족만의 왕. 나중에 이스라엘 전체의 왕이 됨. 처음의 수도는 헤브론.
998	다윗 예루살렘으로 천도遷都. 통일왕국 확립.
965	다윗의 죽음과 솔로몬의 즉위(-926). 그 뒤 국제 교역으로 경제적 번영.
955	시온 언덕에 신전 건설. 예루살렘이 성지가 됨.
926	솔로몬의 죽음. 왕국 분열. (북)이스라엘 왕 예로보암, (남)유다 왕 르하브암의 지배.
924	이집트 왕 시샥, 가나안 원정.
906	(북)바아사의 쿠데타. 그 뒤로도 왕권 교체 계속해서 발생.
885	이스라엘과 유다의 분쟁에 아람 개입.
878	(북)오므리 왕조 성립. 사마리아로 천도.
871-852	(북)아합의 지배. 티루스와 동맹. 바알 종교 만연. 예언자 엘리야의 활동.
868-847	(남)여호사팟의 지배. 이스라엘과 동맹.
853	아시리아 왕 살마네세르의 서방 원정. 이에 대항하기 위해 카르카르 전투에 아합도 참가.
850경	모압 왕 메샤, 이스라엘에 반란. 아람의 공격.
845	(북)예후, 오므리 왕조를 타도. 예후 왕조 성립. 예언자 엘리사의 활동. 텔단 비문(?). (남)아탈야, 예루살렘에서 유다의 왕위 찬탈.
841	(북)예후, 살마네세르 3세에 조공.

840	(남)사제 여호야다, 아탈야를 타도하고 다윗 왕조 부흥.
815경	아람 왕 하자에르, 이스라엘과 유다 공격. 이스라엘 사실상 아람의 지배하에 놓임.
790경	(북)요아스, 아시리아에 조공. 아람에 반격. 이스라엘(요아스)과 유다(아마츠야)의 전투.
787-750경	이스라엘(예로보암 2세)과 유다(아자르야) 국력 안정으로 번영. 그 이면에 소농민의 몰락으로 계층 격차 확대.
747	(북)예후 왕조 쿠데타로 멸망. 그 뒤 왕권 찬탈극이 이어짐. 예언자 호세아의 활동.
738	아시리아 왕 티글라트필레세르 3세의 원정. (북)므나헴, 아시리아에 조공.
734	시리아·에프라임 전쟁. 이스라엘과 아람 연합군 유다로 원정遠征. 유다 아시리아의 속국이 됨. 예언자 이사야, 미카의 활동
733	티글라트필레세르, 이스라엘 영토 대부분 정복.
732	티글라트필레세르, 다마스쿠스 정복. 아람 멸망.
727-696	(남)유다 왕 히즈키야의 지배
724	(북)호세아, 이집트와 손잡고 아시리아에 반란.
722/1	아시리아 왕 살마네세르 5세, 사마리아를 정복. 북왕국 멸망. 아시리아 왕 사르곤 2세, 생존자들을 강제 이주시킴.
705	유다 왕 히즈키야, 아시리아에 반란.
701	센나케리브, 예루살렘에 원정해 반란 진압.

696-642	유다 왕 마나세의 지배. 이교 숭배 만연. 신명기 운동 시작(?). 예언자 스바니야의 활동.
639-609	유다 요시야의 지배. 아시리아의 유다 지배 쇠퇴.
622	요시야, 종교 개혁에 착수. 야훼 종교 부흥.
609	요시야의 죽음. 유다, 이집트(네코)의 지배를 받음.
605	칼케미슈의 전투. 유다, 바빌로니아의 지배를 받음.
601	유다 왕 여호야킴, 바빌로니아에 반란.
598/7	네부카드네자르, 예루살렘에 원정. 반란을 진압. 제1차 바빌로니아 유수. 예언자 예레미야의 활동.
588	유다 왕 치드키야, 바빌로니아에 반란.
587/6	네부카드네자르, 예루살렘에 원정. 반란을 진압. 유다 왕국 멸망. 신전 파괴. 제2차 바빌로니아 유수. 유다의 일부 주민들 이집트로 도망침. 〈애가〉의 성립.
586-539	유수지에서의 생활. 예언자 에제키엘의 활동. 신명기 사서, 사제 문서의 성립. 예언서의 편집. 말기에 예언자 제2이사야의 활동.
561	여호야킨, 바빌로니아 유폐에서 해방됨.
539	페르시아 왕 퀴로스의 바빌로니아 정복.
538	퀴로스의 칙령. 유대 귀환 개시. 귀환의 지도자 즈루빠벨 신전 재건에 나서지만 얼마 못 가서 재건 공사 중단.
520	신전 재건 개시. 예언자 하까이, 즈카르야의 활동. 신전 건축 지도자 즈루빠벨, 예수아.
515	예루살렘 제2신전 완성. 〈하까이서〉, 〈즈카르야서〉 성립.

500경	다레이오스 1세의 지배하에서 페르시아 제국 최대의 판도. 〈말라키서〉〈요엘서〉 성립.
458경	에즈라, 예루살렘에서 활동(이설異說로는 398년경). '율법'에 기초한 유대의 질서 확립.
445경	느헤미야, 예루살렘에서 활동하며 성벽과 시가지 재건. 사마리아 총독 산발랏과 대립.
420경	이집트 엘리판티네의 유대인 식민지에서 활동. 그곳에서 유월제 행사가 거행됨. 엘레판티네 파피루스.
400경	일상용어로서 아람어 사용 확대.
398경	에즈라, 예루살렘에서 활동(이설로는 458년경).
380-350경	모세 오경의 최종 형태 거의 완성.
333	알렉산드로스의 원정으로 시리아, 유대 정복. 헬레니즘 문화의 유입 시작. 대사제 오니아스 1세.
323	알렉산드로스의 죽음. 디아도코이 전쟁 시작. 사마리아 교단 예루살렘으로부터 분리(?).
301	유대, 프톨레마이오스조 이집트의 지배하에 들어감. 유대의 헬레니즘화 진행. 대사제 시메온 1세.
274-240경	이집트와 셀레우코스조 시리아 간의 시리아 전쟁(제1차-제3차) 이어짐. 대사제 오니아스 2세. 알렉산드리아에서 칠십인역 성서 성립. 제논 파피루스. 유대에서 토비야 가문 대두. 대사제 엘레아자르, 마나세. 〈에스테르기〉, 〈요나서〉, 〈코헬렛〉, 〈역대기〉 성립.
220-200경	이집트와 시리아 간의 시리아 전쟁(제4, 제5차) 이어짐. 시리아 왕 안티오코스 3세 유대에 침입. 대사제 시메온 2세.

198	파네아스 전투. 유대 셀레우코스조의 지배하에 들어감.
180경	〈집회서〉, 〈토빗기〉 성립. 대사제 오니아스 3세.
175	시리아 왕 안티오코스 4세, 야손을 대사제로 임명.
172	야손과 메넬라오스, 대사제 지위를 놓고 다툼.
169-168	안티오코스 4세, 이집트 원정(제6차 시리아 전쟁). 예루살렘 신전 약탈. 메넬라오스를 대사제로 임명함.
167	안티오코스 4세, 유대교를 탄압하고 그리스 종교를 강요. 마카베오의 반란 일어남(-164). 〈다니엘서〉 후반부 성립.
166-165	마카베오의 유다가 반란군을 이끌어 시리아군을 연파.
164	유다, 예루살렘을 탈환. 신전을 재봉헌. 안티오코스 4세 원정 중에 사망. 안티오코스 5세 시리아 왕에 오름.
162	데메트리오스 1세, 시리아 왕에 오름. 대사제 알키모스 임명.
161	에라사 전투에서 유다 전사. 요나탄이 지휘를 이어받음.
153	요나탄, 시리아 내전을 틈타 세력을 확대.
152	요나탄, 대사제로 취임. 쿰란 종단 성립(?).
147-145	시리아에서 데메트리오스 2세와 알렉산드로스 바라스의 내전. 요나탄 양쪽 모두에 다리를 걸침.
142	요나탄 암살. 시몬 대사제 직을 이어받음. 대사제의 치세에 의한 달력 도입. 사실상의 하스몬 왕조 수립.

134	시몬 암살. 요한 히르카노스 대사제 직 이어받음.
134-104	요한, 영토를 이두매아, 사마리아 지방으로 확장. 사두가이파, 바리사이파의 대두. 〈마카베오서〉 성립.
104-103	아리스토불로스 1세, 왕으로 칭함. 갈릴리 합병.
103-76	알렉산드로스 얀나이우스 영토를 더욱 확대. 바리사이파 등의 반대파를 탄압.
76-67	살로메 알렉산드라, 여왕으로서 유대를 통치.
67	히르카노스 2세, 아리스토불로스 2세의 형제 분쟁.
65	나바테아 왕 아레타스, 이두매아인 안티파트로스 유대 내분에 개입. 나아가 로마군 개입.
63	폼페이우스 유대 내분에 개입. 유대, 로마의 속주 시리아로 편입. 데카폴리스 성립.
57-49	아리스토불로스 부자, 로마의 지배에 저항.
54	시리아 총독 크라수스 예루살렘 신전을 약탈.
47	카이사르의 지지로 안티파트로스가 실권을 쥠.
43	안티파트로스 암살. 자식인 파사엘로스와 헤로데가 로마의 지지를 받고서 대두.
40	파르티아가 지지하는 안티고노스와 로마가 지지하는 헤로데가 모두 '유대 왕'이라고 자처함.
37	헤로데가 로마의 지원으로 예루살렘을 정복. 하스몬가의 마리암네와 결혼. 유대의 왕으로서 지배권을 확립.

옮긴이의 말

아주 오래전 인류가 지금과는 전혀 다른 형태의 생활을 하고 있던 무렵 누군가가 무리의 성원 중 하나가 죽었을 때 그 사체를 먹거나 방치하거나 하지 않고 땅에 묻으면서 인류는 자연계의 한 존재에서 벗어나 문명을 향해 한 걸음을 내딛게 되었다. 자신들의 눈앞에 보이는 자연계와는 다른 차원의 세계가 있다는 것에 대한 착안, 그 세계가 그때 그곳에서의 자신들의 삶을 위해서도 반드시 필요하다는 깨달음이, 밤이 지나면 낮이 오고 봄이 오면 꽃이 피고 벌들과 새들이 노래하는 법칙과 사실로만 이루어진 세계에 당위와 윤리와 의미를 도입하게 만들었다. 그래서 신화가 만들어지고 종교가 만들어졌다. 우주와 생명, 그리고 우리 자신의 기원을 탐구하고 태양계 너머까지 탐사선을 보내는 현대 과학의 시대에도 종교는 미신으로 내쳐지지 않고 인간은 여전히 종교의 틀 속에서 삶의 지침을 찾고 그들 삶의 의미를 찾으려 하고 있다. 이러한 현상을 어떻게 평가하는가는 별개의 문제가 될 테지만 최소한 종교가 인류가 걸어온 역사와 인간을 이해하는 데 불가결한 요소라는 것은 확실하다.

〈구약성서〉는 종교를 떠나서 인류가 남긴 매우 흥미로우면서도 중요한 텍스트 중의 하나이다. 유대 민족에게는 '유일한 책' '책 중의 책'이라고도 할 수 있는 책이고, 그리스도교는 〈구약성서〉의 예언의 성취자로서 예수를 메시아로 자리매김했고, 이슬람교는 〈코란〉과 더불어 〈구약성서〉의 일부를 자신들의 '계전啓典'으로 간주한다. 특히 유대인들은 이 책을 근거로 해서 국가로서는 멸망한 뒤에도 전 세계에 뿔뿔이 흩어져서도 자신들의 아이덴티티를 2천 년 넘게 유지하는 기적을 만들어냈다. 그리고 서양 문명의 근원에 헤브라이즘과 헬레니즘이 있다는 것은 고등학교 세계사 교과서에도 나오는 '상식'이다.

〈구약성서〉는 유대 민족이 자신들의 선조가 겪었다고 '믿은' 역사다. 이것은 그들의 민족사가 신앙과 불가분의 관계로 엮여 있다는 것을 말해준다. 그래서 이 흥미로운 텍스트를 제대로 이해하기 위해서는 신앙과 역사를 분리하는 것이 중요하다. 유대 민족은 결코 그리스 철학자들처럼 시공을 초월한 보편적인 진리를 전하기 위해 책을 쓴 것이 아니라 자신들에게

내려진 부조리한 고난의 역사에 스스로 의미를 부여하기 위해 〈구약성서〉를 썼다. 그리고 그것을 바탕으로 절대적인 존재로서의 신, 인간의 이지理智로는 이해할 수 없는 신에 대한 사색을 펼쳐왔다. 성서를 신앙의 대상으로서 신의 영감이 적힌 글이라고 이해하는 것도 하나의 방법일 것이다. 하지만 거기에만 머무른다면 성서를 온전히 이해하기도 어렵지만 거기에서 인간에 대한 이해를 더 깊게 한다는 것은 더더욱 어려울 것이다. 삶과 역사의 부조리를 어떻게든 이해하려 했던 인간적 영위로서, 자기 성찰의 거울로서 삼으려 했던 저자들의 마음을 추체험하면서 역사 속의 존재로서의 그들과 대화하는 자세로 〈구약성서〉를 펼치는 것이 필요하지 않을까.

야마가 테츠오의 〈성서시대사 구약편〉은 성서의 배경이 되는 고대 이스라엘의 역사를 구약성서학의 성과와 최신 고고학적 발굴의 결과들을 반영해 객관적인 고대 이스라엘의 역사를 복원한다. 〈구약성서〉가 주장하는 자신들의 선조의 역사에 대해 중요한 논점들을 살피면서 신앙에 바탕한 기술이라고 하더라도 그 전승 과정에서 어떠한 역사적 핵이 있었는지 없었는지, 있다면 어느 정도인지를 축적된 구약성서학의 논의 결과를 바탕으로 면밀하게 점검해 나간다. 〈구약성서〉의 기둥이라고 할 수 있는 두 가지 대전제, 즉 이스라엘 민족이 공통의 조상으로부터 나온 혈연집단이라고 하는 관념과 야훼 신앙에 결정적인 근거를 제공한 이집트 탈출이라는 전승이 역사적으로는 부정되고 있지만 어떠한 과정을 통해서 그것이 민족 전체의 공통 체험으로서 자리 잡게 되었는지를 논증하는 부분을 비롯해 〈구약성서〉의 기술 속에 의도적으로 섞인 서로 모순되는 진술의 비교를 통해 구체적인 역사적 사실들을 추정해가는 과정은 매우 흥미롭다. 국가 존망의 위기 속에서 자신들의 생존과 정체성의 위기가 찾아온 순간에 요시야의 종교 개혁으로 〈구약성서〉의 편찬이 시작되었고, 여기에서 이스라엘 특유의 종교관인 신에게 순종하지 않은 백성의 죄로 인해 나라가 멸망했다고 하는 응보사관이 자리 잡는 과정이 이후의 유대교의 발전 과정에서 신기원을 이룬 것이라는 지적도 종교사적으로 매우 흥미로운 부분이다.

저자의 말처럼 이스라엘이라는 한 민족의 역사와 밀접하게 얽혀 있는 〈구약성서〉를 그것의 역사적 배경을 도외시하고 이해한다는 것은 가능하지도 않을뿐더러 바람직하지도 않다. 저자가 제시하는 성서학의 성과를 일별하는 것만으로도 독자들은 〈구약성서〉라는 텍스트의 특성을 어느 정도는 파악할 수 있을 것이다. 이 책을 읽고 조금이라도 독자들이 그 주제에 대해 관심을 가지게 된다면 그것만으로도 이 작은 책은 역할을 충분히 했다고 할 수 있을 것이다.

옮긴이 | 김석중

서울에서 태어나 연세대학교 철학과를 졸업했다. 출판계에서 편집과 기획 일을 하고 있다.
옮긴 책으로『소년 시대』『마음을 들여다보면』『야구 감독』『미식 예찬』『교양 노트』『유모
아 극장』『이야기가 있는 사랑수첩』『여자는 무엇을 욕망하는가』등이 있다.

성서 시대사 – 구약편

초판 1쇄 발행 2021년 6월 25일

지은이 야마가 테츠오
옮긴이 김석중

펴낸곳 서커스출판상회
주소 경기도 파주시 광인사길 68 202-1호(문발동)
전화번호 031-946-1666
전자우편 rigolo@hanmail.net
출판등록 2015년 1월 2일(제2015-000002호)

ⓒ 서커스, 2021

ISBN 979-11-87295-57-0 03230